一目了然圖解系列

趣味摺紙技法

(日) 山口真 著

萬里機構・得利書局出版

原作名：人気折り紙
原作者名：山口 眞
原出版社名：主婦と生活社

一目了然圖解系列

趣味摺紙技法

摺紙圖樣 おりかみはうす 山口 真
摺紙製作 山口 都 榎本京子 千葉 京
美術總監 松田 忠
攝影 伊藤良一
繪圖 岡本敦子
中文版譯者 孫永生
中文版編輯 余夙明
中文版製作 萬里機構製作部
出版者 萬里機構・得利書局
香港九龍土瓜灣馬坑道 5B~5F 地下 1 號
電話： 2564 7511
網址： http://www.wanlibk.com
電郵地址： wanlibk@enmpc.org.hk
發行者 萬里機構營業部
香港九龍土瓜灣馬坑道 5B~5F 地下 1 號
電話： 2562 3876, 2562 3711
承印者 濤文印刷有限公司
出版日期 一九九七年四月第一次印刷

ISBN 962-14-1082-7

「一目了然圖解系列」

出版説明

對於忙忙碌碌的都市人來說，既把公司工作做好又能開發個人志趣，改善家庭生活，美化居室環境，加強身體鍛煉，減輕心裏壓力，充實精神生活，是每個人的心願。

本叢書就是針對這一目的編寫的，希望能幫助讀者擺脱忙碌疲憊的煩惱，使繁忙的都市人在工作之餘享受人生的樂趣，精神更愉快，生活更充實。

本叢書題材廣泛，內容豐富。以圖解為主，配以淺白的文字説明。圖解內容準確豐富，文字淺顯易懂，表述詳略得當。為方便讀者，本叢書把不同內容分門別類，自成專題，圖文並茂，形式生動活潑，令讀者有效使用。

作 者 簡 介

山口　真

1944年生於東京。摺紙作家，曾為日本摺紙協會事務局成員。1989年在東京成立了常設的摺紙專業機構"佳拉麗摺紙屋"，作為摺紙界進行交流的專用場所，培養年輕的摺紙作家。現任日本摺紙協會理事、英國摺紙協會會員、美國摺紙會員、摺紙探索團會員。

主要著作有"摺紙事典"、"摺紙中的壁面构成"、"日本的摺紙百科、"東洋的摺紙系列手冊"等三十多冊。

中文版編者的話

摺紙是一種傳統工藝，老幼咸宜。同是一張紙，有心思、手又靈巧的人，可以摺出千變萬化的形象來，如小馬、小車、飛機、帆船等，不單形象生動，題材還可以騰空飛躍，上天入海，說得上是出神入化呢！

當然，能夠摺出這樣栩栩如生的東西來，必須有高超的摺紙技術，但這其實並不太難，只要你遵從本書所說的方法，依循規則去做，自然能手到拿來，隨心所欲。摺紙這種玩意，你可以一家大小齊動手，可以作為父母子女間傳情達意的手段，也可以獨個兒苦心孤詣地自我創作。無論如何，當摺着一個你心愛的小玩偶時，樂趣便由此而生！

目　錄

摺紙方法的規定
符號和基本摺法

買到一本摺紙書之後，最重要的是理解摺紙圖，並很好地完成作品。為此，要求大家務必記住下面所介紹的摺紙方法符號和基本摺法。

在這本書中，對每一個作品，都採用了在右圖所示的喜愛者的標記，使人一看便知，請在製作時參考：

女孩　男孩　媽媽　爸爸

摺線種類　摺線中有谷摺線、峰摺線兩種

谷摺線 - - - - - - - - - - - - - - - -

峰摺線 —·—·—·—·—·—

谷摺線　標有谷摺線時，按照箭頭符號所指的方向摺疊

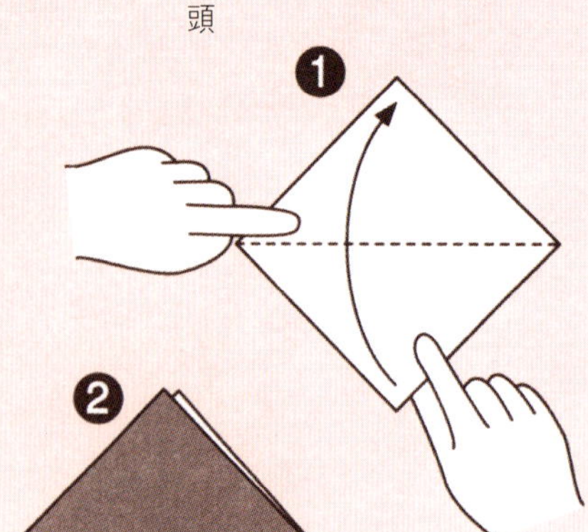

峰摺線　標有峰摺線時，按照箭頭符號所指的方向摺疊

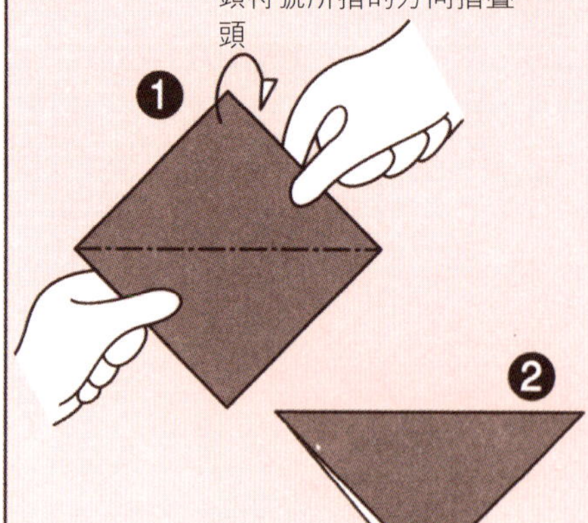

內摺（鳥嘴摺）

向內側摺，摺到把角露出來

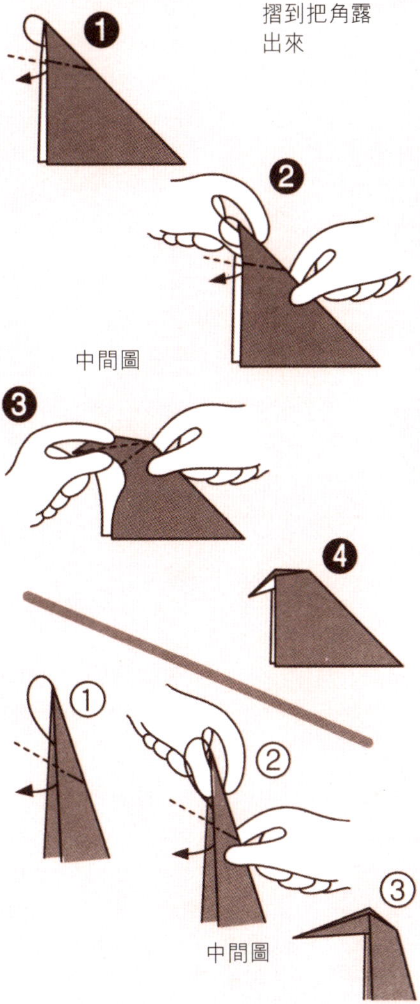

蓋摺

將內側拉開像將上角蓋起似地翻摺過來

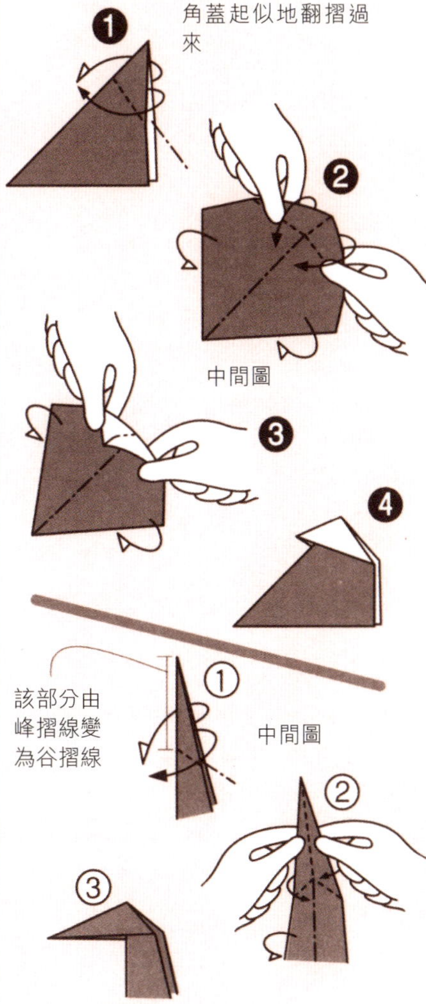

下圖放大

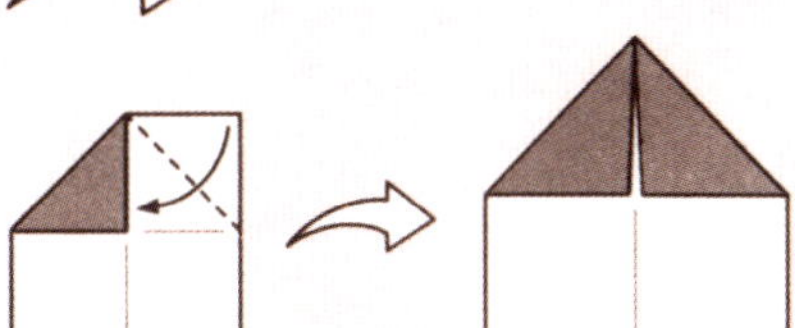

看圖位置不同

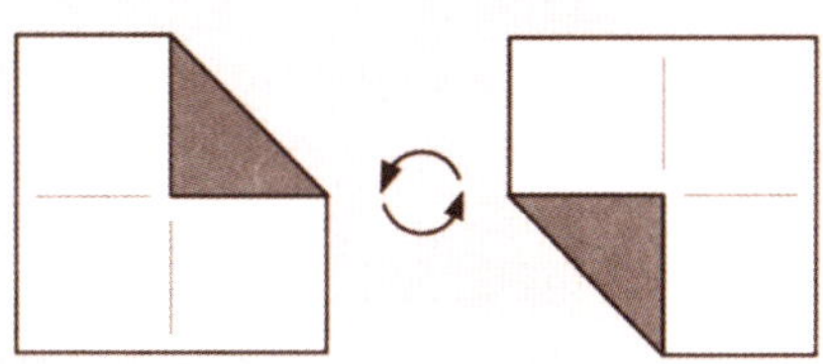

摺上摺印

該符號表示將
摺紙摺一下，
摺上摺印之後
再展開復原

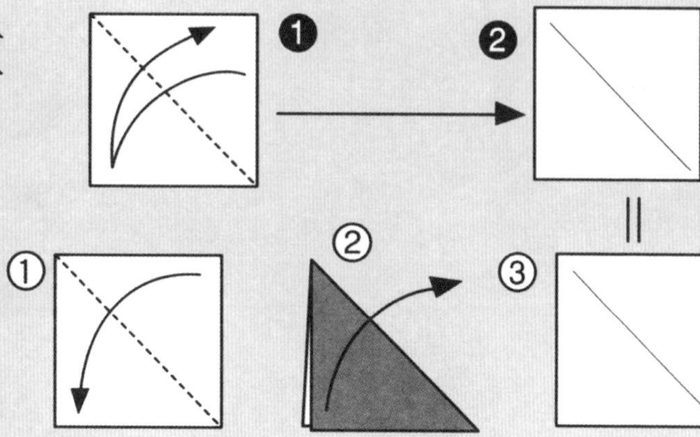

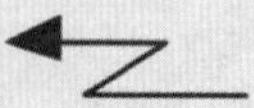

曲摺

從橫向看似
像階梯層

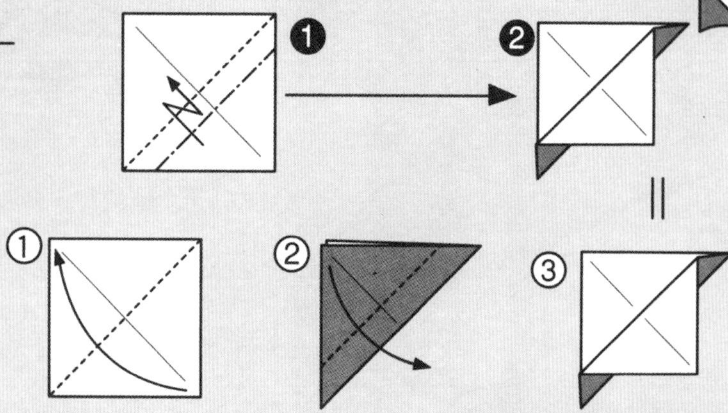

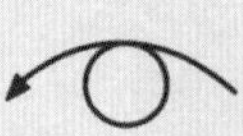

翻轉

該符號沒有上
下翻轉顛倒的
意思，只是圖
叫作翻轉。

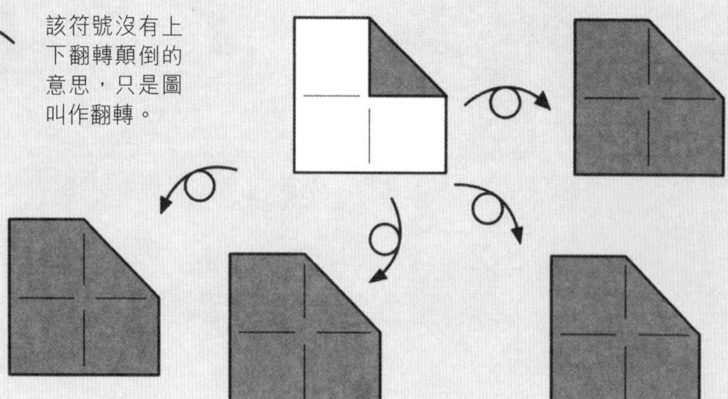

將下面部分翻摺出來

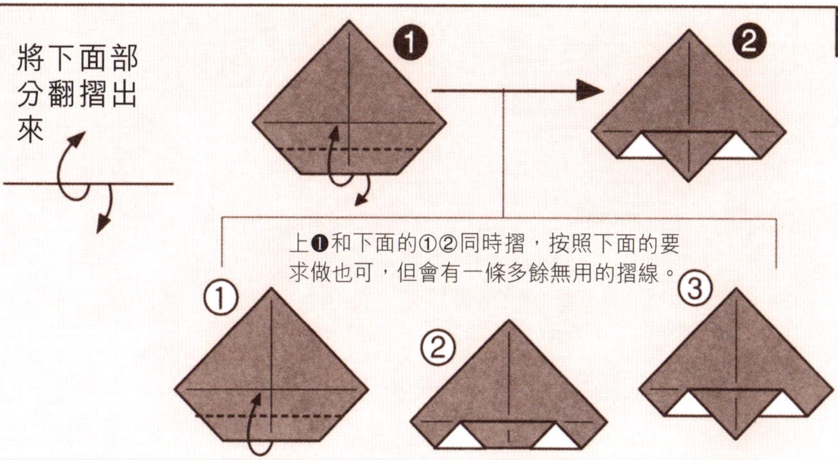

剪開

在要插入時使用

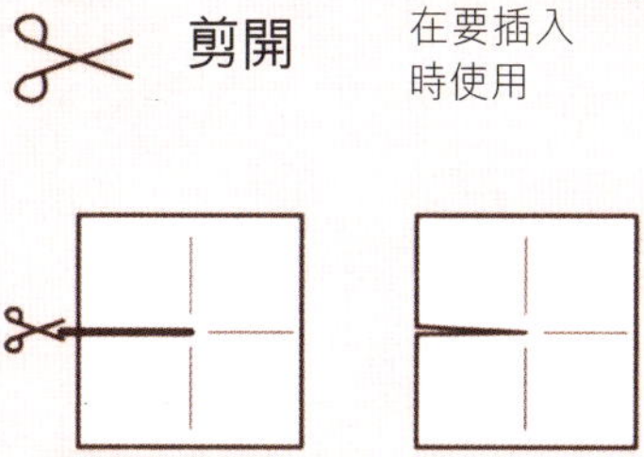

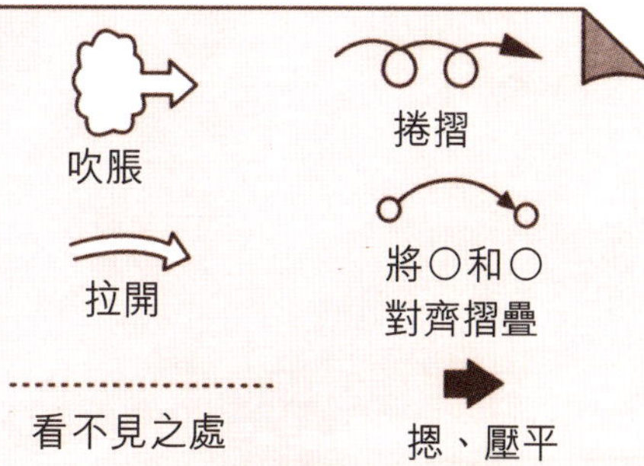

挽角摺

拉過來摺

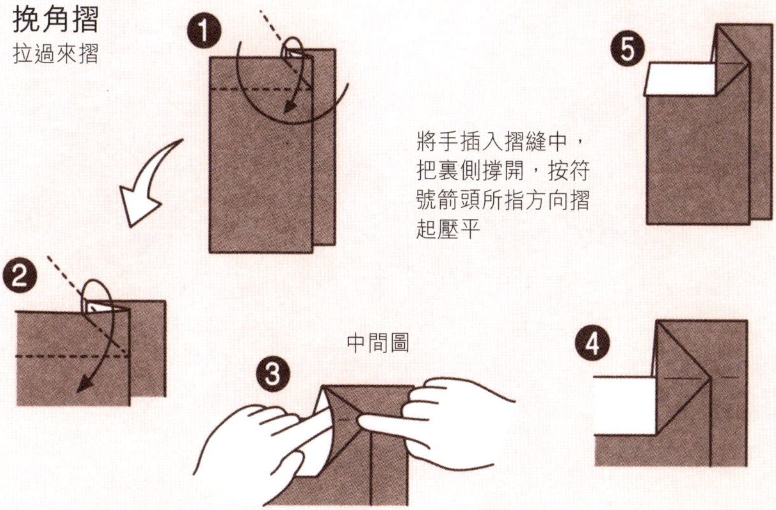

捏摺

將內側撐開，
並將角像捏褶
一樣摺疊

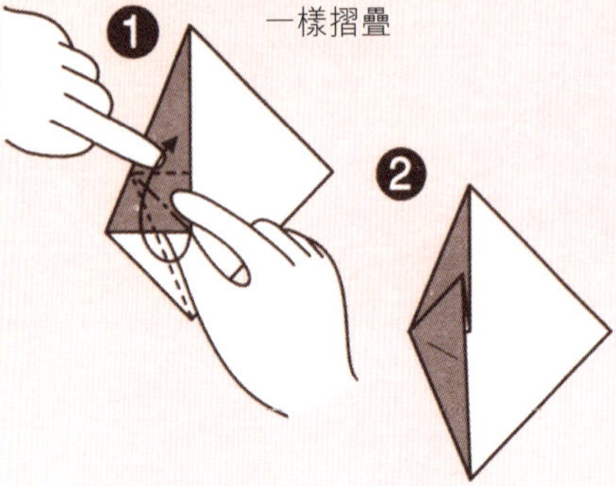

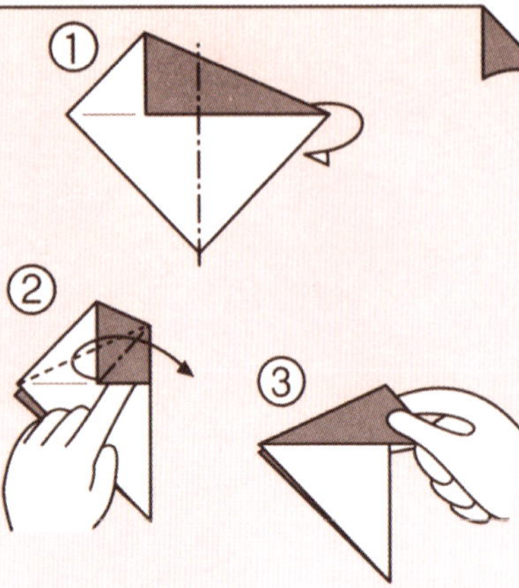

將內側撐開摺壓平整

使用這種摺法時往往會出現角度不對、錯位等問題。但卻是一種可以摺得很好的摺法。

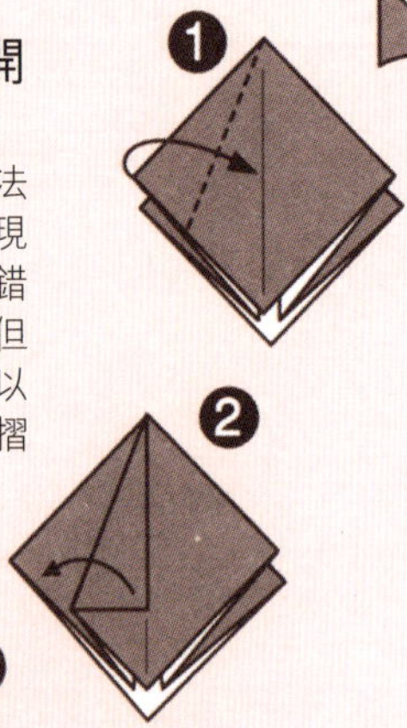

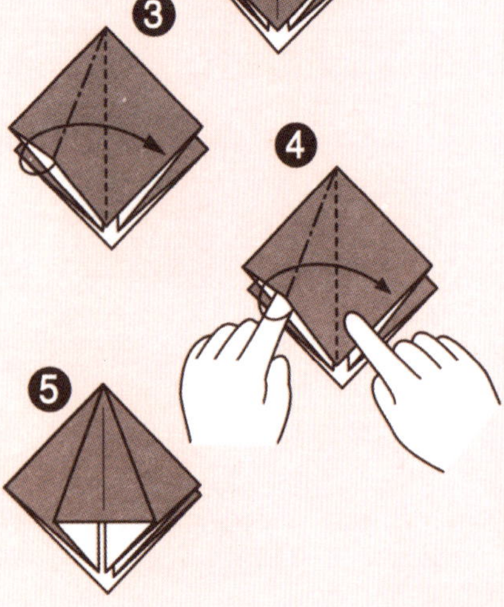

花瓣摺（雙菱形摺）

多在摺花瓣時使用，因而稱之為花瓣摺，是摺紙鶴時的要點。

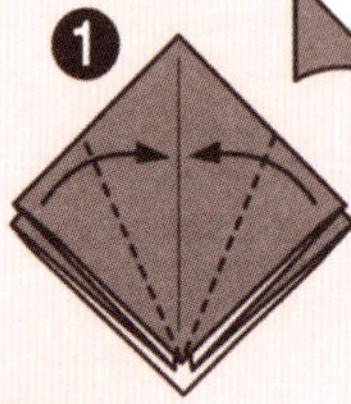

集錦摺紙種種

從“紙蜻蜓”到“紙鶴留言台”，本書介紹了50種兒童和成人等均感興趣的摺紙作品。這些摺紙作品無論是用來娛樂、用來裝飾，還是用來送贈他人都很適宜。

PAPER DRACONFLY

1　紙蜻蜓

單的雙的都能玩的紙蜻蜓摺紙，都可以轉得很好。

女孩　男孩　媽媽　爸爸

◆摺紙1張

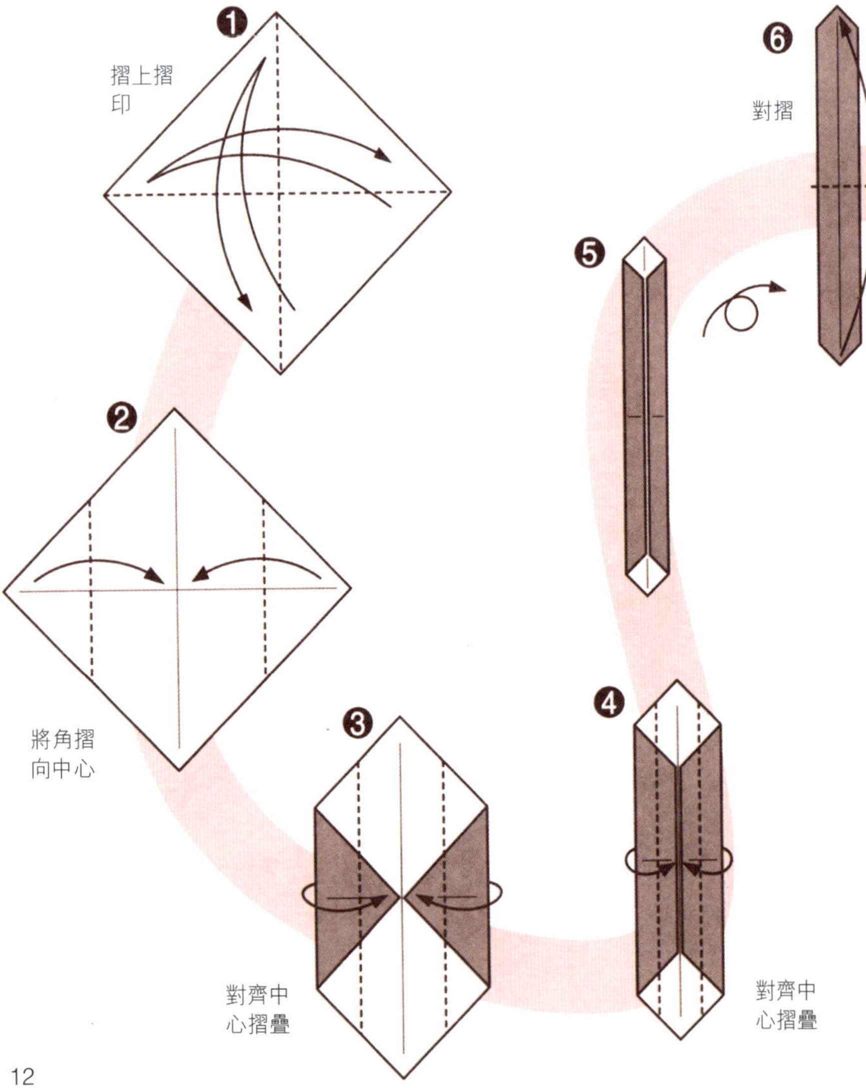

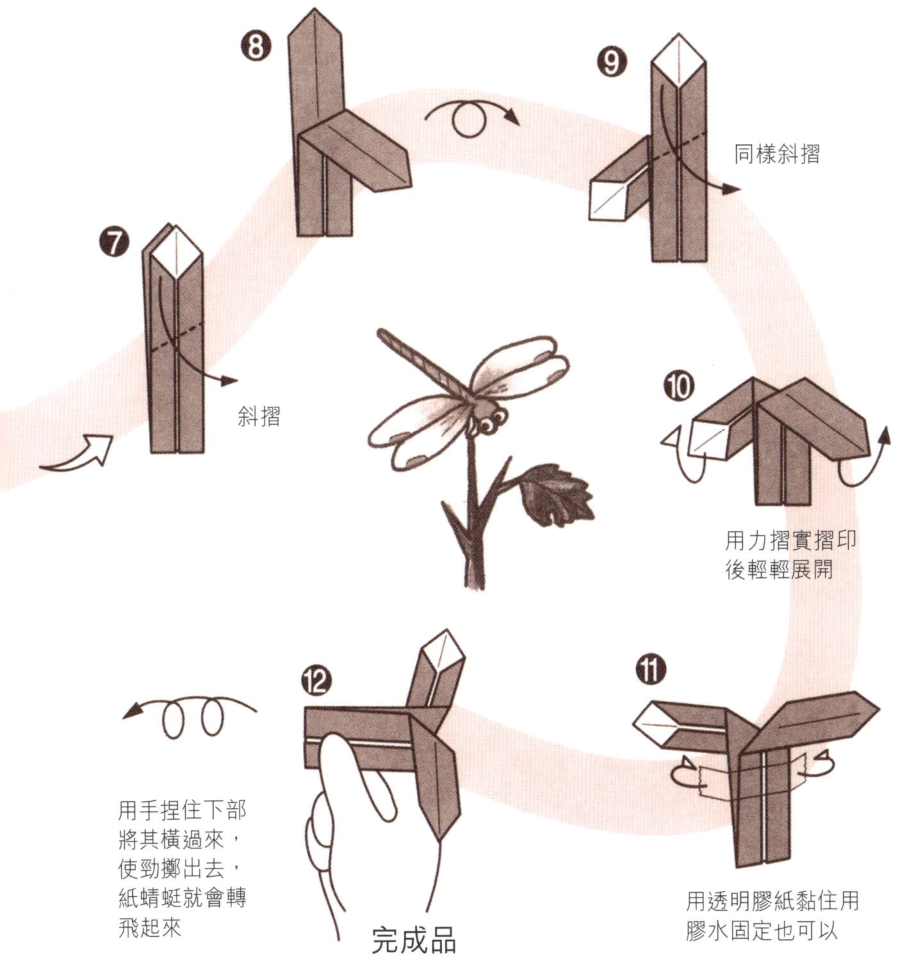
7
斜摺
8
9
同樣斜摺
10
用力摺實摺印
後輕輕展開
11
用透明膠紙黏住用
膠水固定也可以
12
用手捏住下部
將其橫過來，
使勁擲出去，
紙蜻蜓就會轉
飛起來
完成品

雙蜻蜓

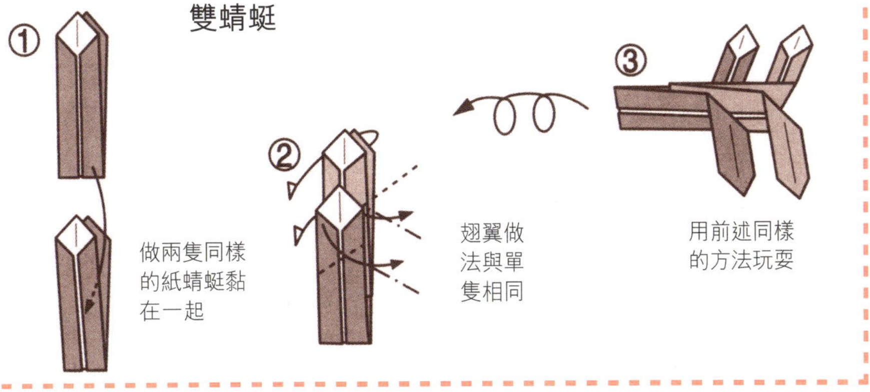
①
做兩隻同樣
的紙蜻蜓黏
在一起
②
翅翼做
法與單
隻相同
③
用前述同樣
的方法玩耍

GLOVE

2 棒球手套

可用報紙等摺做。可以真的用來接棒球，所以做完後可拿着玩。

女孩 男孩 媽媽 爸爸

◆摺紙1張

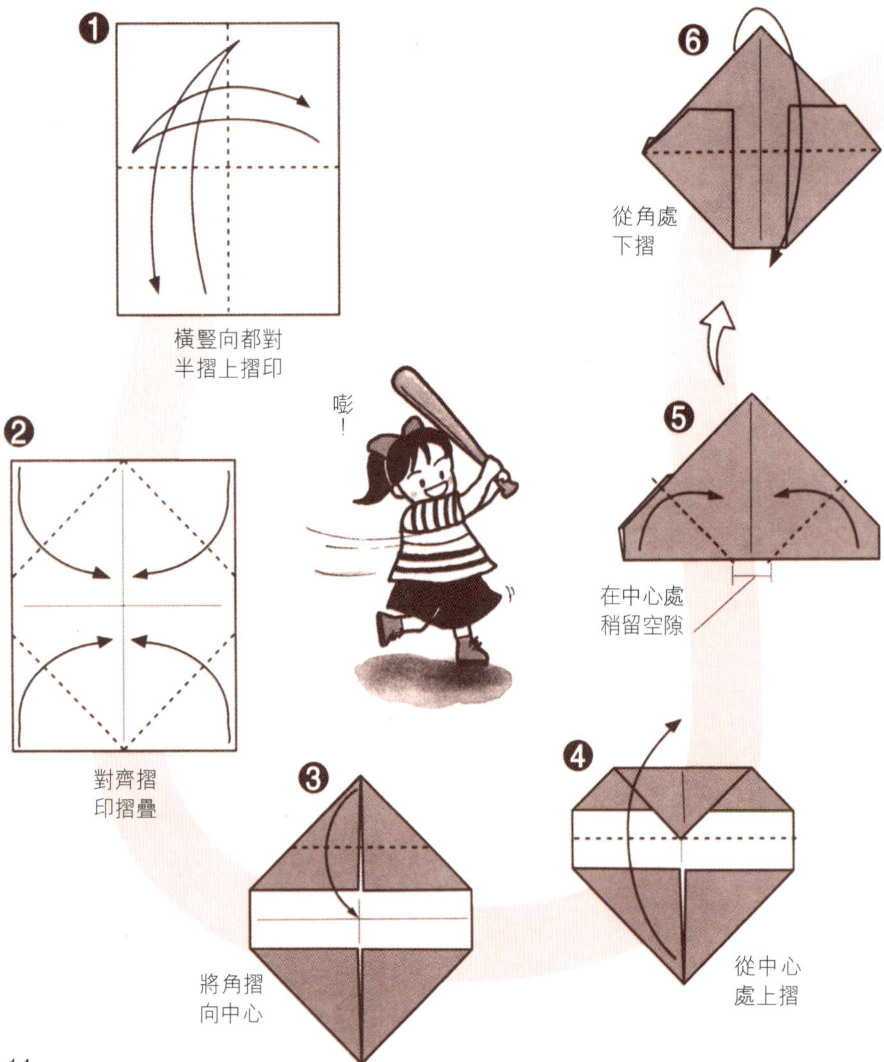

❼

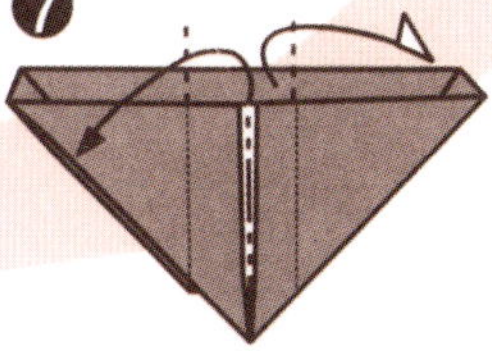

將內側撐開
變成立體

❽

中間圖

❾

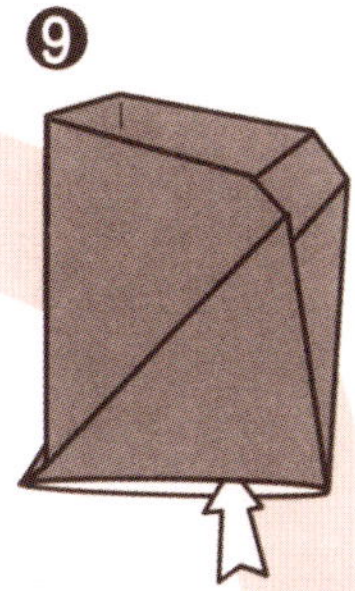

在手插進去
的地方撐開

❿

把形狀整
好即為完
成

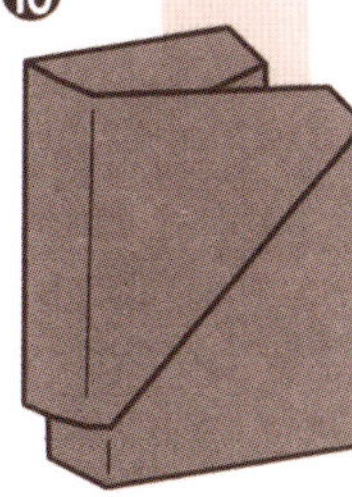

完成品

· 玩法 ·

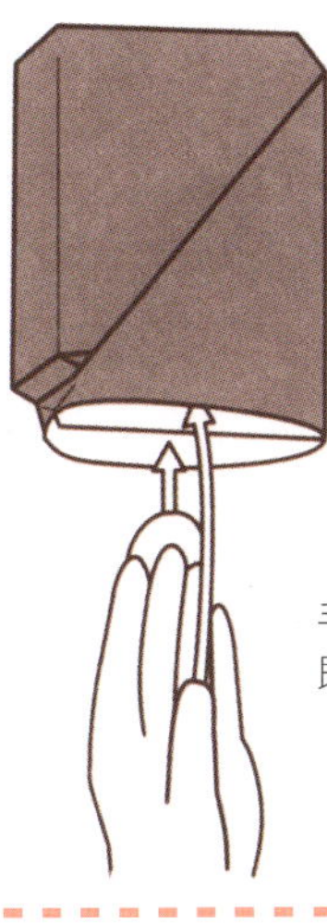

手插進去
即可使用

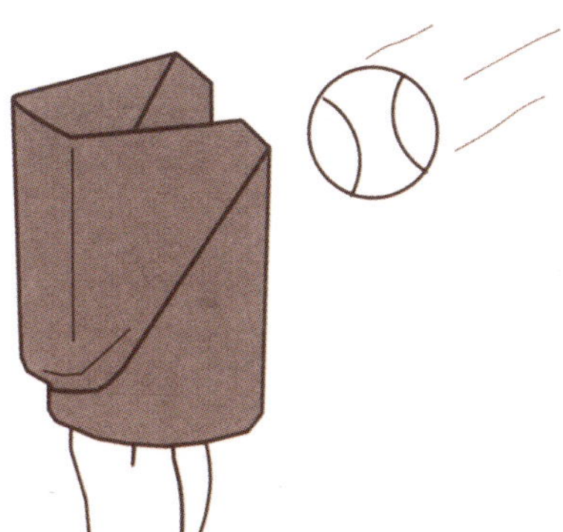

BOAT

3 划艇

在開始摺紙之前，在紙上塗些蠟，用來防水，可以將它浮上水面上玩耍。

◆摺紙1張

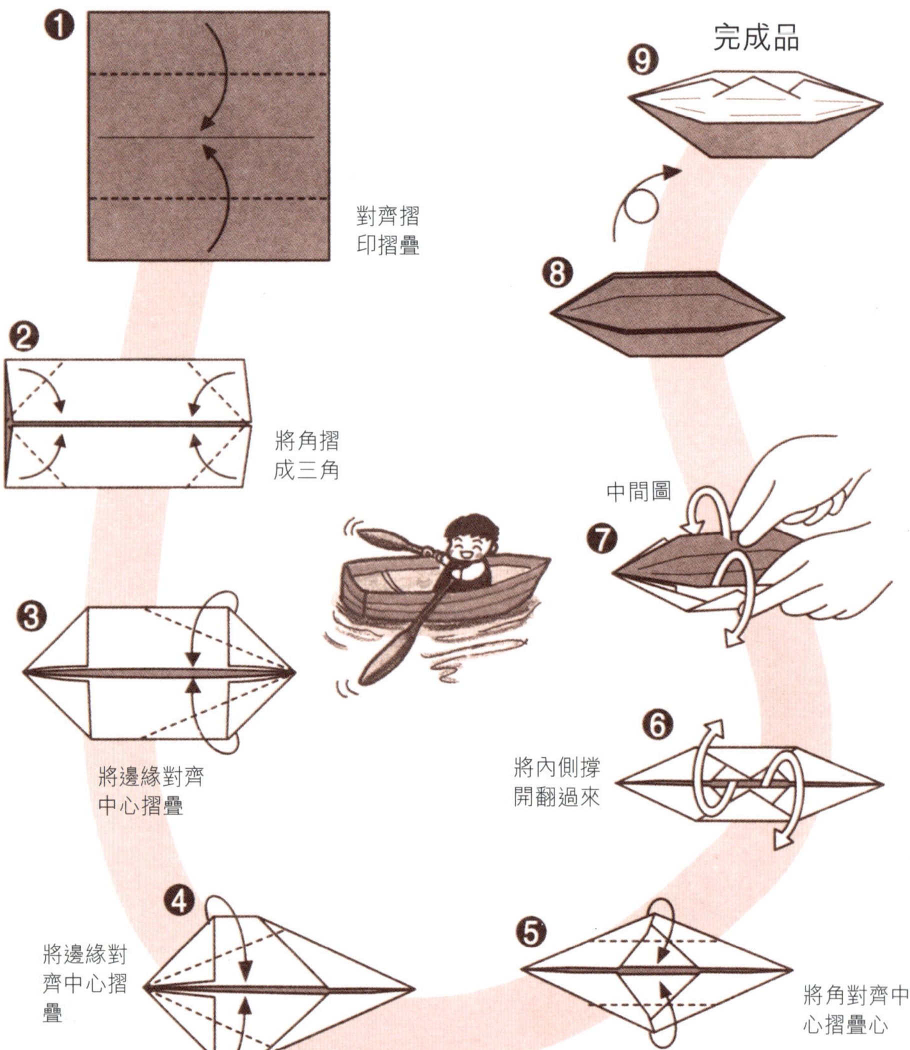

HESO AIRPLANE

4 飛機

這是最基本的傳統摺紙飛機，乘風而飛會飛得很遠。

◆摺紙1張

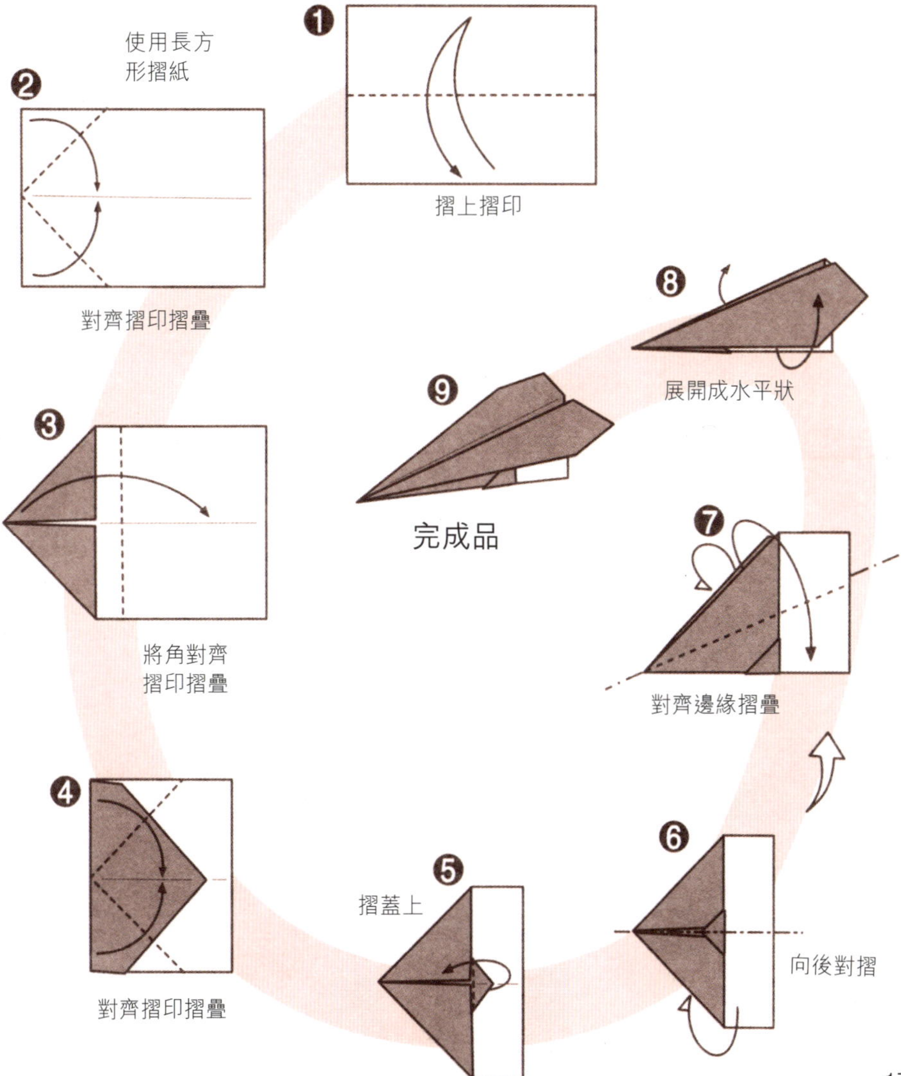

HANG GLIDER

5 飛行器

可在空中嗖嗖飛翔的飛行器。用漂亮的彩紙摺更好看。

女孩　男孩　媽媽　爸爸

◆摺紙1張

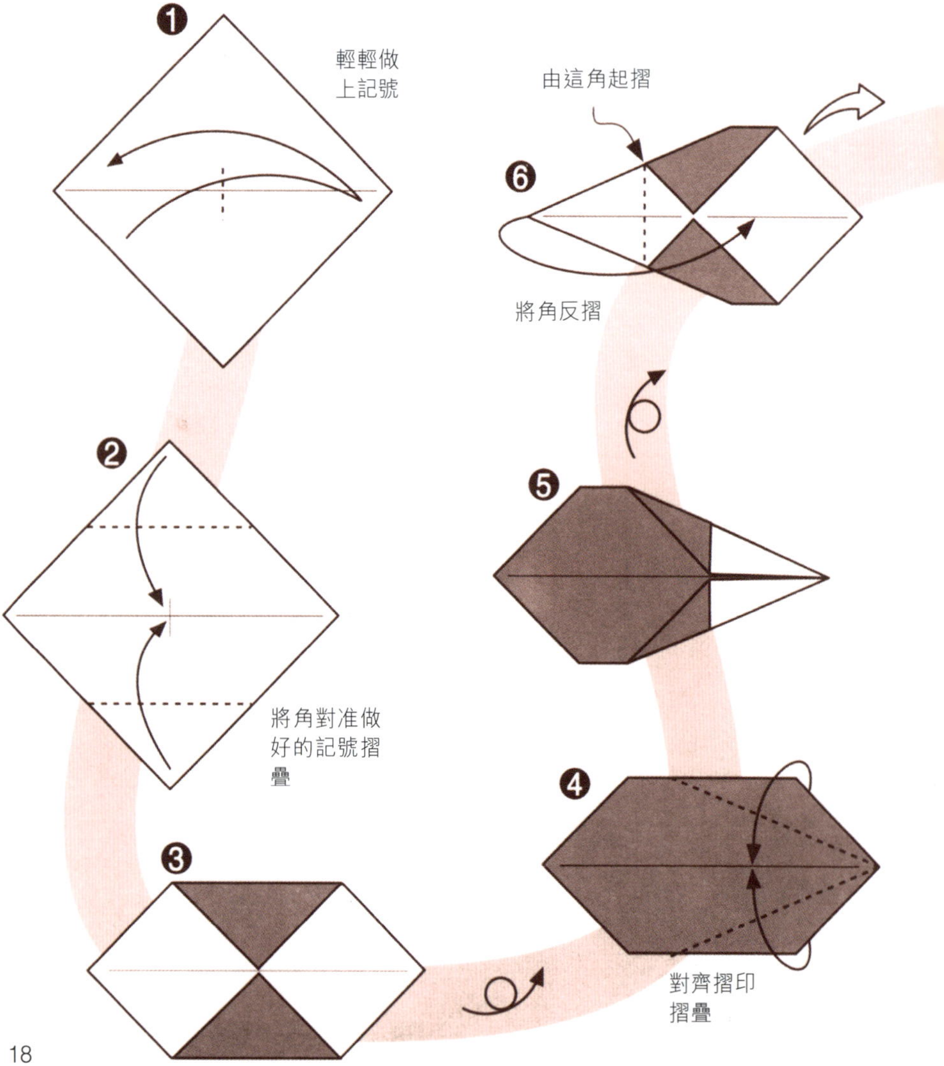

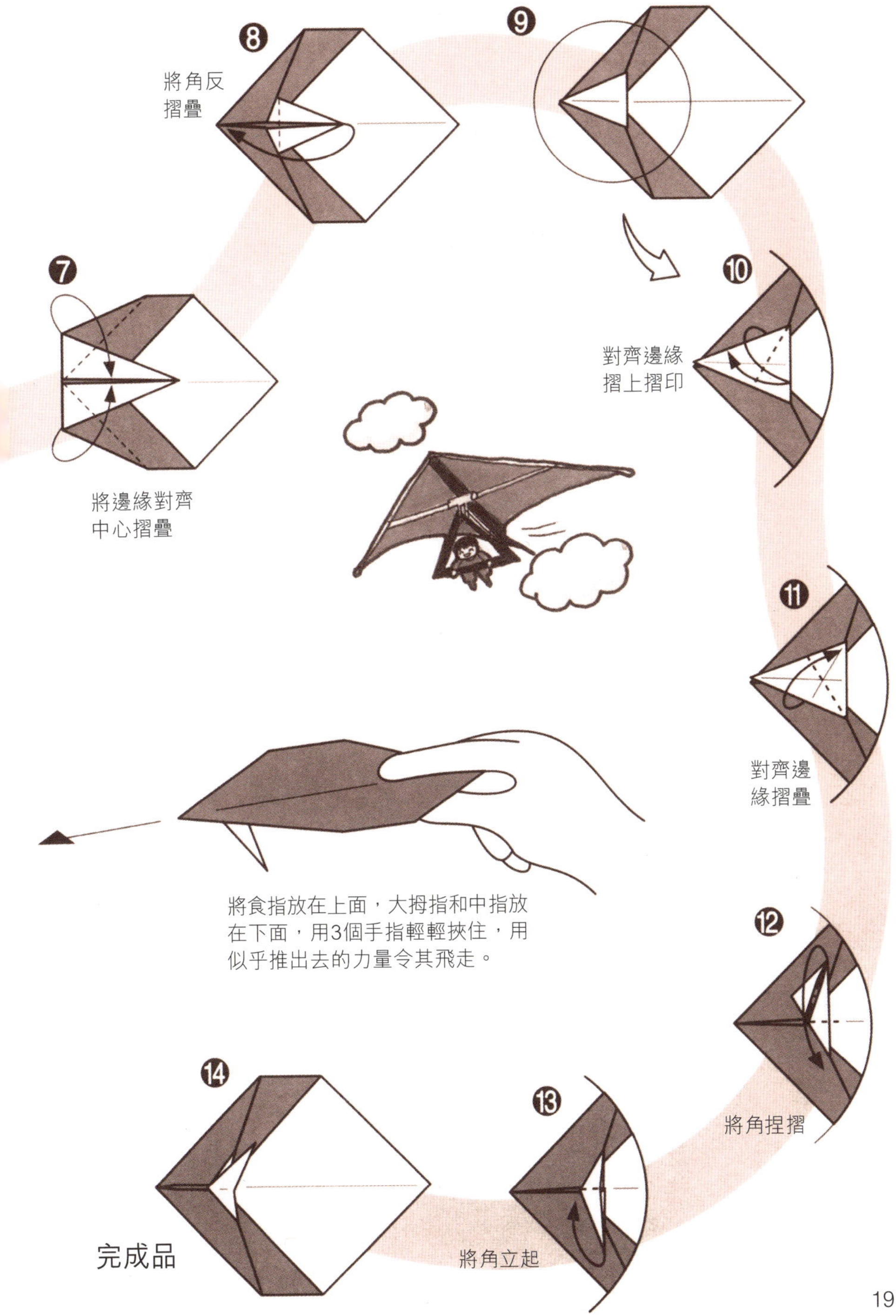
❼
將邊緣對齊
中心摺疊
❽
將角反
摺疊
❾
❿
對齊邊緣
摺上摺印
⓫
對齊邊
緣摺疊
⓬
將角捏摺
⓭
將角立起
⓮
完成品
將食指放在上面，大拇指和中指放
在下面，用3個手指輕輕挾住，用
似乎推出去的力量令其飛走。

SHURIKEN

6 撒手劍

忍者隨身攜帶的撒手劍，在飛擲方法上很有講究，很好玩。

女孩 男孩 媽媽 爸爸

◆摺紙2張

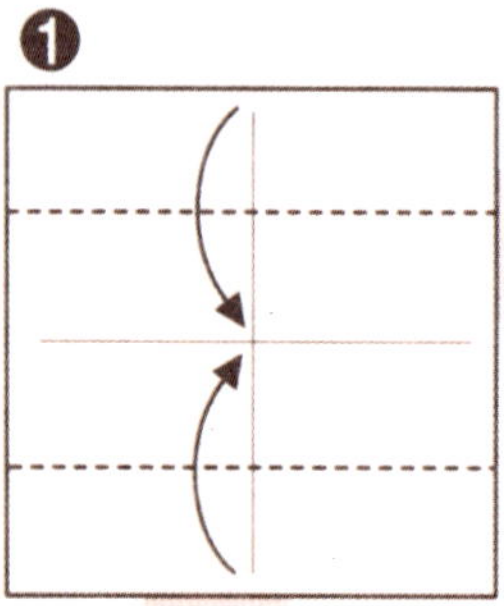

對齊摺印摺疊

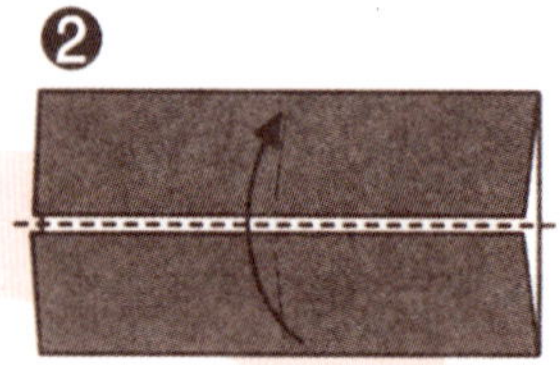

對摺

對齊邊緣摺疊

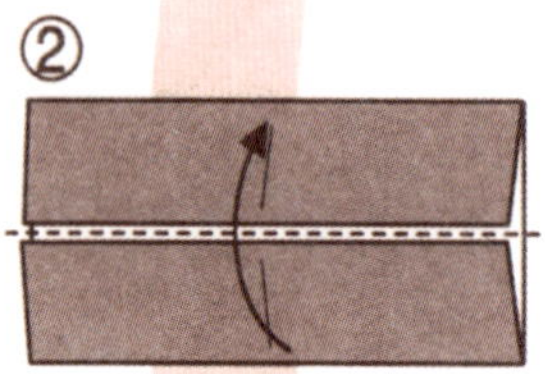

對摺

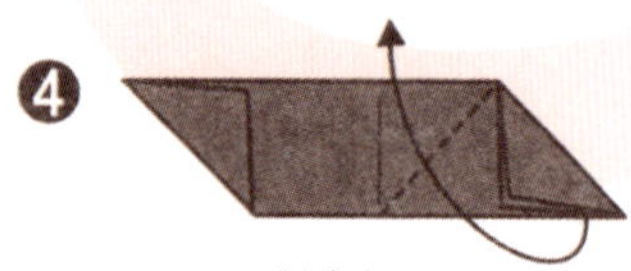

對齊摺印摺疊

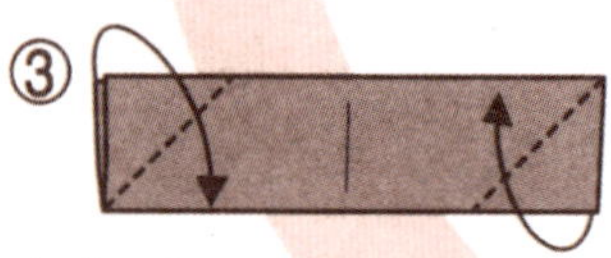

摺成三角

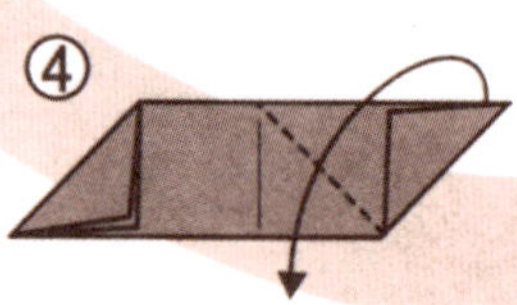

對齊摺印摺疊

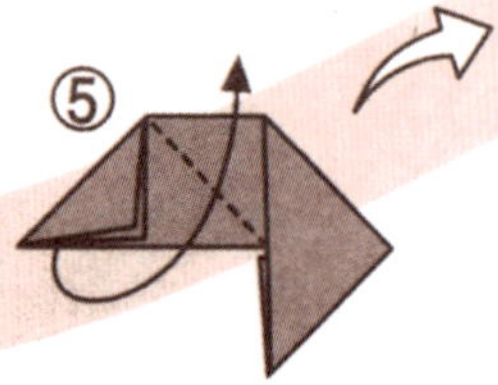

對齊邊緣摺疊

⑪
將角摺
入縫內
⑫
完成品
⑩
喳嗖喳喳
嗖嗖
嗖嗖
⑤
對齊邊
緣摺疊
⑥
⑨
將角摺
入縫內
⑥
按圖示重
疊在一起
⑦
⑧
將角摺入
縫內側

HYAKUMENSOU

7 百面臉譜

可以變成哭相、笑臉、怒顏、傻呆相等各種臉譜。玩的時候可以變來變去。

女孩　男孩　媽媽　爸爸

◆摺紙1張

❶

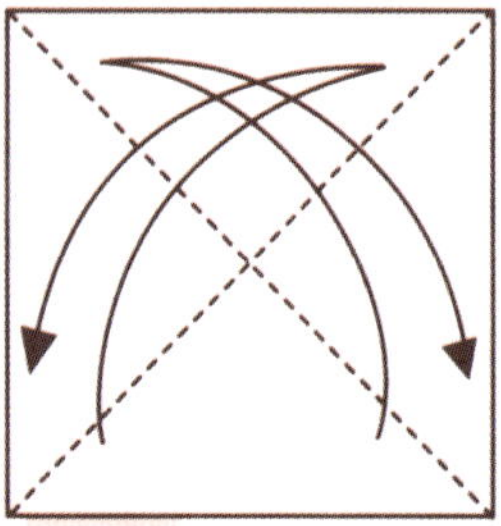

摺上三角形摺印

❷

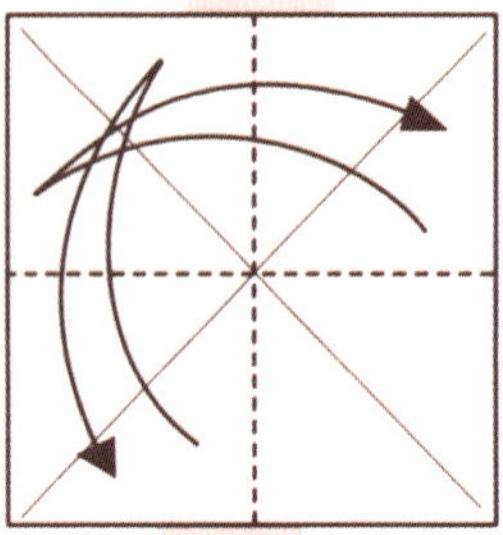

摺上對摺摺印

❸

將角對齊中心摺上摺印

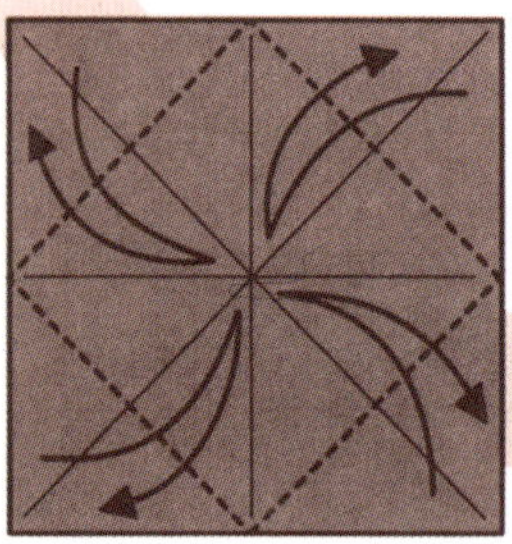

❹

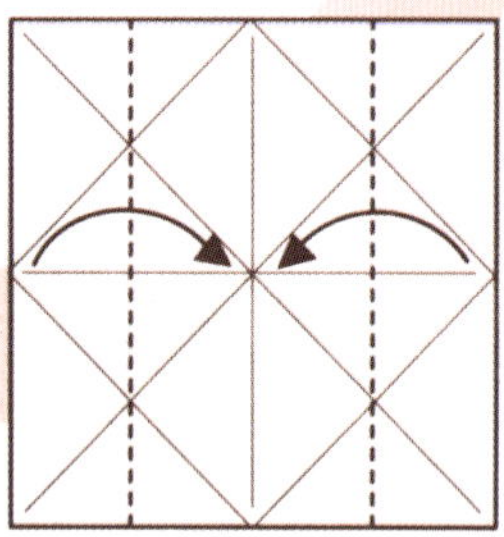

對齊摺印摺疊

❺

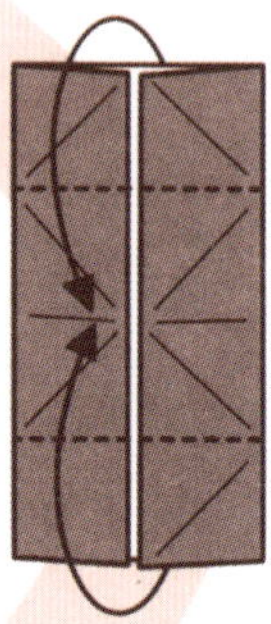

對準中心摺疊

❻

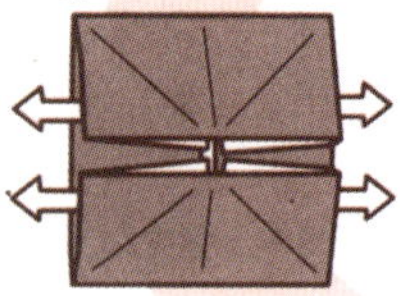

將角拉出捏摺

❼

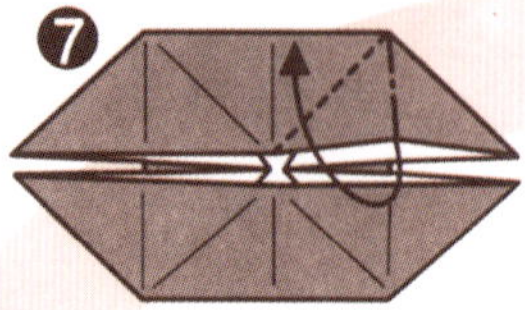

將內側撐開摺壓平整

9

完成品

8

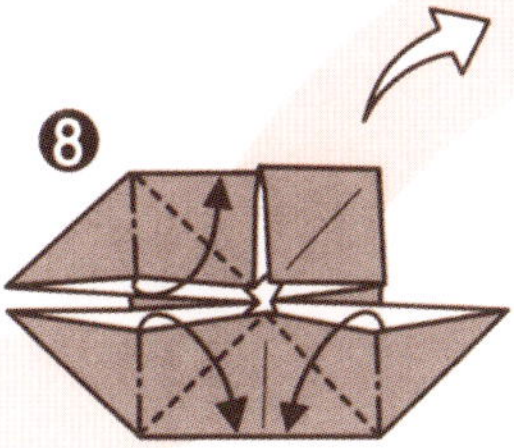

其餘亦同

10

由不同的錯開
方法而出現各
種不同的表情

11

12

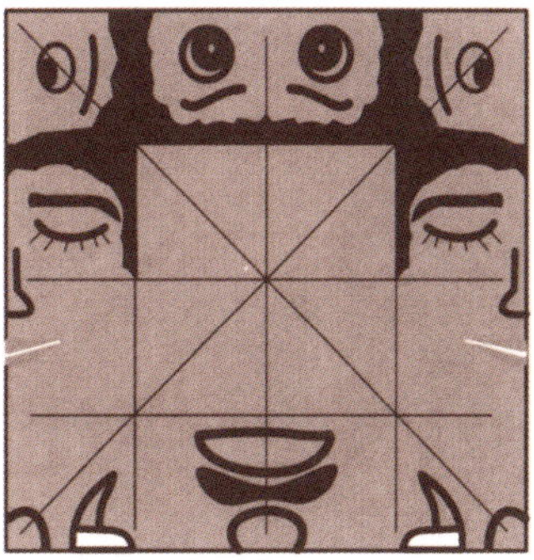

展開後按圖中樣子畫
上各種不同的面相

13

14

17

16

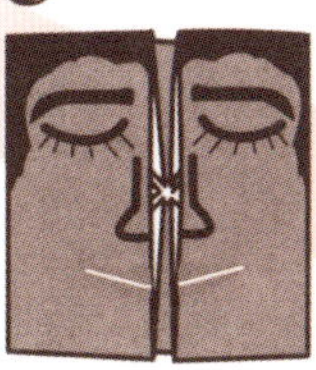

15

YAKKOSAN

8 武俠

滑稽的武俠摺紙，這也是傳統的摺紙之一。

女孩　男孩　媽媽　爸爸

◆摺紙2張

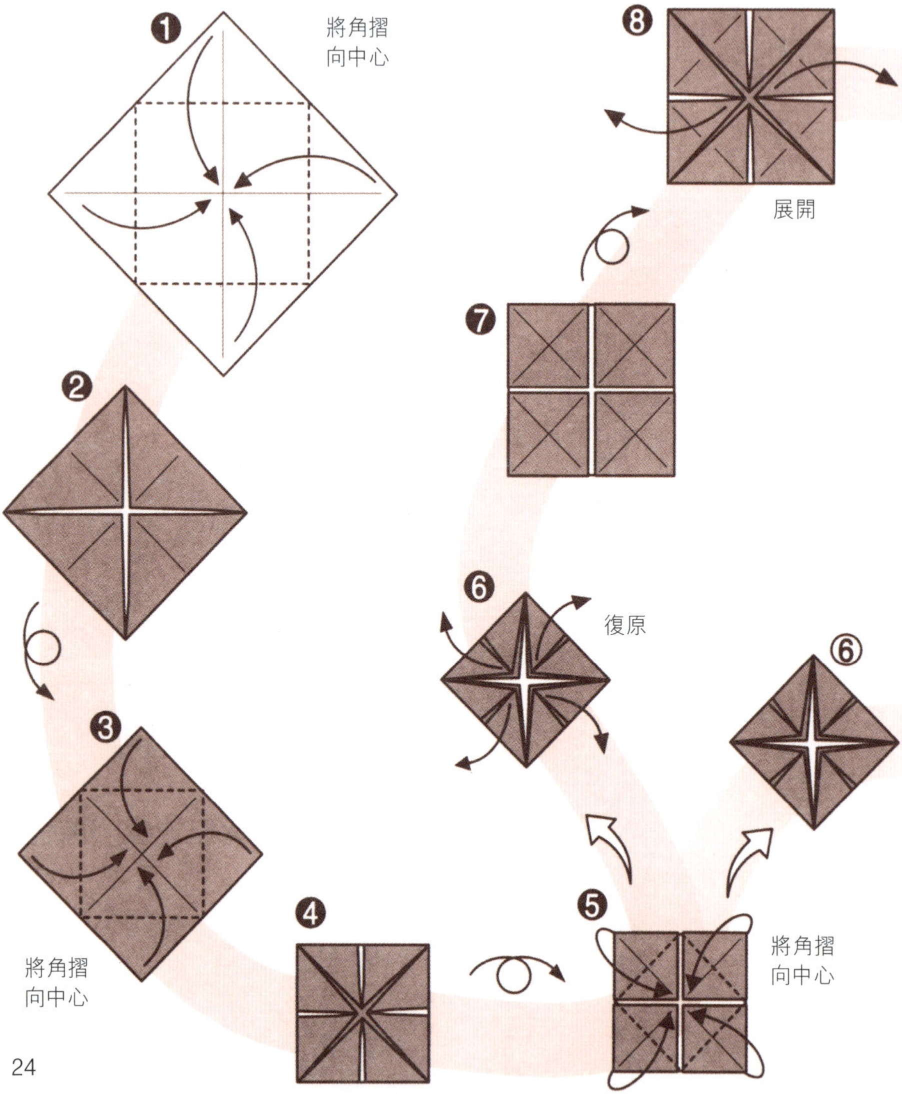

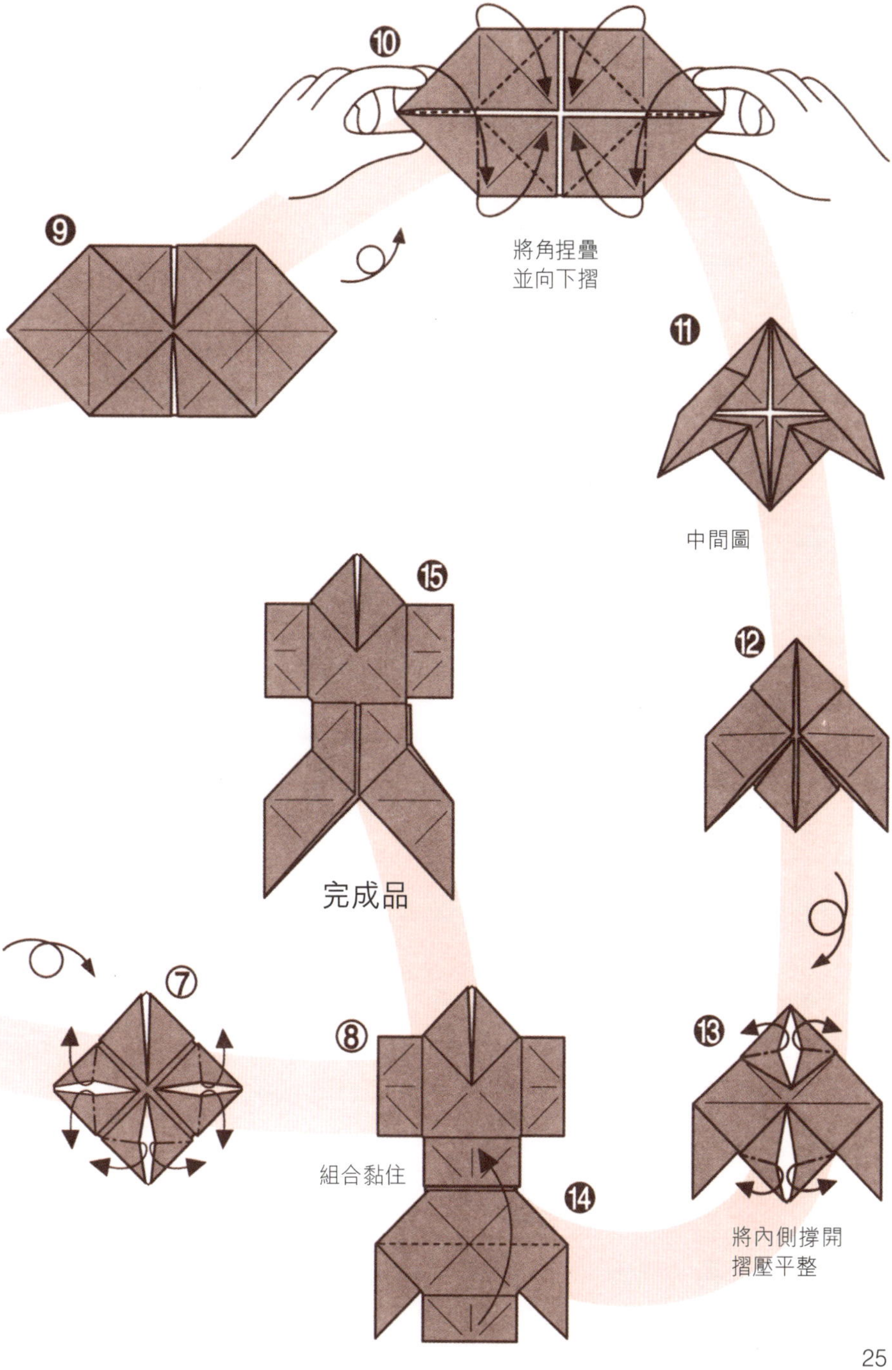
⑩
將角捏疊
並向下摺
⑨
⑪
中間圖
⑮
⑫
完成品
⑦
⑧
⑬
組合黏住
⑭
將內側撐開
摺壓平整

CAMERA

9 小相機

按動後面的快門會有啪啪的響聲，是一件令人興奮的摺紙作品。

女孩　男孩　媽媽　爸爸

◆摺紙1張

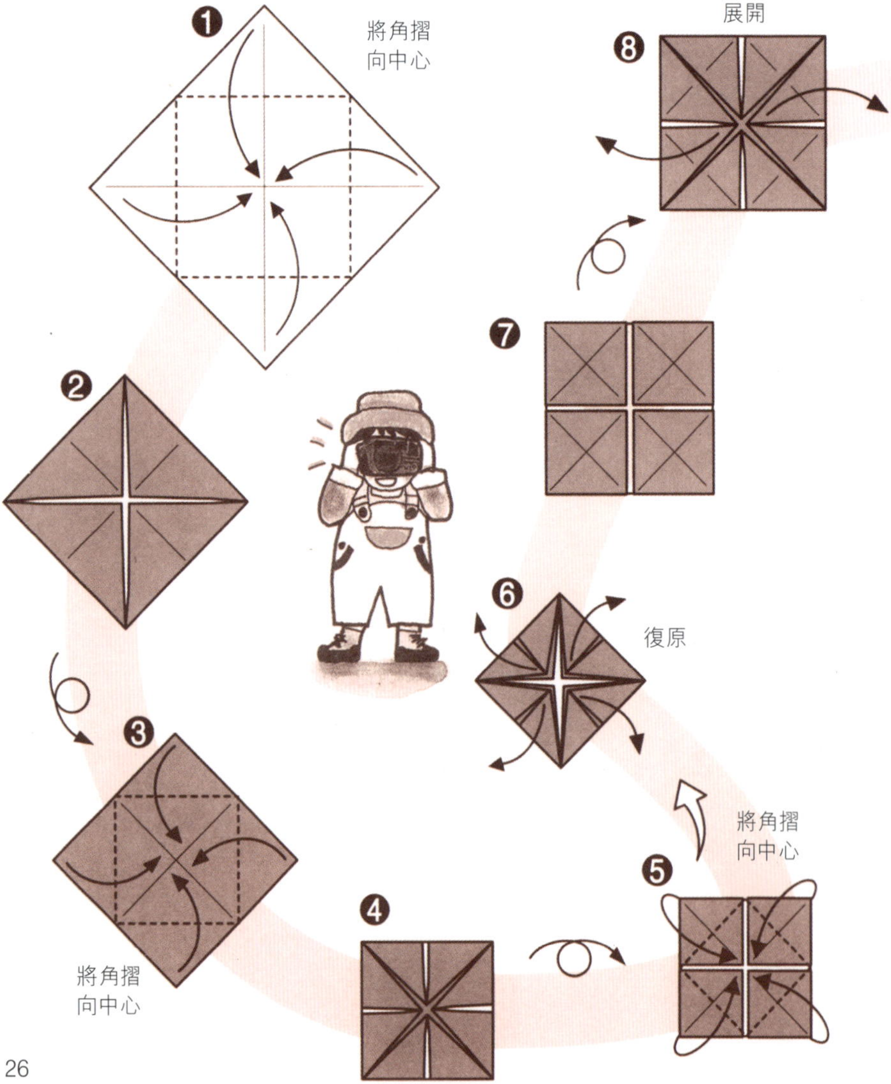

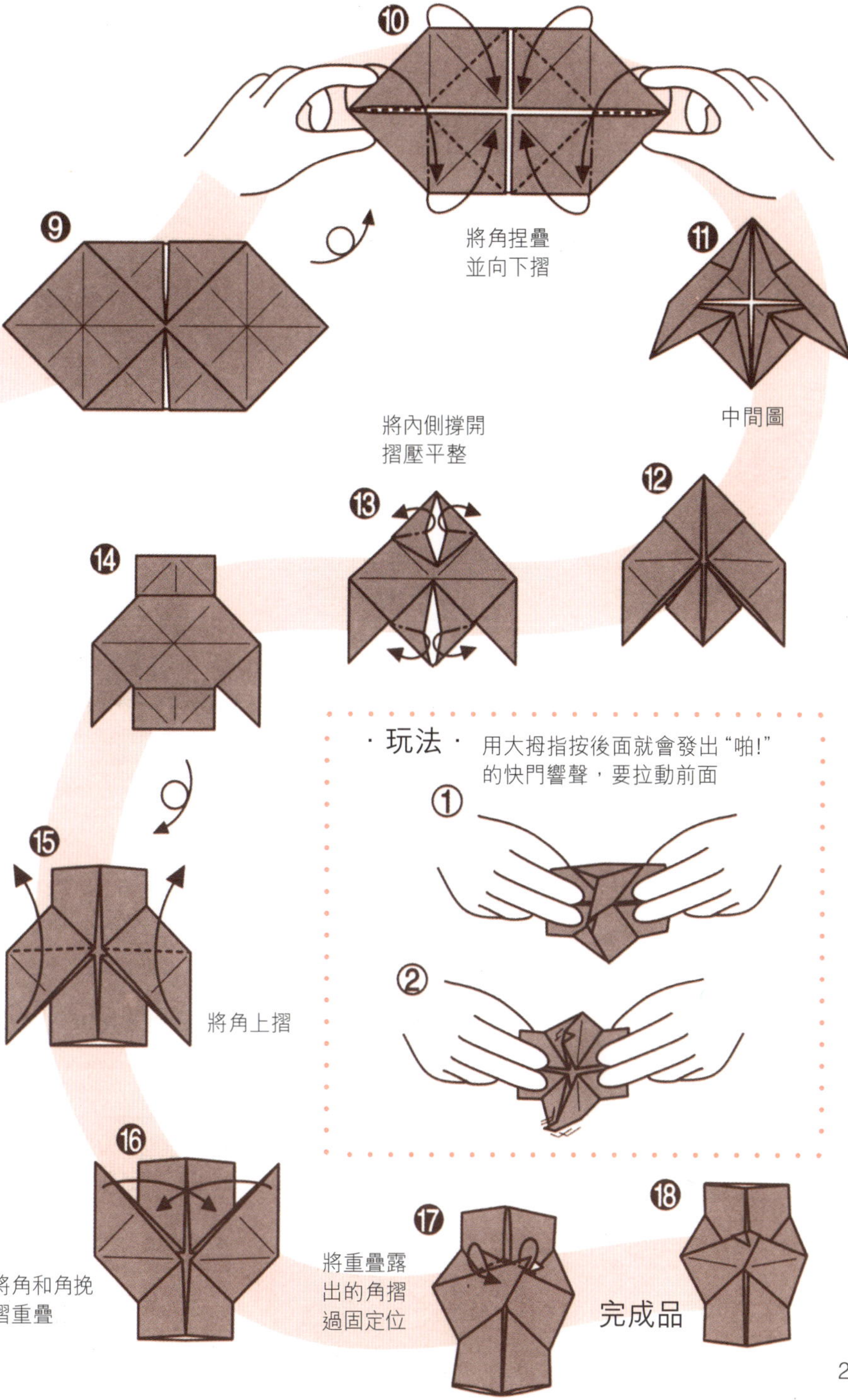

· 玩法 · 用大拇指按後面就會發出“啪!”的快門響聲，要拉動前面

CAP

10 帽子

是用報紙做的帽子。要用人們喜歡的顏色和樣式包裝紙來製作，就可開一間人見人愛的帽子店了。

女孩　男孩　媽媽　爸爸

◆摺紙1張

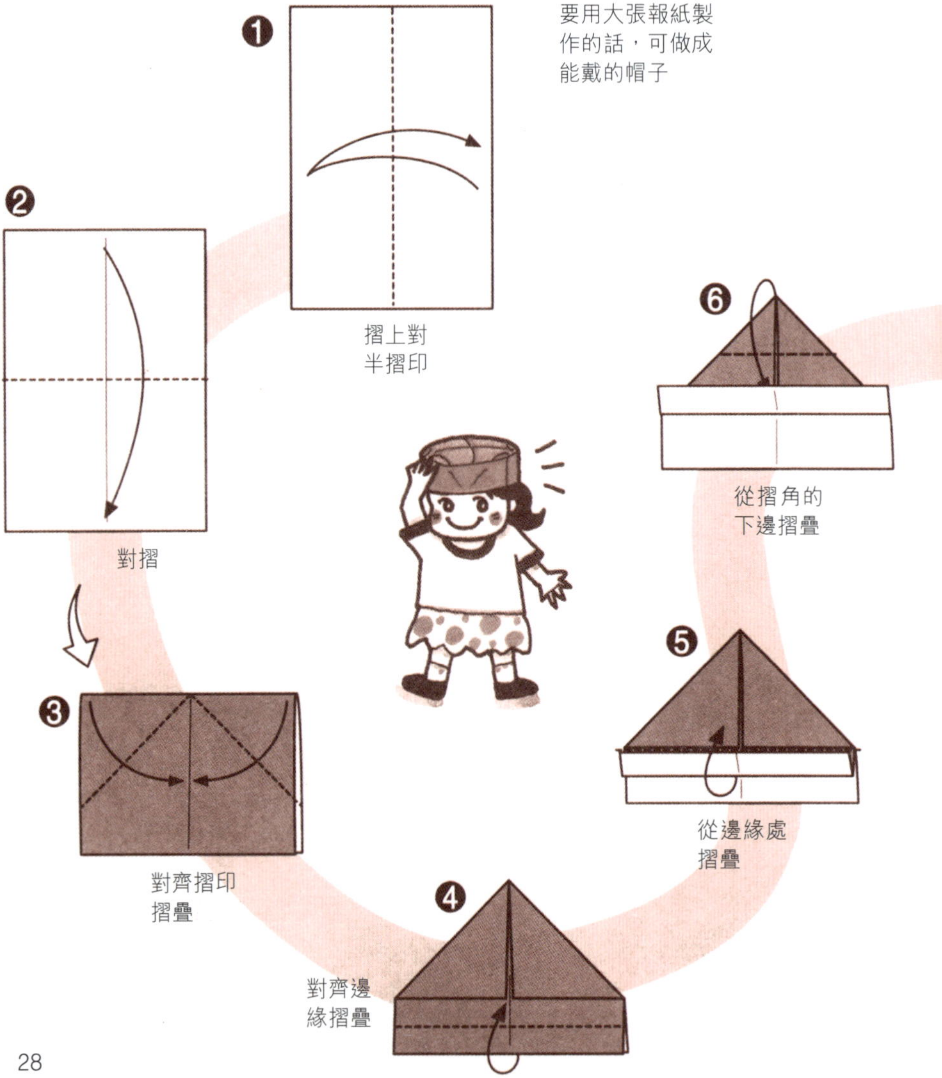

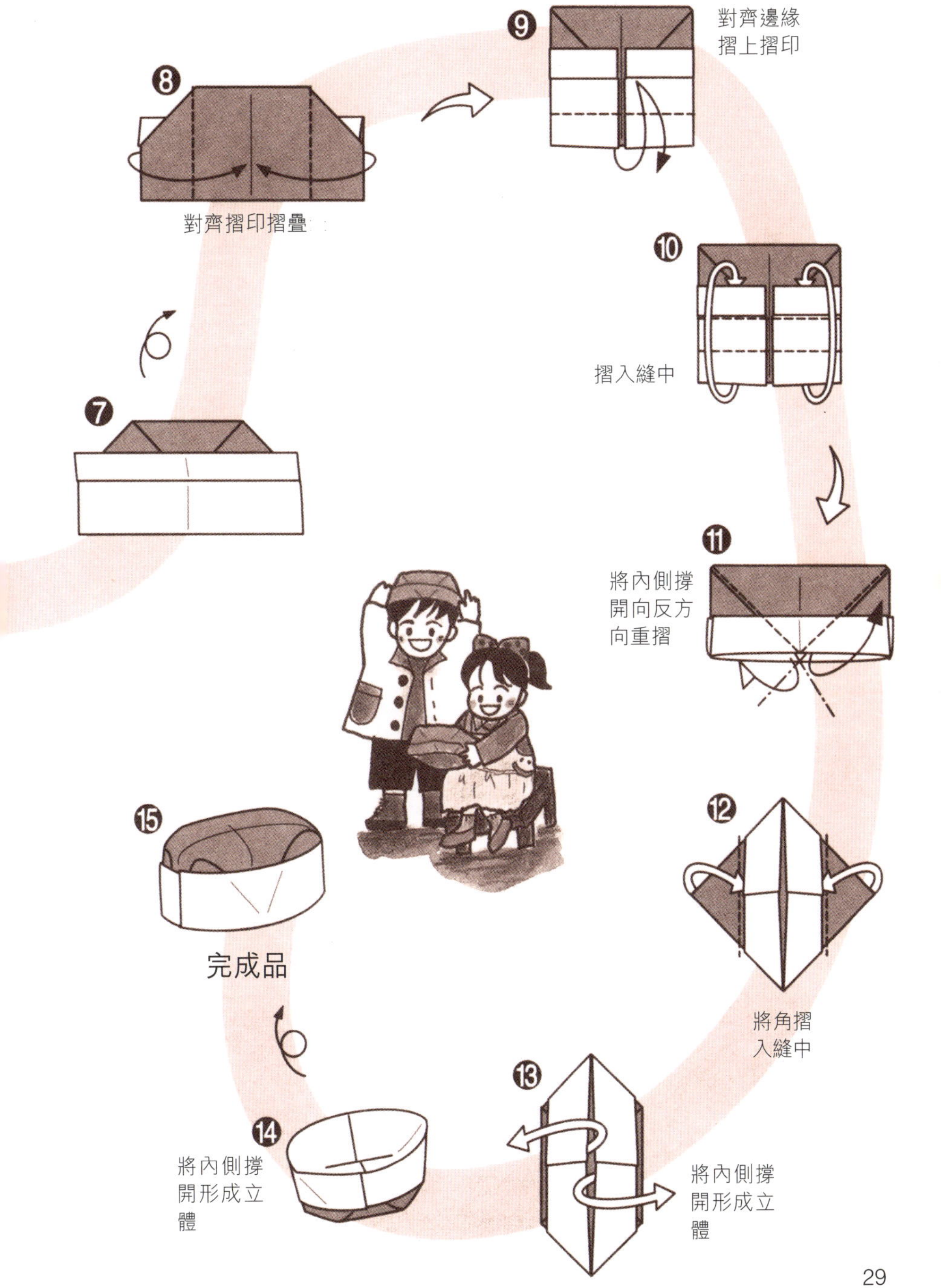
7
8
對齊摺印摺疊
9
對齊邊緣
摺上摺印
10
摺入縫中
11
將內側撐
開向反方
向重摺
12
將角摺
入縫中
13
將內側撐
開形成立
體
14
將內側撐
開形成立
體
15
完成品

MONKEY CLIMBING THE TREE

11 小猴爬樹

大家都來摺，可以一起進行小猴爬樹比賽。這是一款娛樂性很強的摺紙作品。

◆摺紙1張

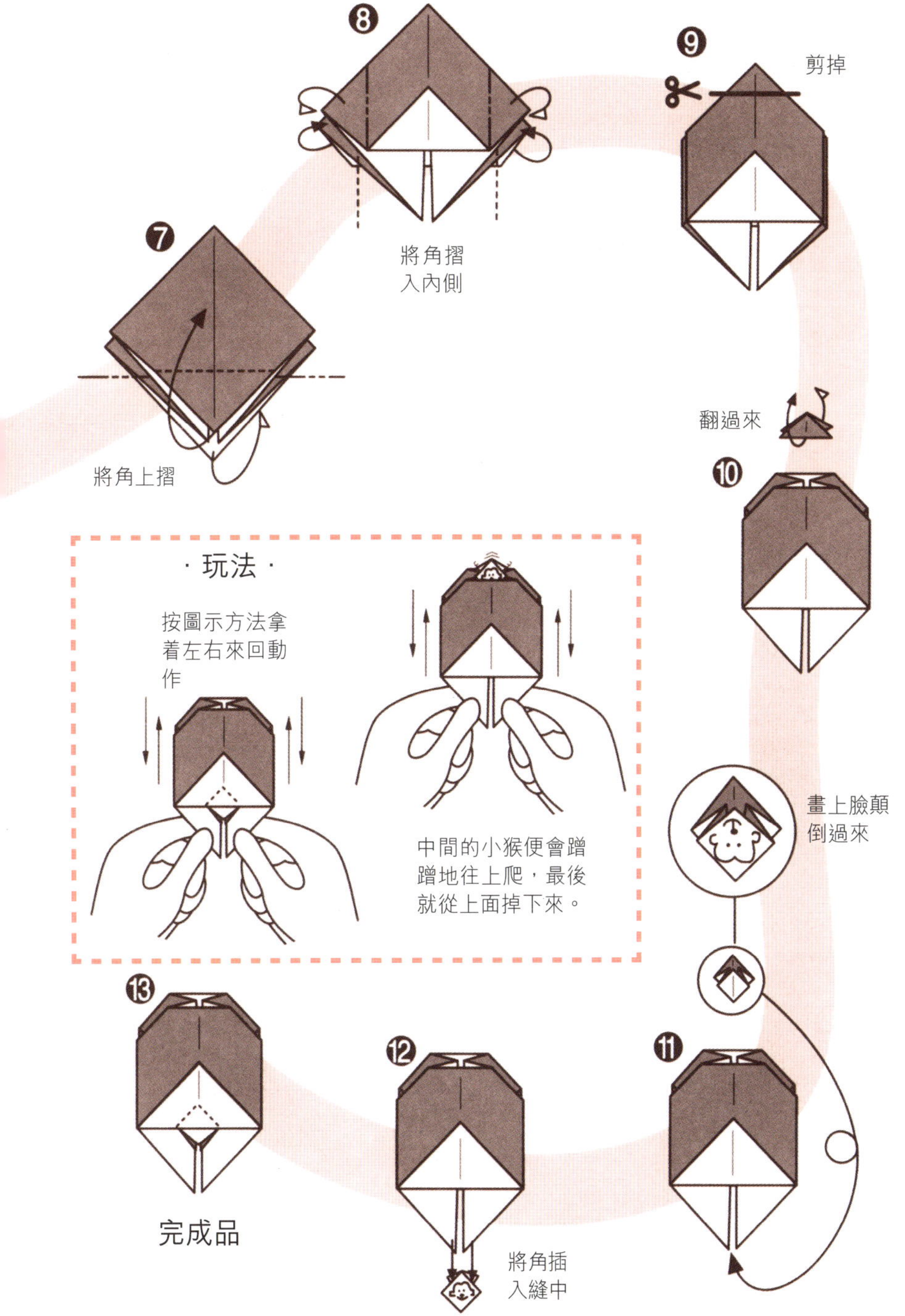

7
將角上摺
8
將角摺入內側
9
剪掉
翻過來
10
畫上臉顛倒過來
11
12
將角插入縫中
13
完成品
·玩法·
按圖示方法拿着左右來回動作
中間的小猴便會蹭蹭地往上爬，最後就從上面掉下來。

BALLOON

12 氣球

採用大小不同或顏色不同的紙，就可以製作出各種各樣的氣球。吹起來之後就能用手托着玩。

女孩　男孩　媽媽　爸爸

◆摺紙1張

1

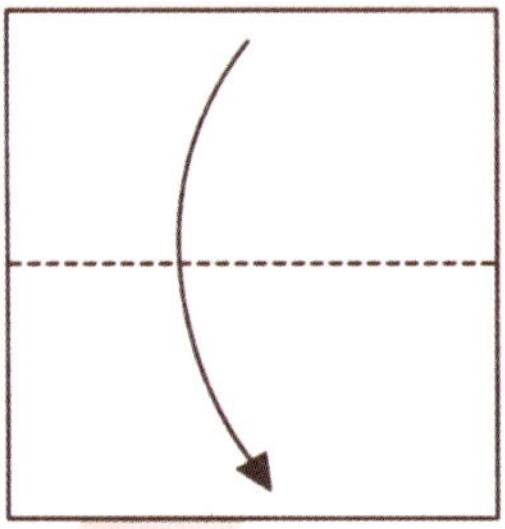

對摺

2

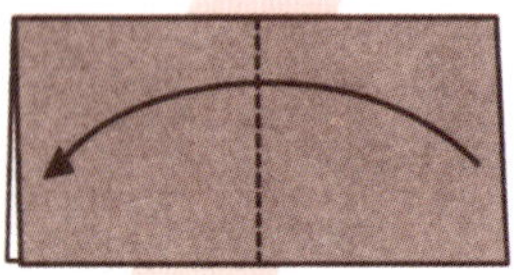

對摺

3

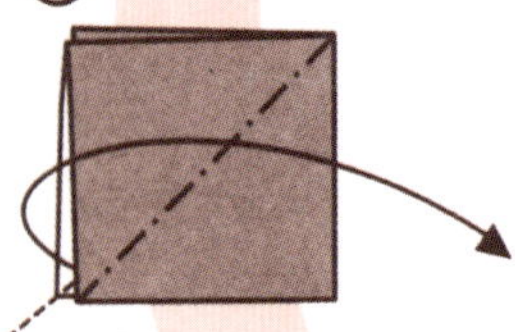

將內側撐開
並摺壓平整

4

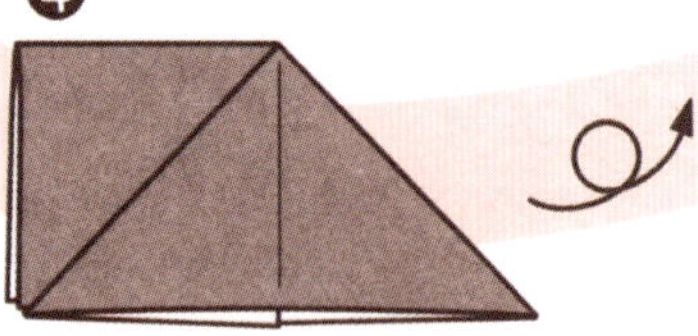

5

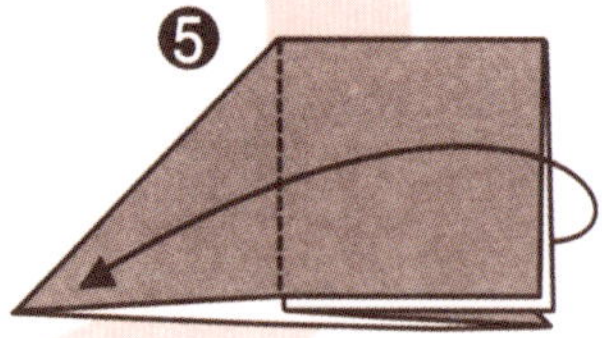

反摺

6

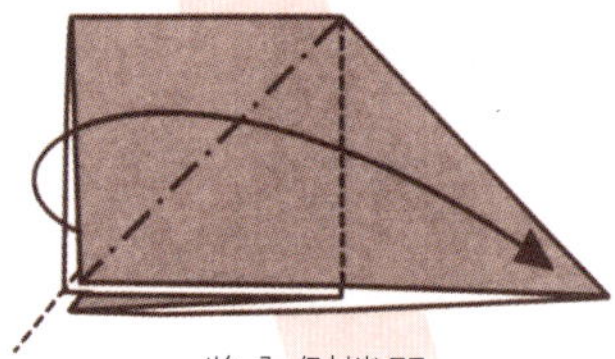

將內側撐開
摺壓平整

7

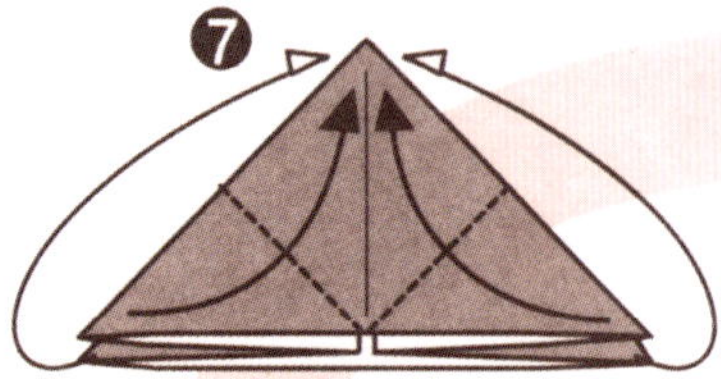

將角和角對
齊摺疊

9
將角下摺
將角對齊中心摺疊
8
10
摺邊緣處，摺上摺印
11
將角摺入縫中
蓬蓬
12
反側亦同
13
14
完成品
吹起來

JUMPING FROG

13 跳蛙

紅色、黃色、粉紅色等各種顏色的青蛙和用千代紙做成的鹿花紋、花柄做的漂亮青蛙們在一起舉行運動會。

◆摺紙1張

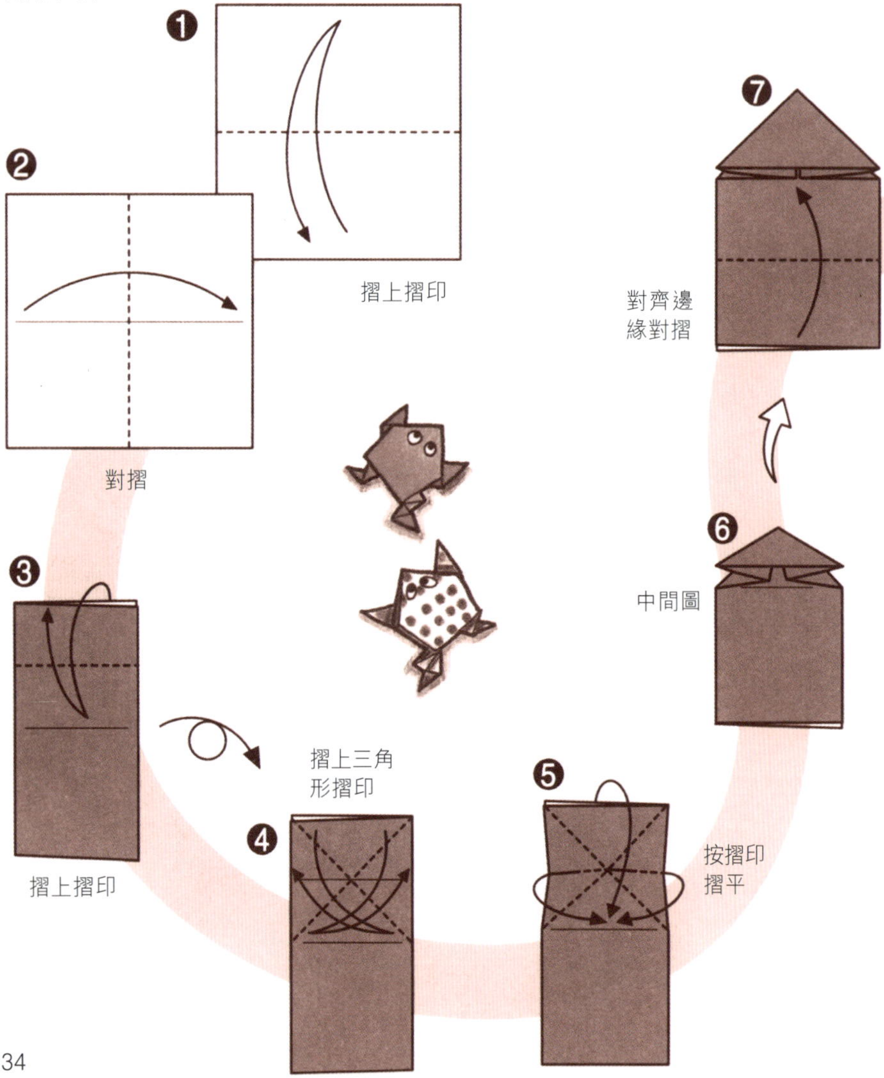

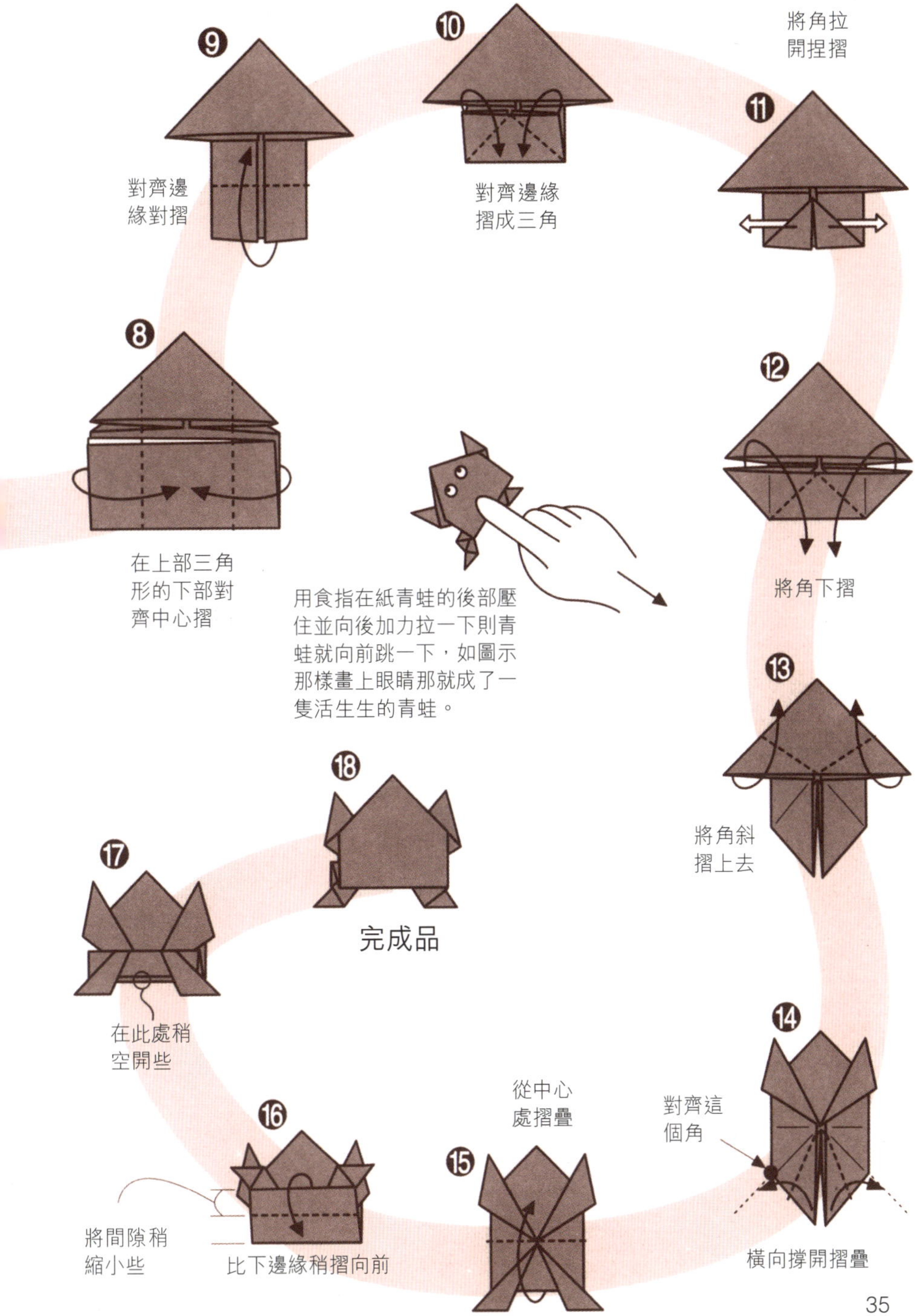
8
在上部三角形的下部對齊中心摺
9
對齊邊緣對摺
10
對齊邊緣摺成三角
將角拉開捏摺
11
12
將角下摺
13
將角斜摺上去
14
對齊這個角
橫向撐開摺疊
15
從中心處摺疊
16
比下邊緣稍摺向前
將間隙稍縮小些
17
在此處稍空開些
18
完成品
用食指在紙青蛙的後部壓住並向後加力拉一下則青蛙就向前跳一下，如圖示那樣畫上眼睛那就成了一隻活生生的青蛙。

FROG

14 青蛙

這也是繼承傳統的摺紙作品之一。因為尤如活的一般，所以非常受喜愛動物的孩子們的青睞。

◆摺紙1張

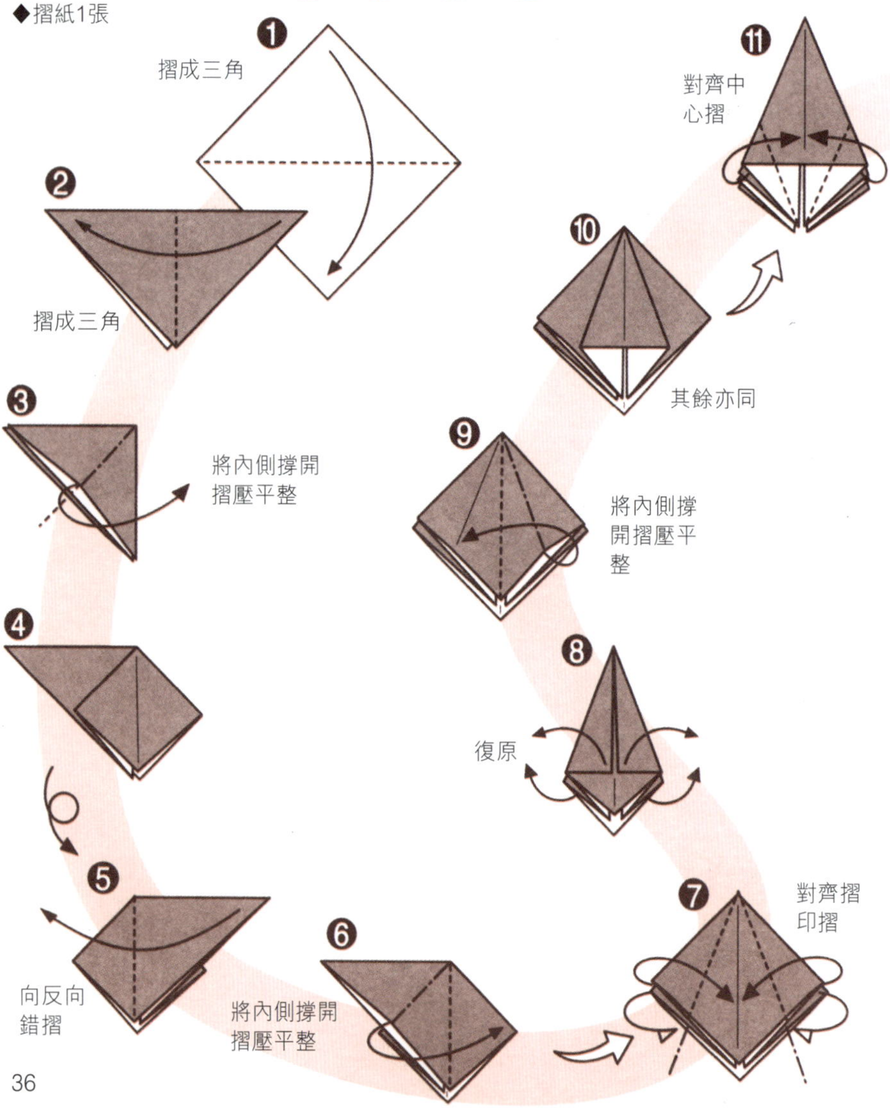

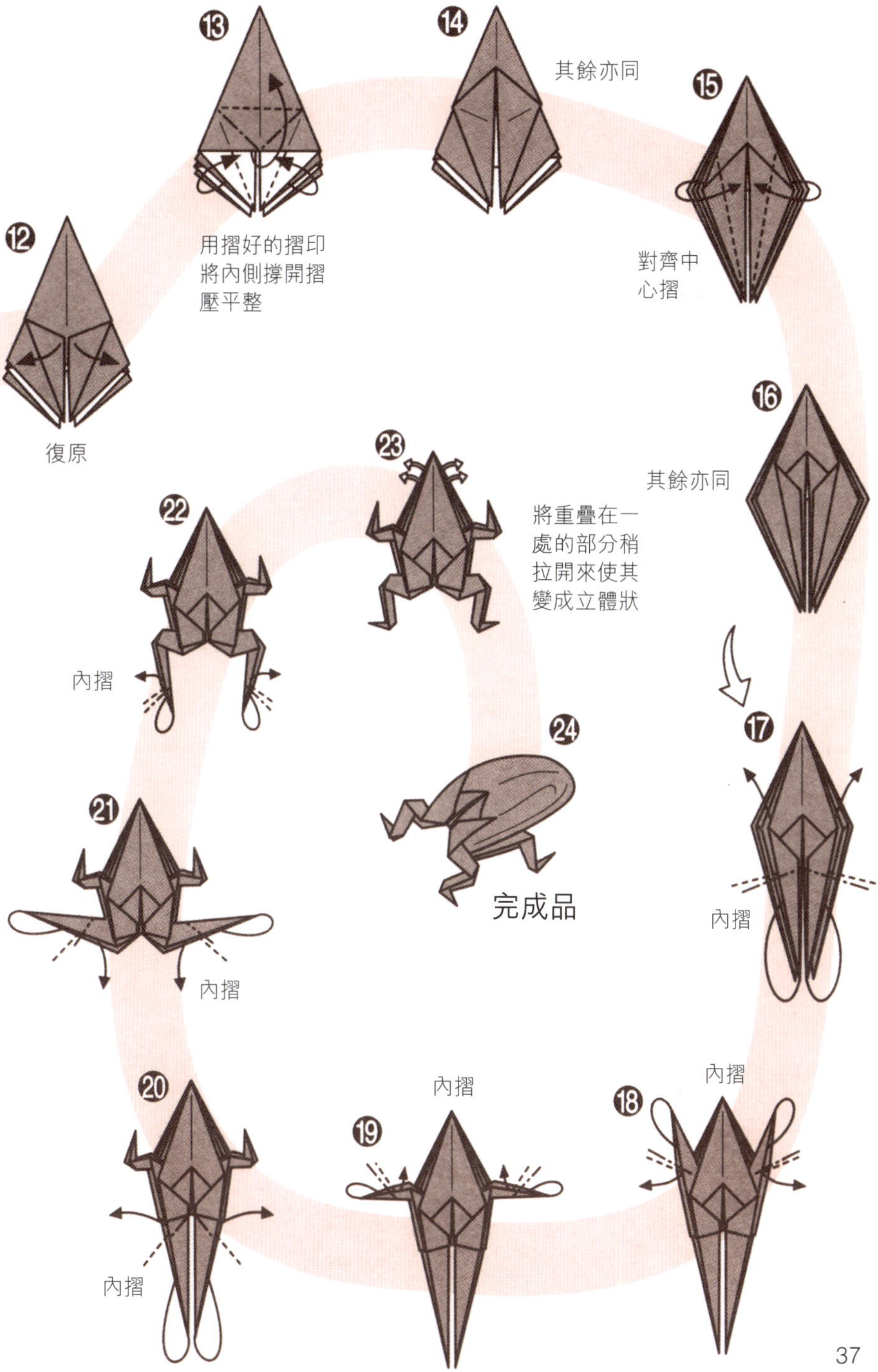
12
復原
13
用摺好的摺印
將內側撐開摺
壓平整
14
其餘亦同
15
對齊中
心摺
16
其餘亦同
17
內摺
18
內摺
19
內摺
20
內摺
21
內摺
22
內摺
23
將重疊在一
處的部分稍
拉開來使其
變成立體狀
24
完成品

TAKARABUNE

15 寶船

是一種流傳已久的非常受歡迎的一種摺紙作品。造型優雅，請家裏的其他人一起製作。

◆摺紙1張

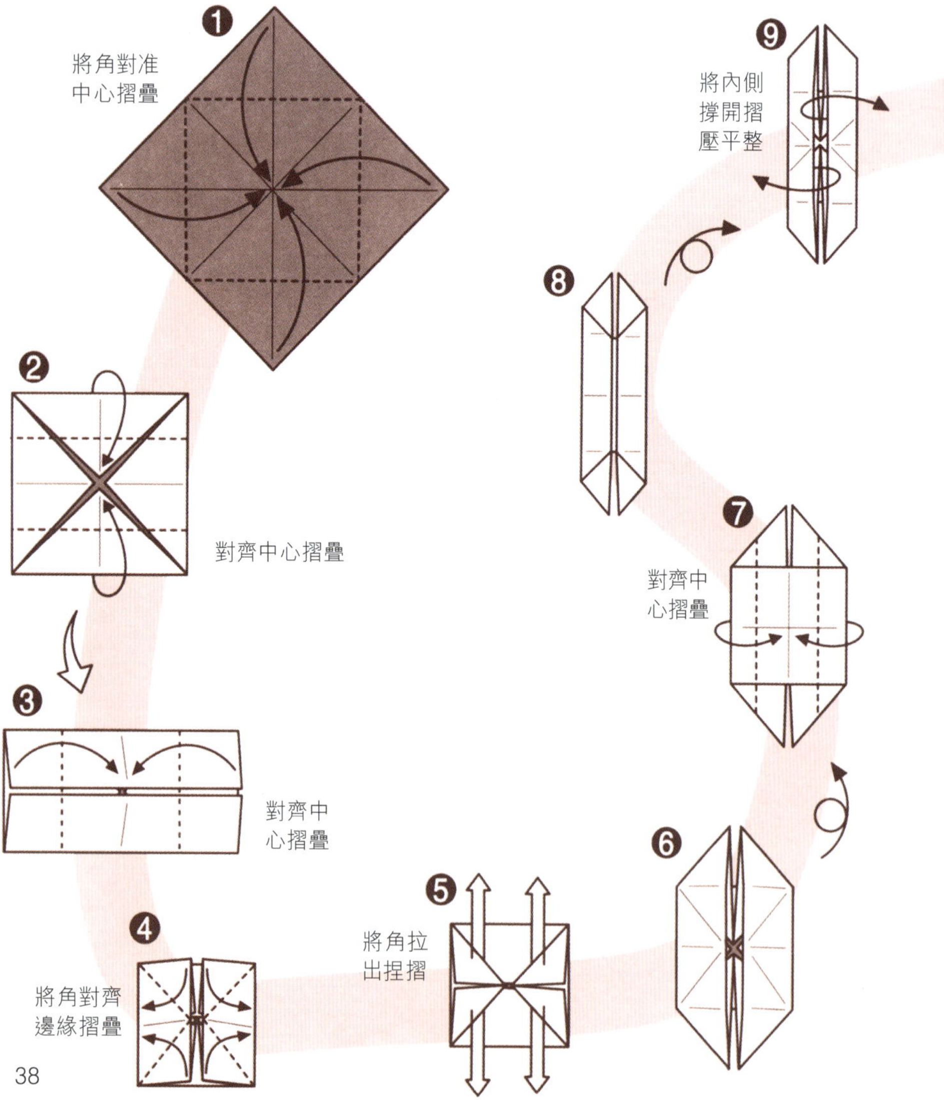

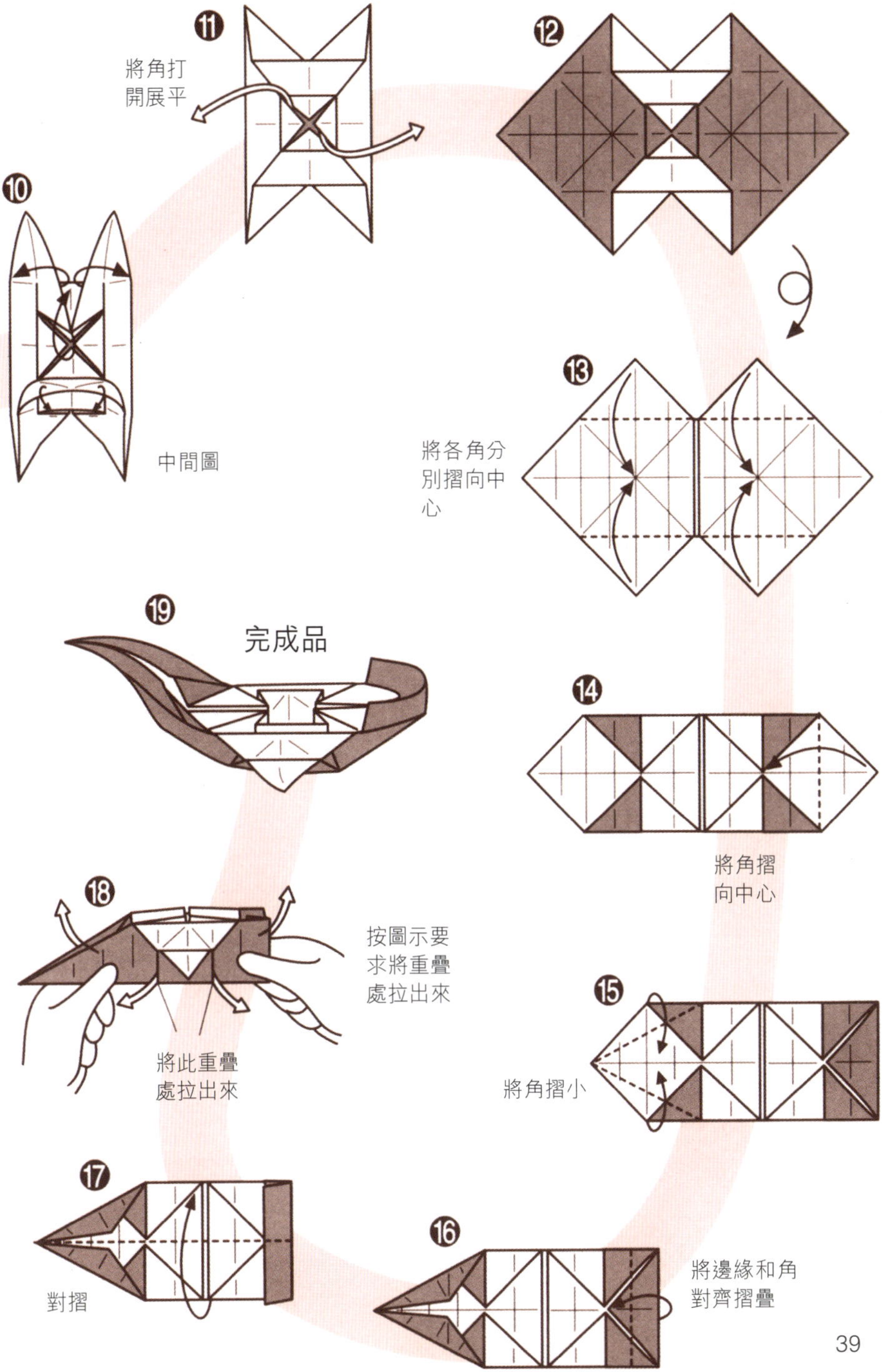
10
中間圖
11
將角打
開展平
12
13
將各角分
別摺向中
心
14
將角摺
向中心
15
將角摺小
16
將邊緣和角
對齊摺疊
17
對摺
18
按圖示要
求將重疊
處拉出來
將此重疊
處拉出來
19
完成品

TYRANNOSAURUS

16 恐龍迪拉

這是在恐龍之中最受歡迎的一種。因為用摺紙作品來表現，所以大小可隨個人愛好而自由變化，也可以製作出恐龍的家族群。

◆摺紙1張

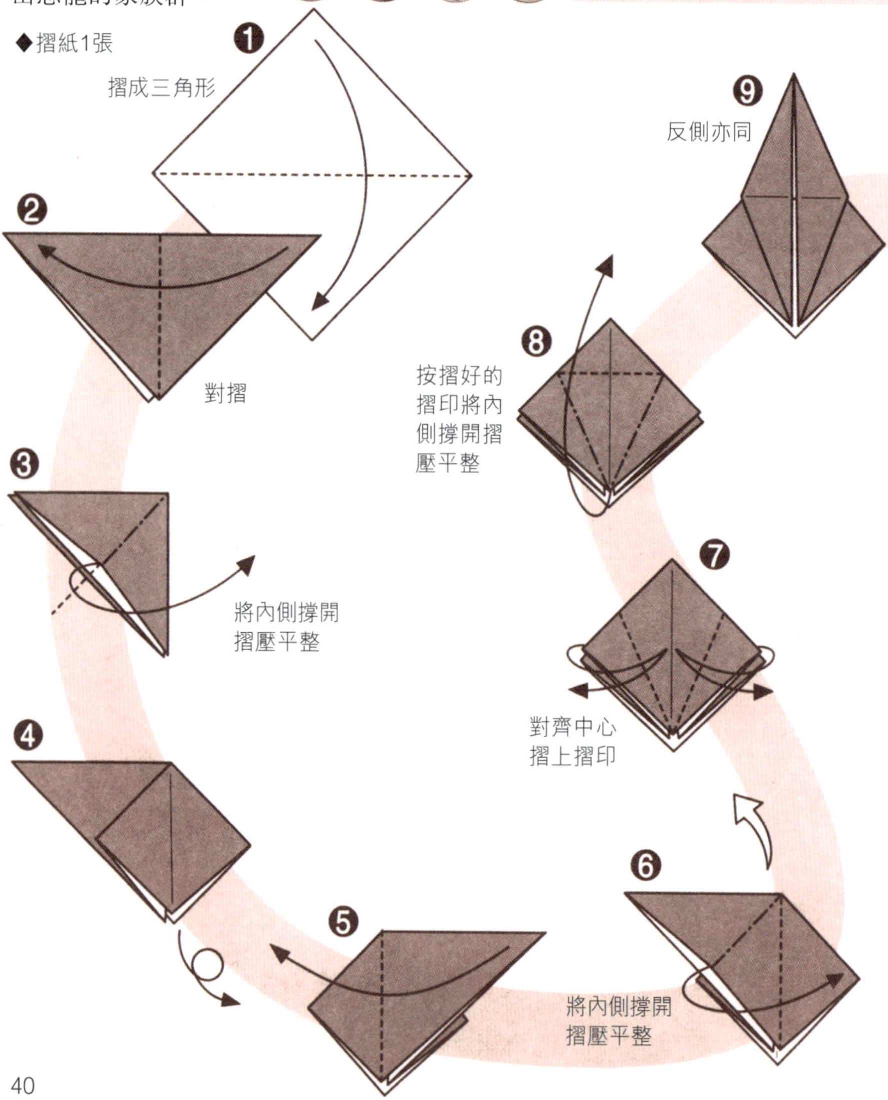

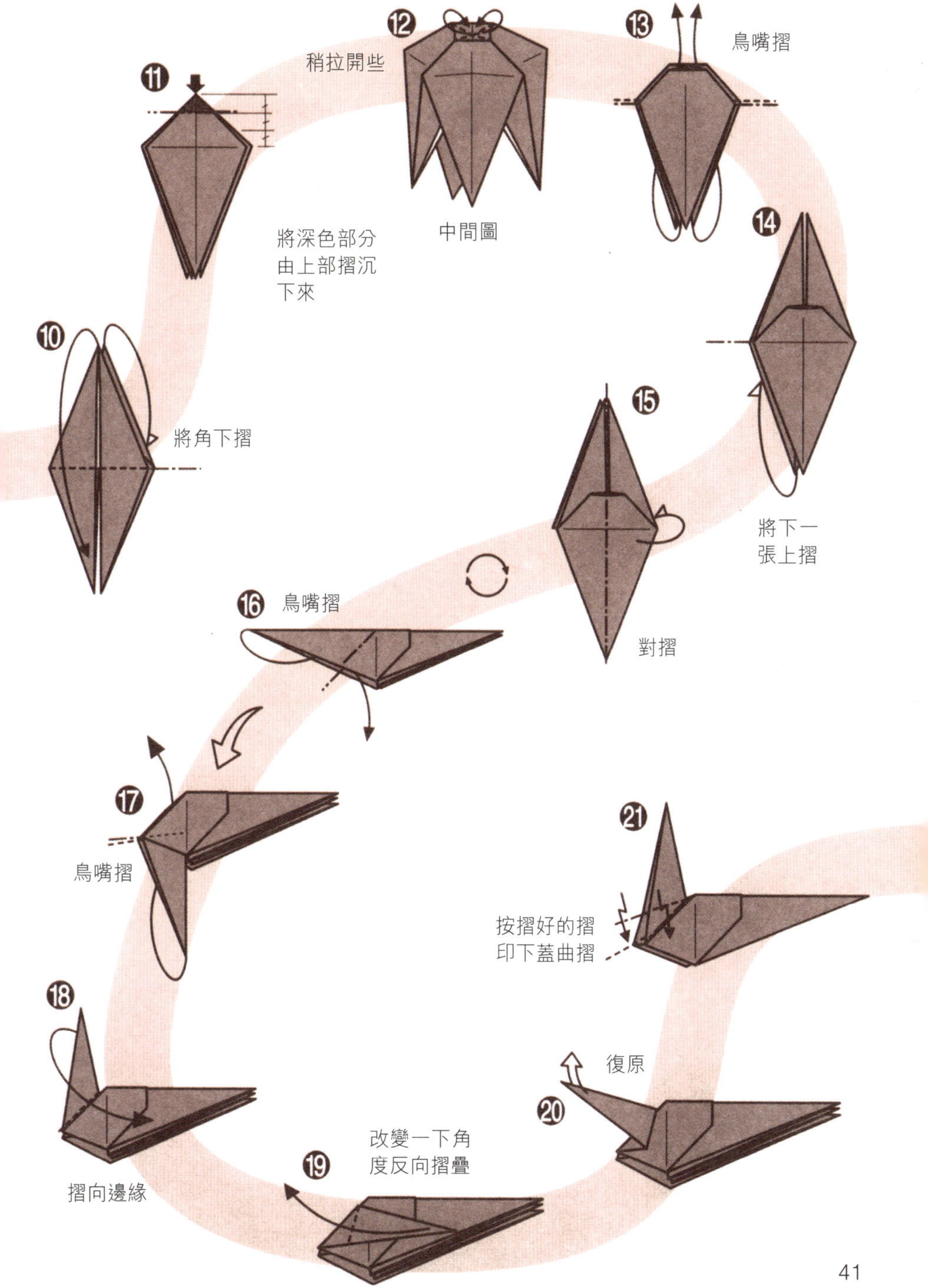
⑩
將角下摺
⑪
將深色部分
由上部摺沉
下來
⑫
稍拉開些
中間圖
⑬
鳥嘴摺
⑭
將下一
張上摺
⑮
對摺
⑯
鳥嘴摺
⑰
鳥嘴摺
⑱
摺向邊緣
⑲
改變一下角
度反向摺疊
⑳
復原
㉑
按摺好的摺
印下蓋曲摺

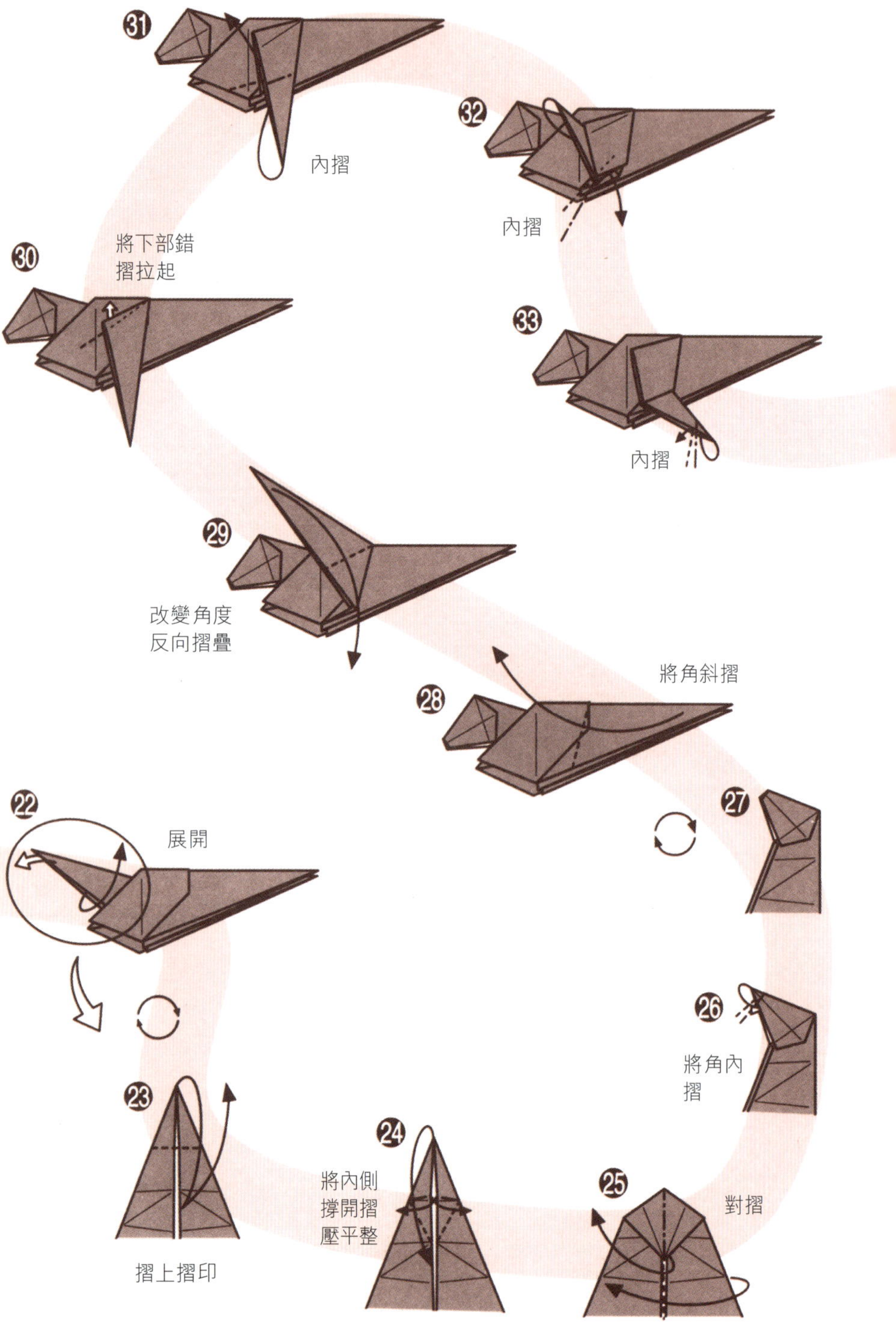

22
展開
23
摺上摺印
24
將內側
撐開摺
壓平整
25
對摺
26
將角內
摺
27
28
將角斜摺
29
改變角度
反向摺疊
30
將下部錯
摺拉起
31
內摺
32
內摺
33
內摺

34

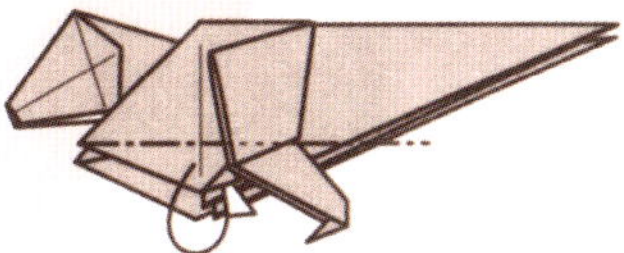

將角內摺

35

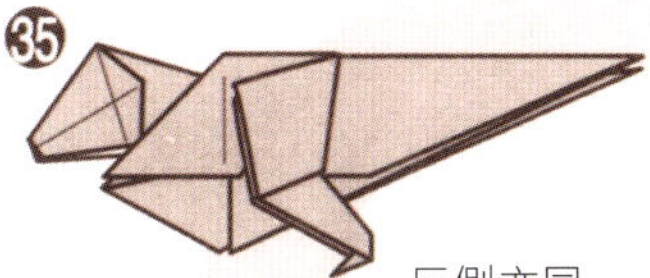

反側亦同

36

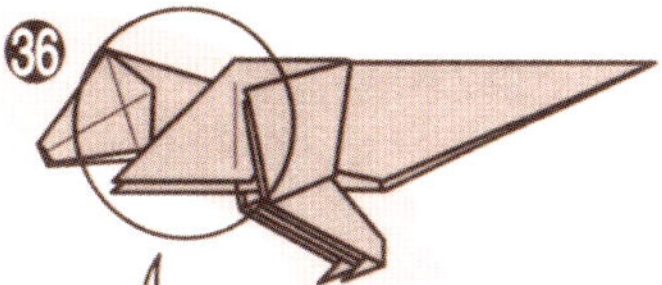

37

摺上斜下
摺摺印

38

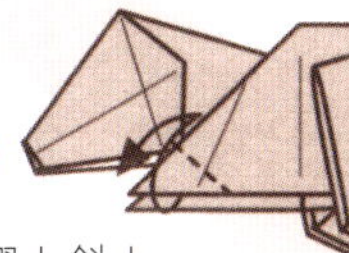

摺上斜上
摺摺印

39

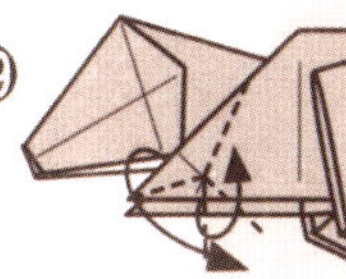

按摺上的摺
印將角捏摺

40

將捏摺起來
的角蓋摺

41

再蓋摺一次

42

反側亦同

43

44

將角內摺

45

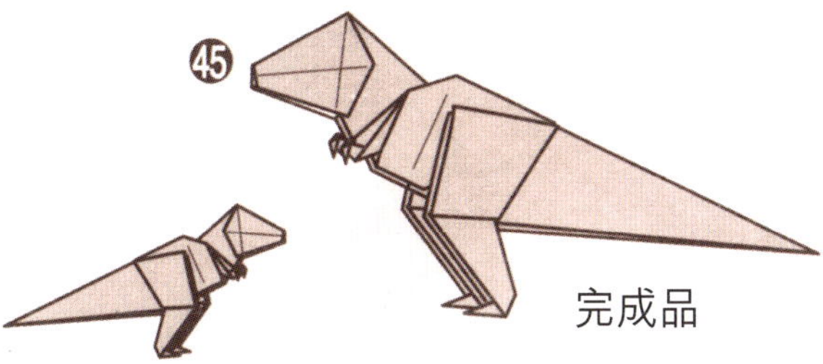

完成品

LITTLE FOX

17 小狐狸

小狐狸找不到媽媽，便在哭泣。摺一隻狐狸媽媽(見46頁)就可以構成一幅可愛的母子圖。

◆摺紙1張

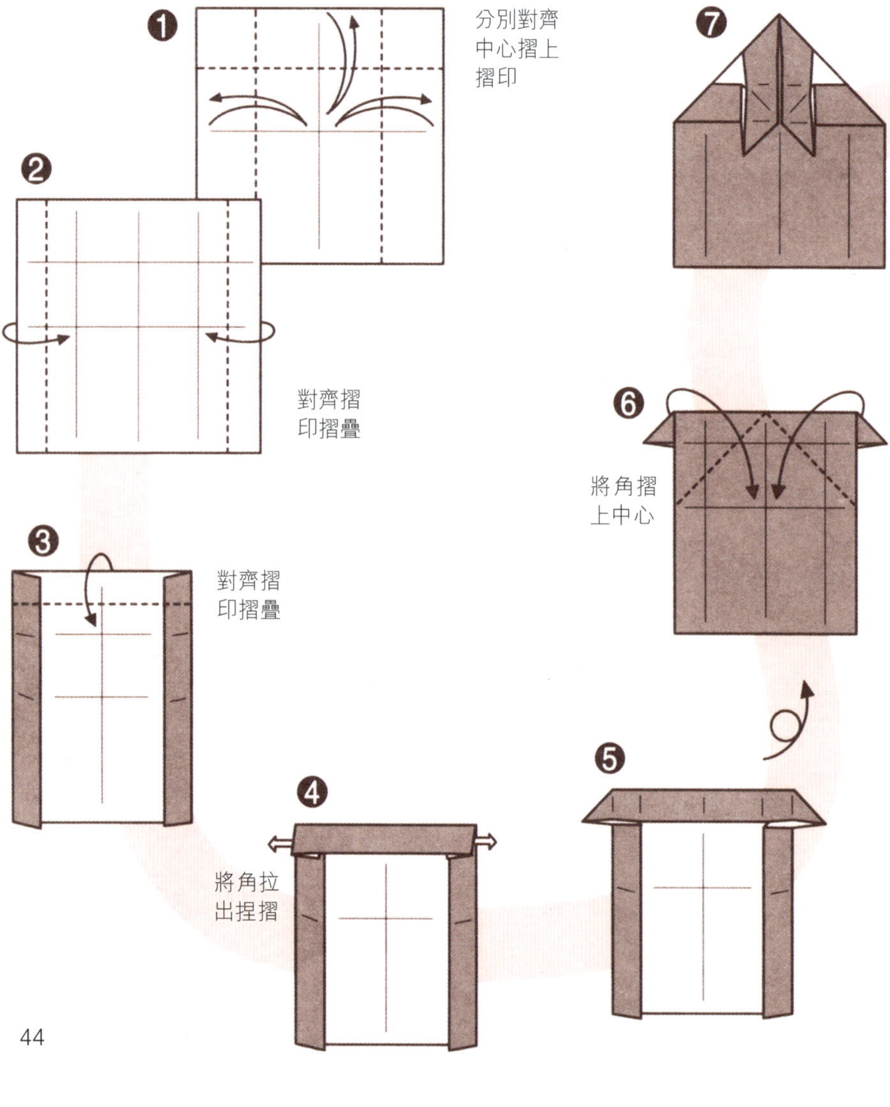

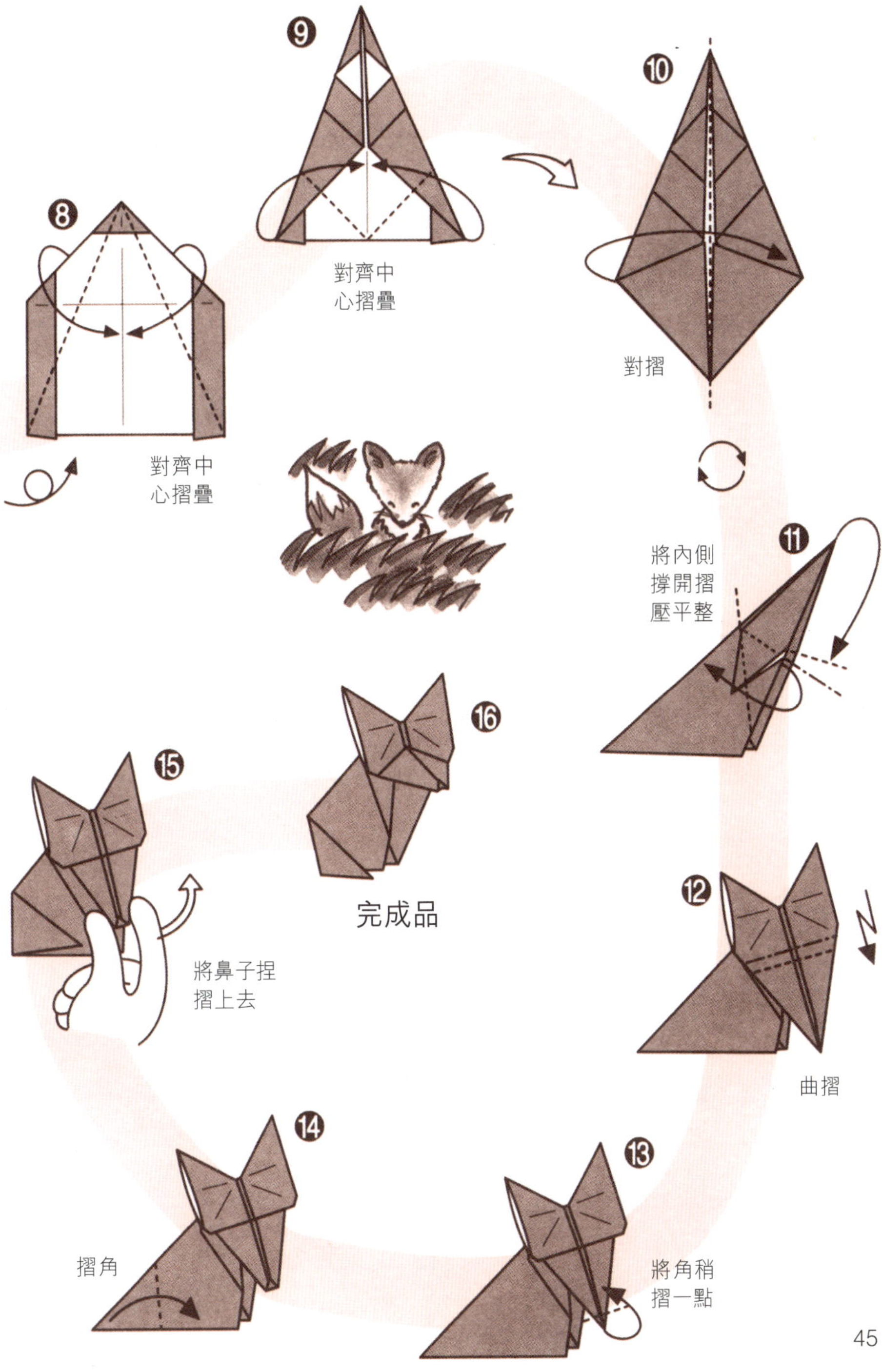
8
對齊中
心摺疊
9
對齊中
心摺疊
10
對摺
11
將內側
撐開摺
壓平整
12
曲摺
13
將角稍
摺一點
14
摺角
15
將鼻子捏
摺上去
16
完成品

Fox

18 大狐狸

摺一隻走來的狐狸，再摺一隻小狐狸，即可構成一幅母子圖。

◆摺紙2張

· 軀體 ·

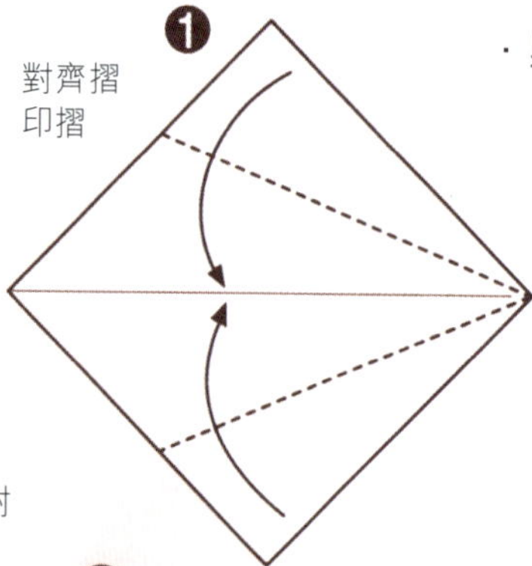

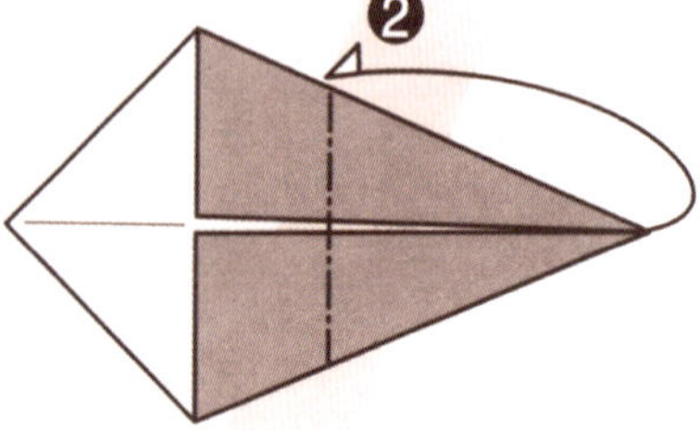

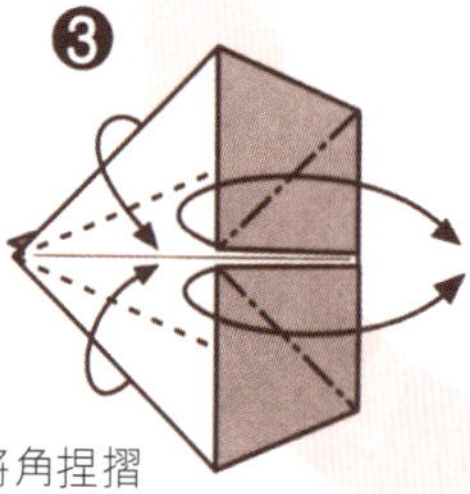

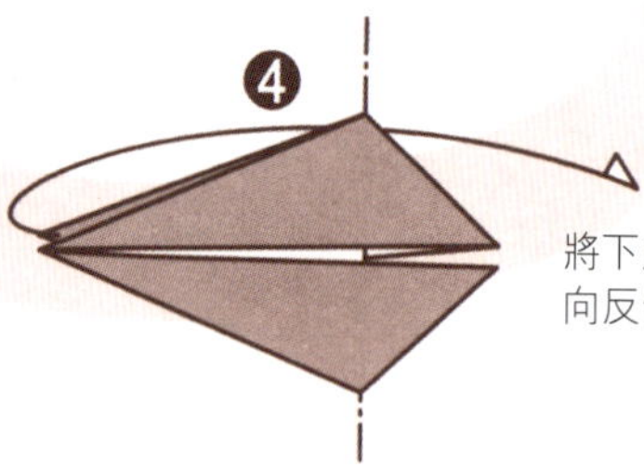

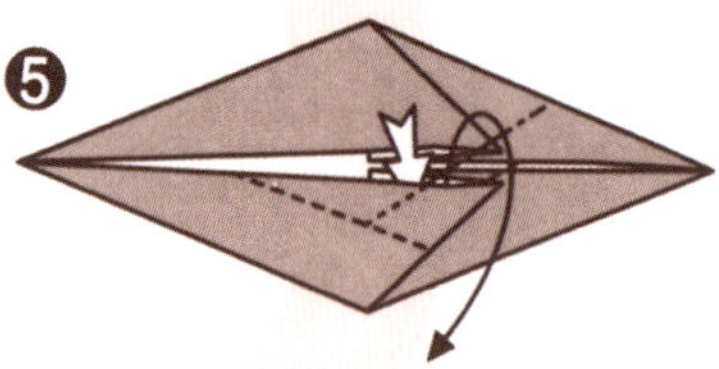

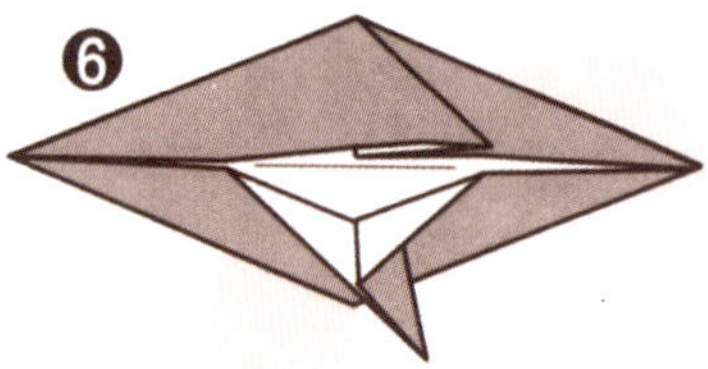

· 頭部 ·

①

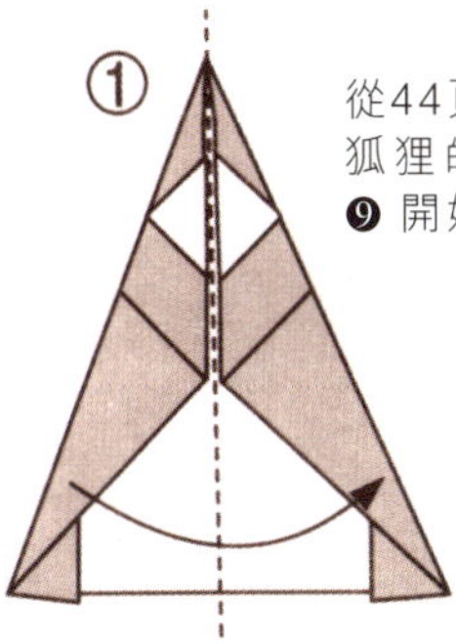

從44頁小狐狸的圖❾開始摺

對摺

②

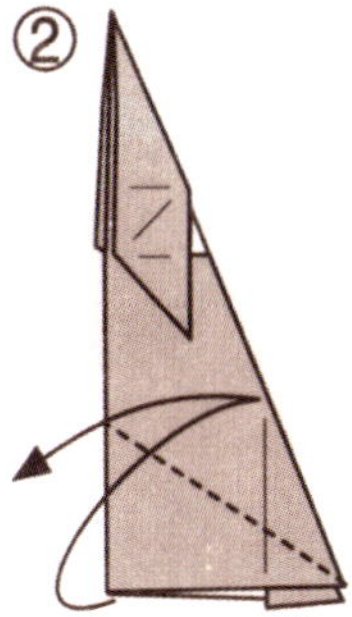

對齊邊緣摺上摺印

③

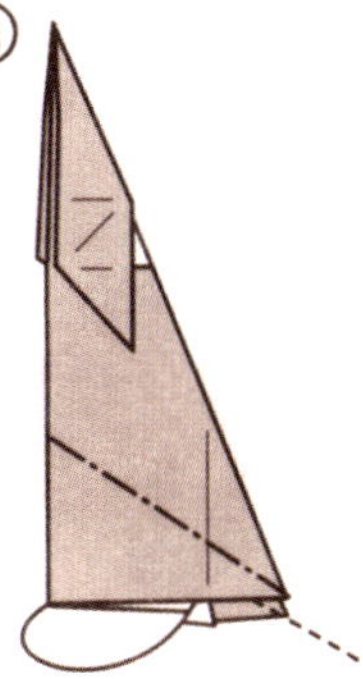

按摺印將角摺入內側

❼

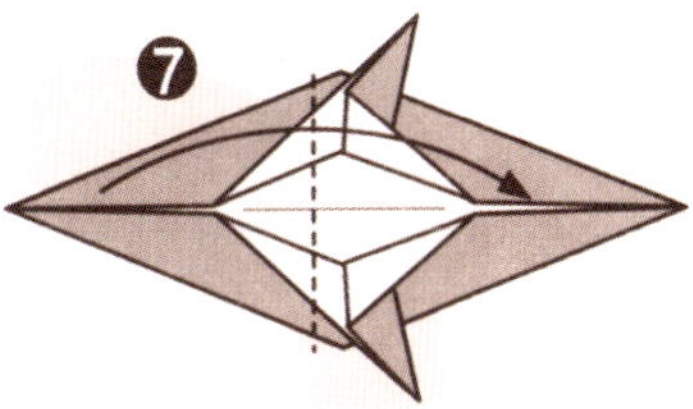

❽

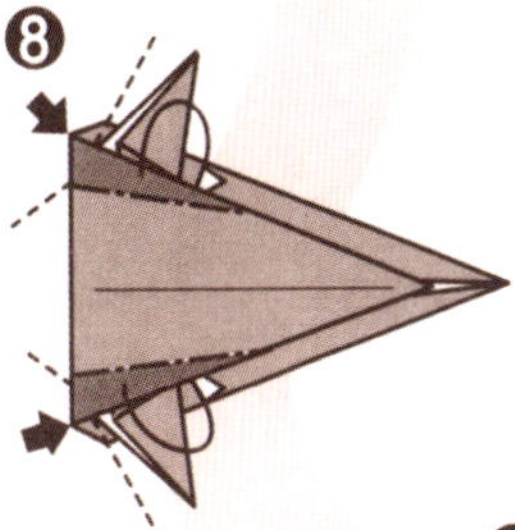

將深色部分摺入內側

❾

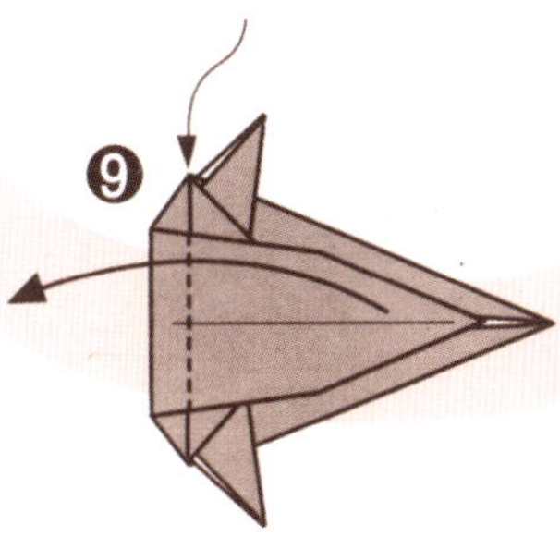

從角處向反側摺

❿

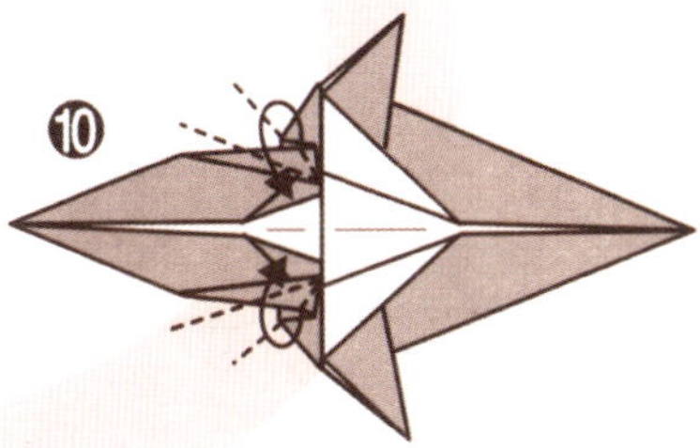

挽角摺

⓫

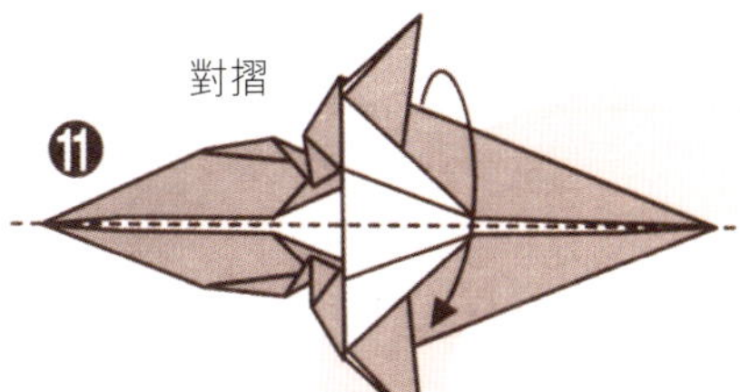

對摺

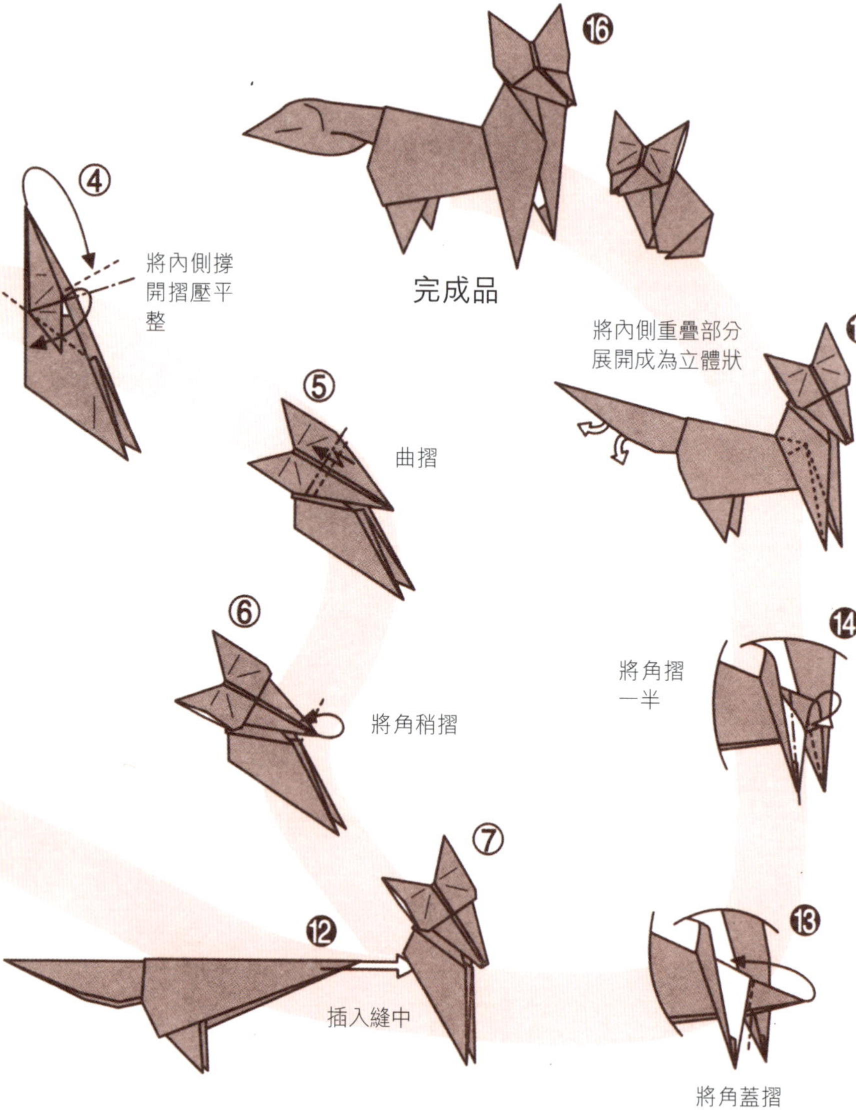
④
將內側撐
開摺壓平
整
⑤
曲摺
⑥
將角稍摺
⑦
⑫
插入縫中
⑬
將角蓋摺
⑭
將角摺
一半
⑮
將內側重疊部分
展開成為立體狀
⑯
完成品

CRAB

19 螃蟹

這是傳統的摺紙作品之一。用紅色和桔黃色的摺紙製作，可摺出活靈活現的作品。

女孩　男孩　媽媽　爸爸

◆摺紙1張

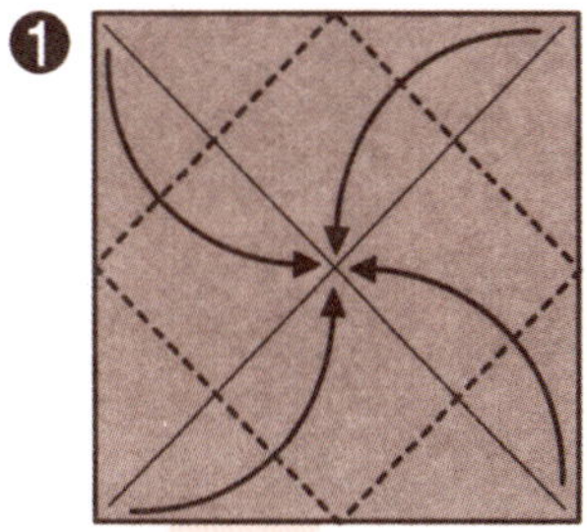

將角對齊中心摺疊

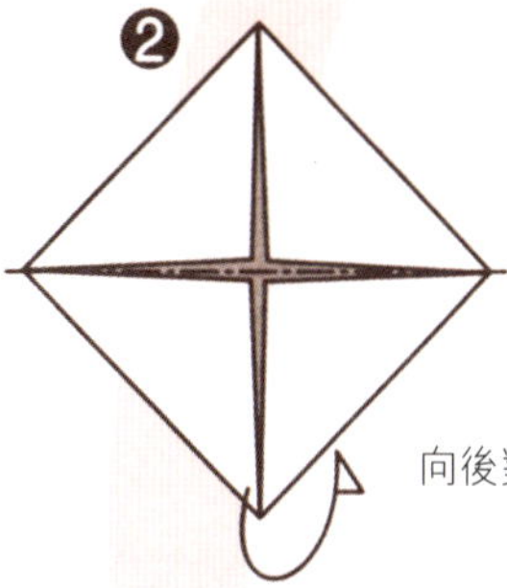

向後對摺

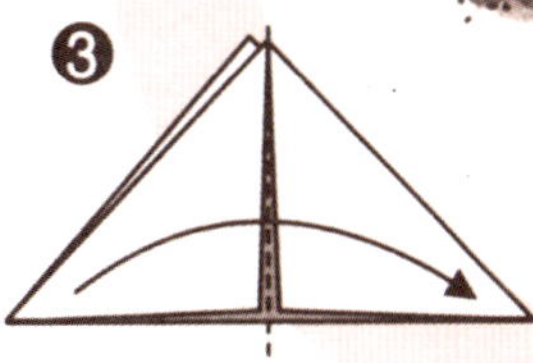

對摺

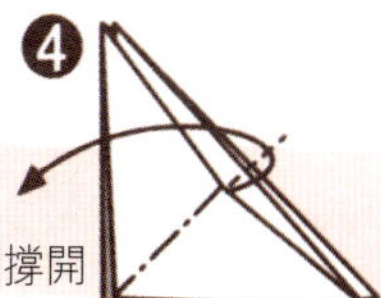

將內側撐開摺壓平整

中間圖

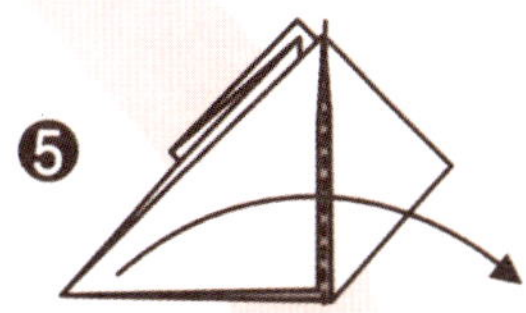

反向摺疊

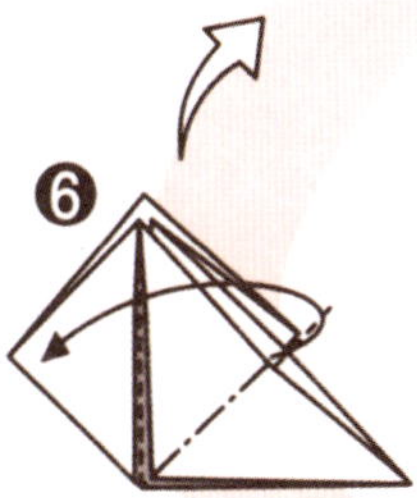

將內側撐開摺疊

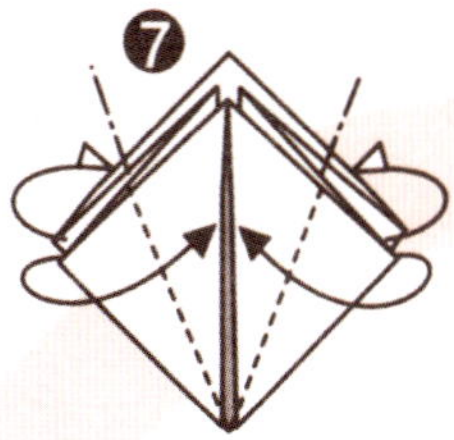

對齊中心摺疊

8

復原

9

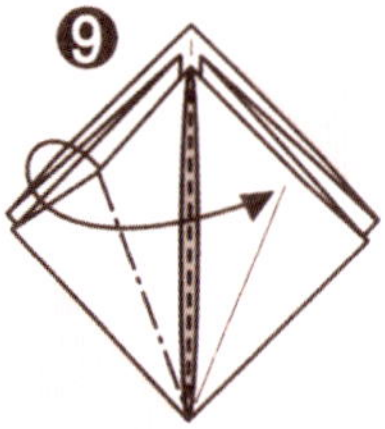

將內側撐開摺壓平整

10

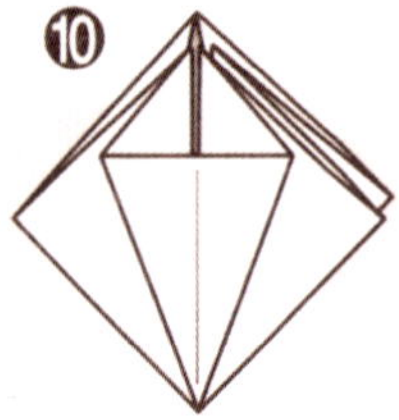

反側亦同

11

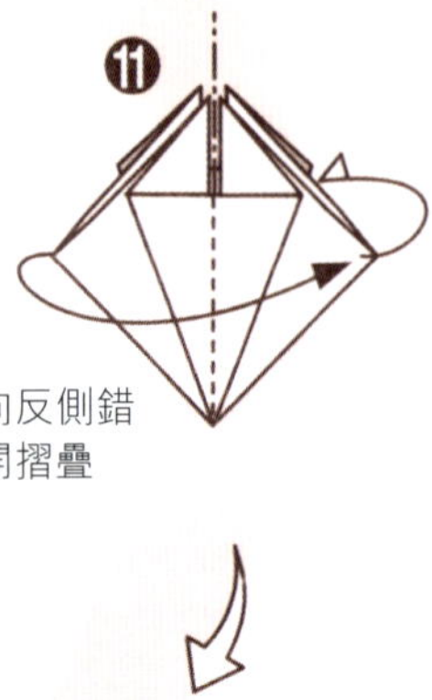

向反側錯開摺疊

12

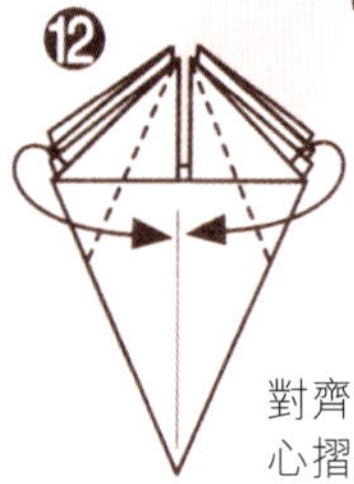

對齊中心摺疊

13

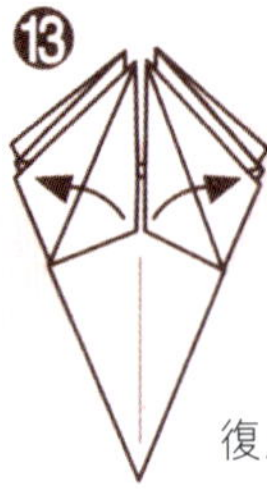

復原

14

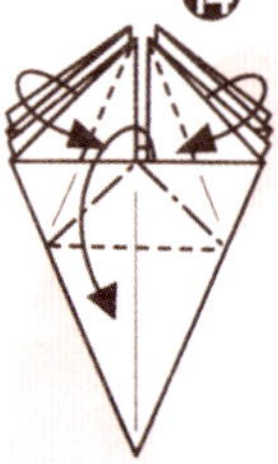

按摺印將內側撐開摺壓平整

15

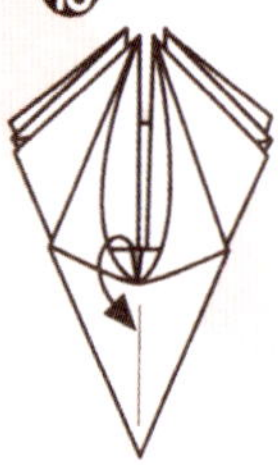

中間圖

16

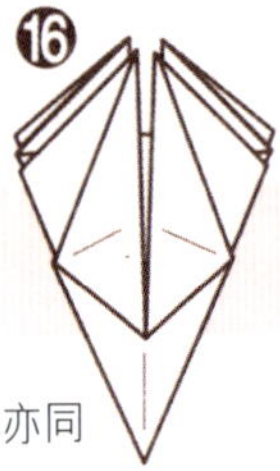

其餘亦同

17

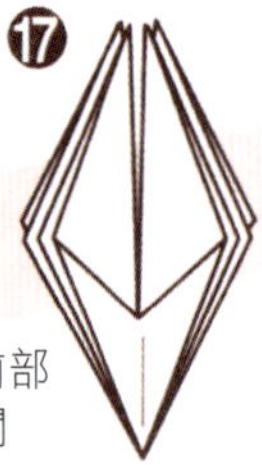

將前部展開

18

按圖要求在四處剪出切口

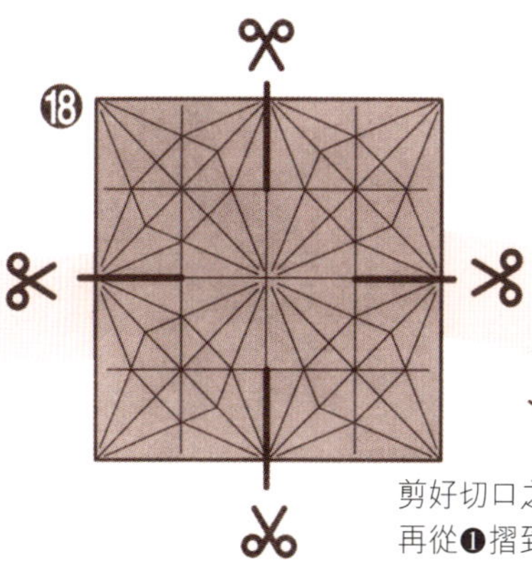

剪好切口之後
再從❶摺到⓱

19

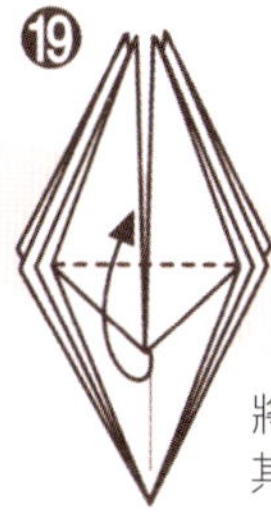

將角上摺，
其餘亦同

20

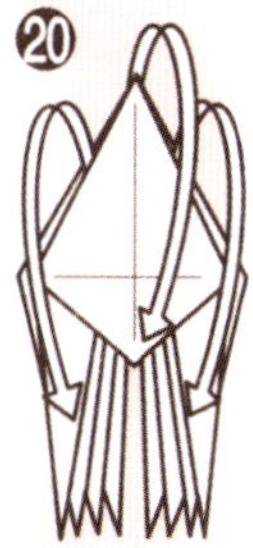

將重疊處的
最上一張展
開

21

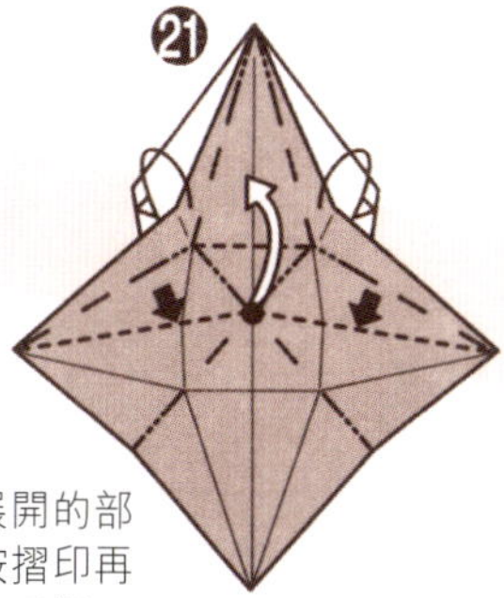

將展開的部
分按摺印再
次整理好

22

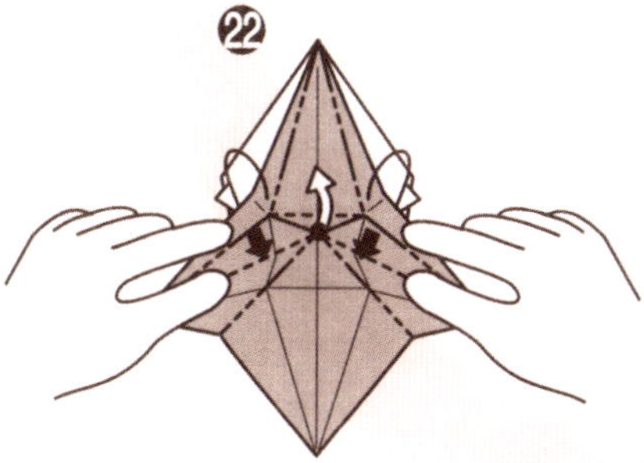

中間圖

23

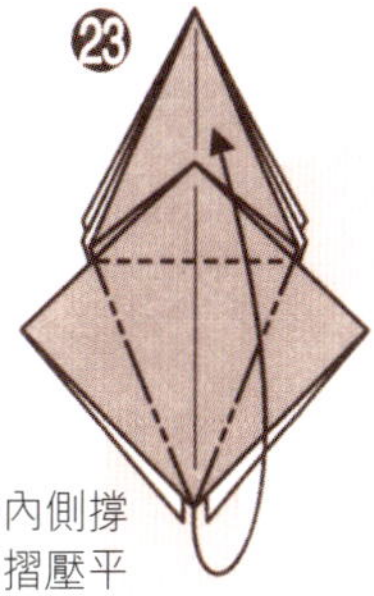

將內側撐
開摺壓平
整

24

變成摺紙鶴時
的基本形態，
其餘亦同

25

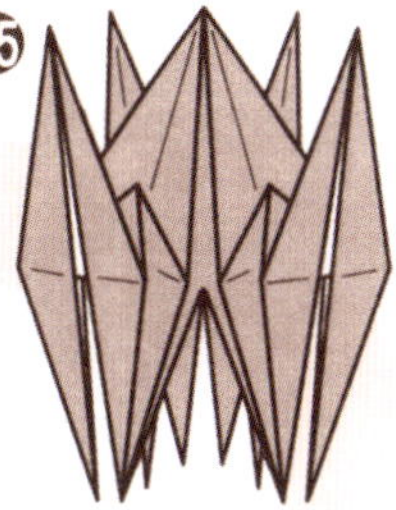

中間圖

將前部
整理好

26

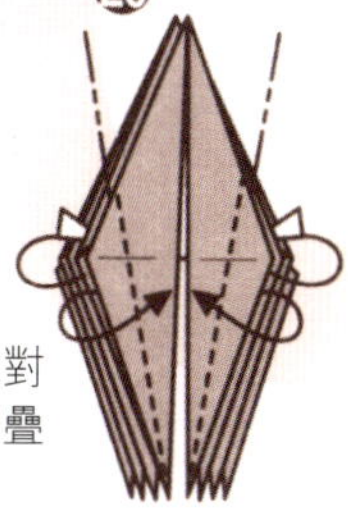

邊緣對
齊摺疊

27

其餘亦同

28

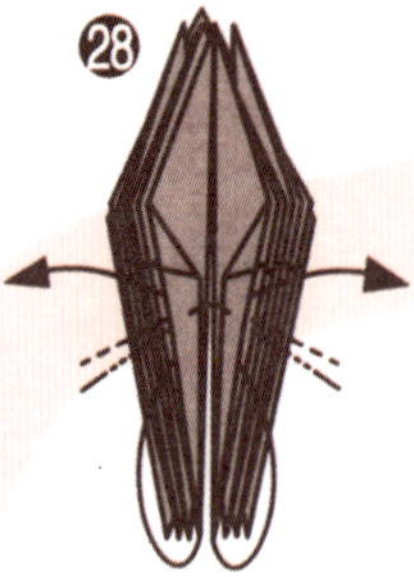

內摺，其餘
的以同一方
法稍錯開摺

29

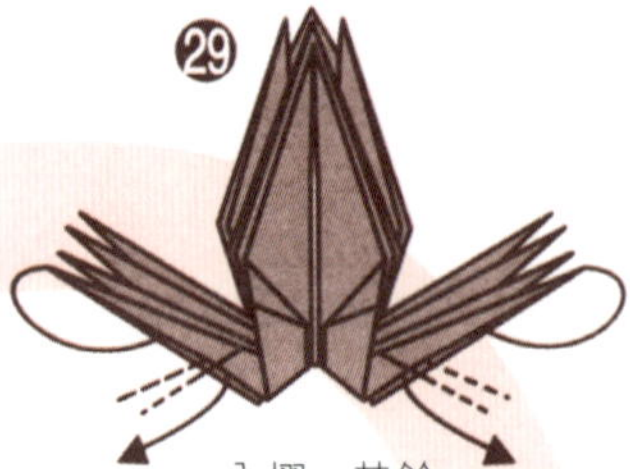

內摺，其餘
的以同一方
法稍錯開摺
疊

30

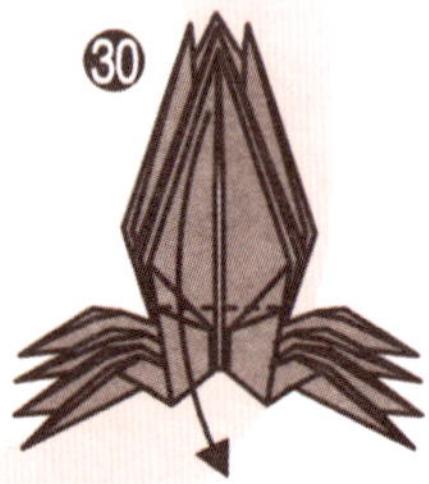

將角下摺

內摺

31

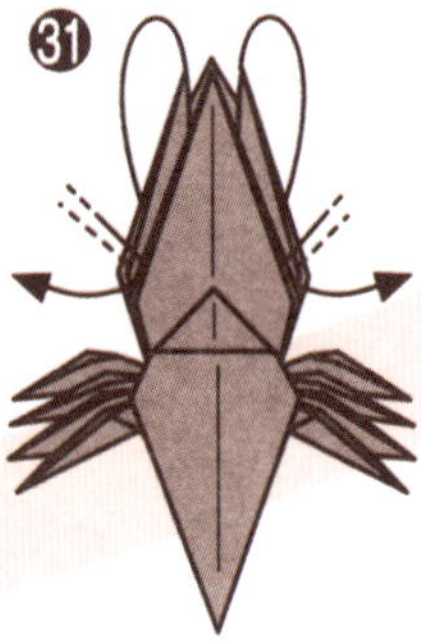

32

將角摺入
縫隙中

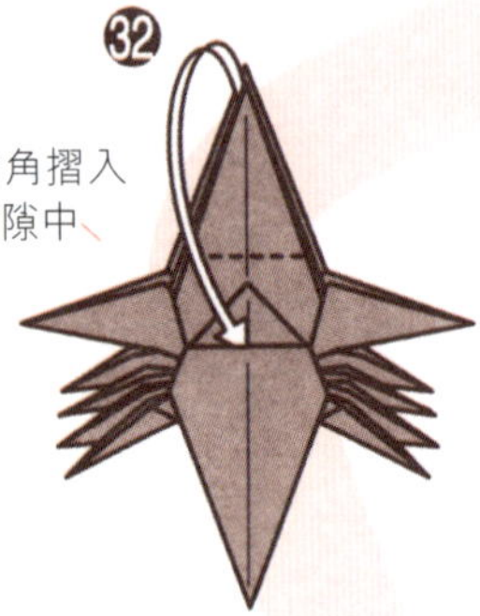

內摺

33

34

將角下摺

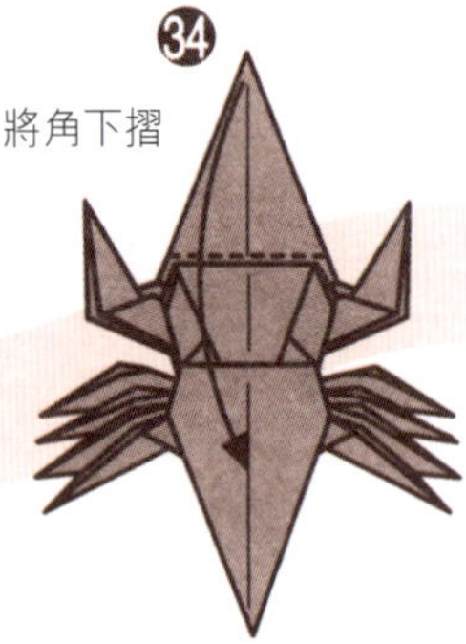

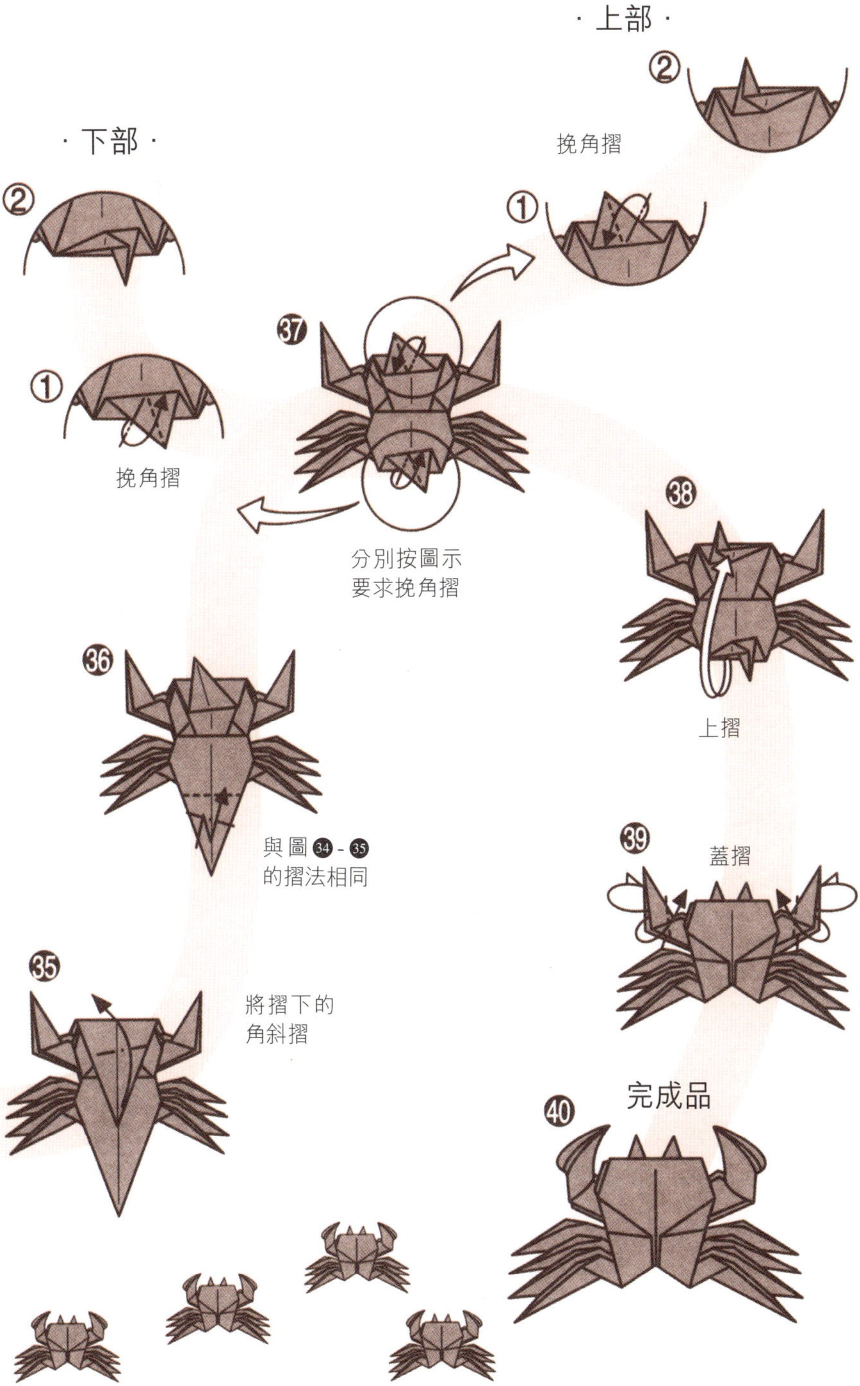
· 上部 ·
②
挽角摺
①
· 下部 ·
②
①
挽角摺
37
分別按圖示
要求挽角摺
38
上摺
36
與圖 34 - 35
的摺法相同
39
蓋摺
35
將摺下的
角斜摺
完成品
40

WILD BOAD

20 豬

可摺一個作品送給生肖屬豬的人，作為賀卡，以示紀念。這款別緻而精製的賀卡，定會令人感到稱心愉快。

女孩　男孩　媽媽　爸爸

◆摺紙1張

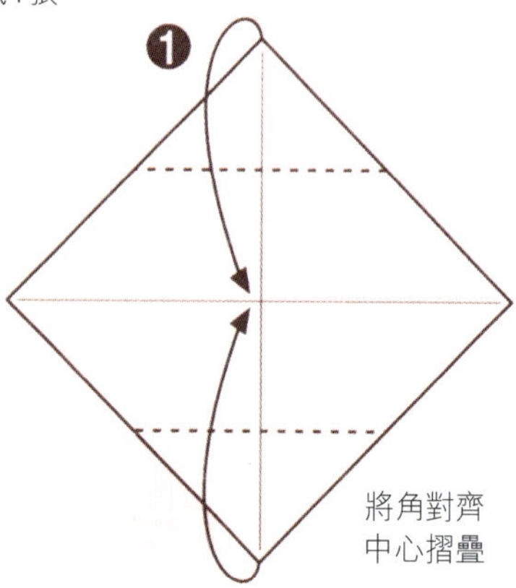

將角對齊中心摺疊

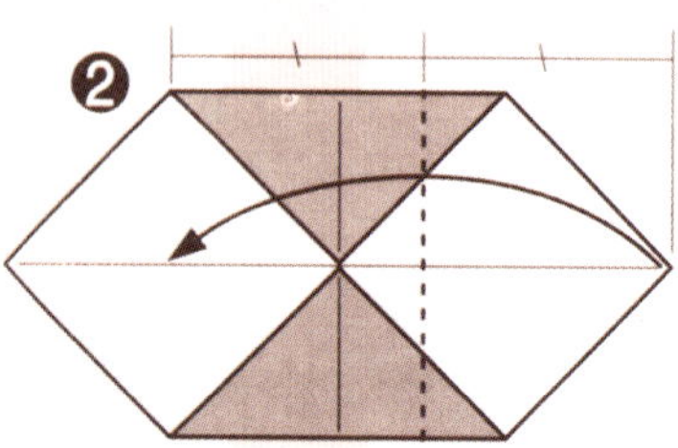

將角摺在中心線上

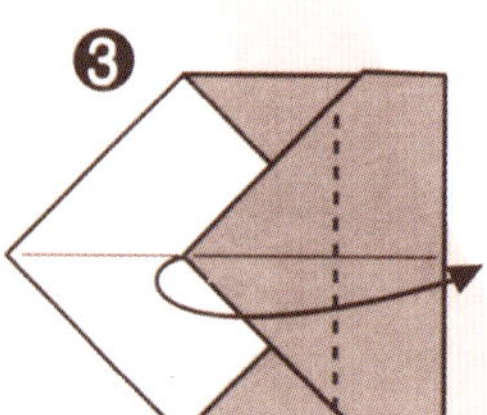

將角反向摺回稍稍露出

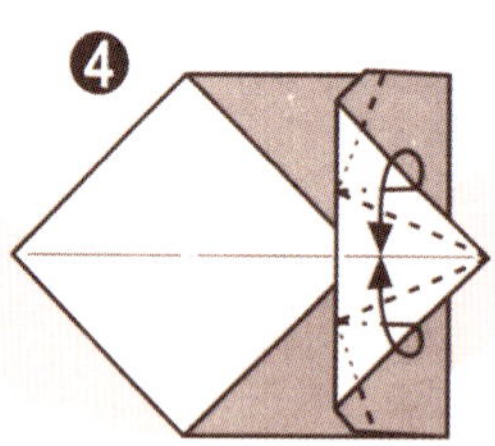

挽角摺，將角摺小

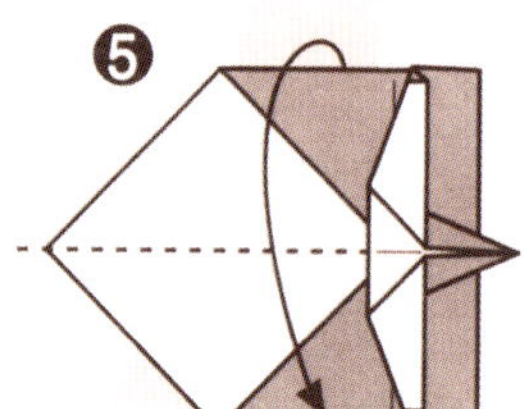

對摺

摺到上角處

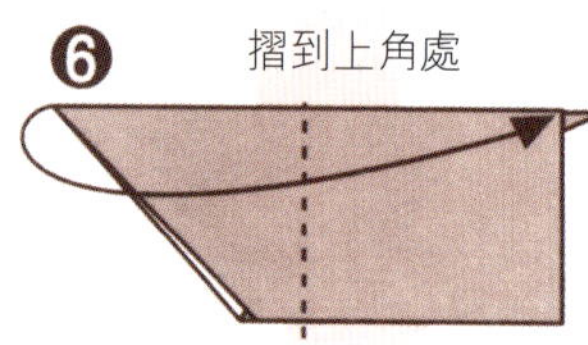

將內側撐開摺壓平整

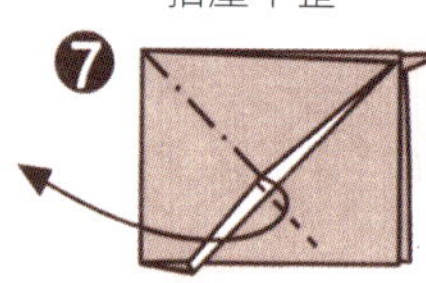

8

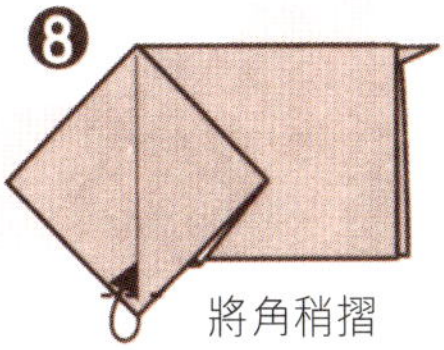

將角稍摺

9

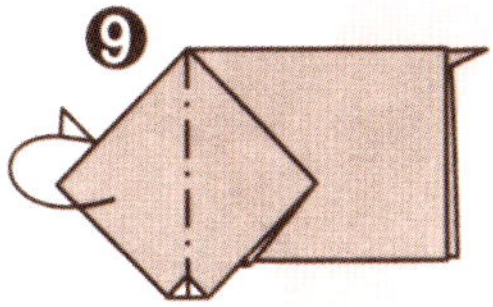

將角後摺

10

捏摺拉
開展平

11

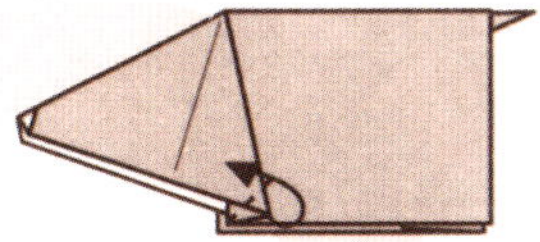

對齊邊
緣摺疊

12

摺拉上去

13

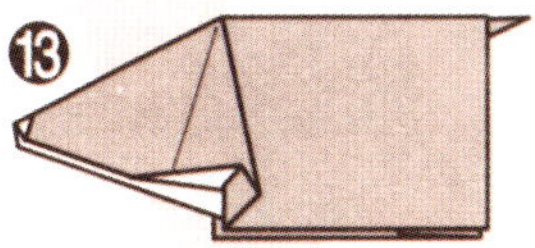

反側亦同

14

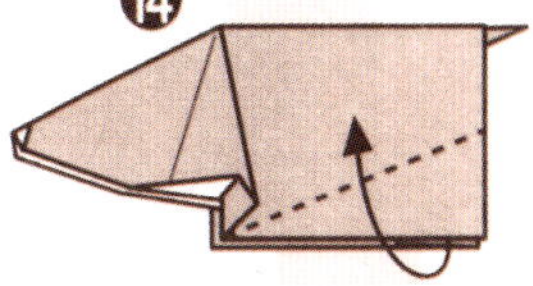

將角上摺

15

將內側撐開
摺壓平整

16

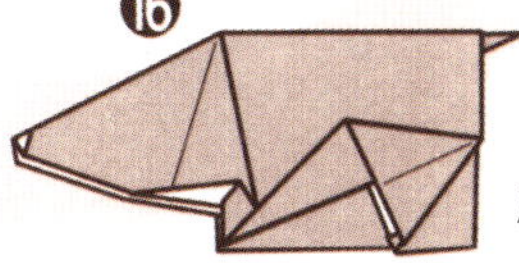

反側亦同

17

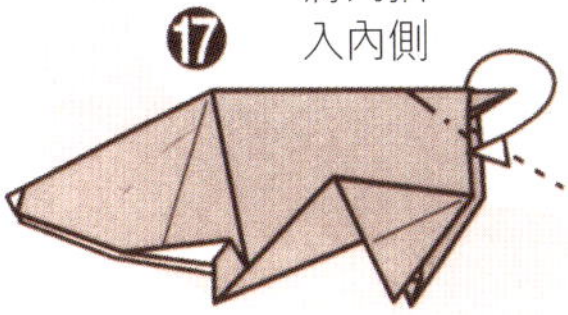

將角摺
入內側

18

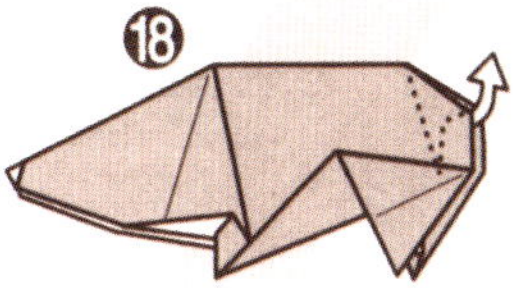

將摺入內側
的角拉出來

19

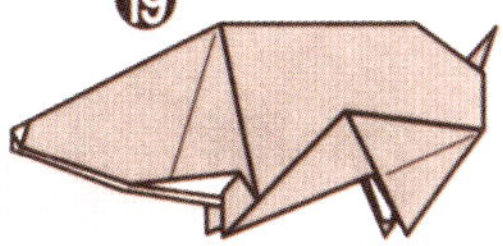

完成品

MOUSE

21 老鼠

可用大小不一的摺紙製作出母子鼠群作裝飾品，連同良好的祝願一起贈送給生肖屬鼠的人。

女孩 男孩 媽媽 爸爸

◆摺紙1張

❶

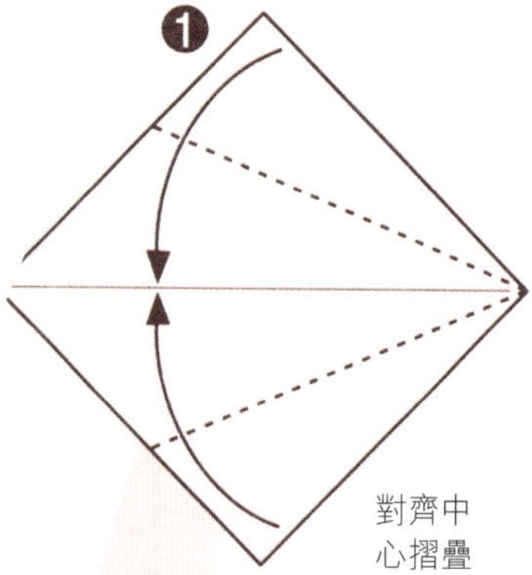

對齊中心摺疊

❷

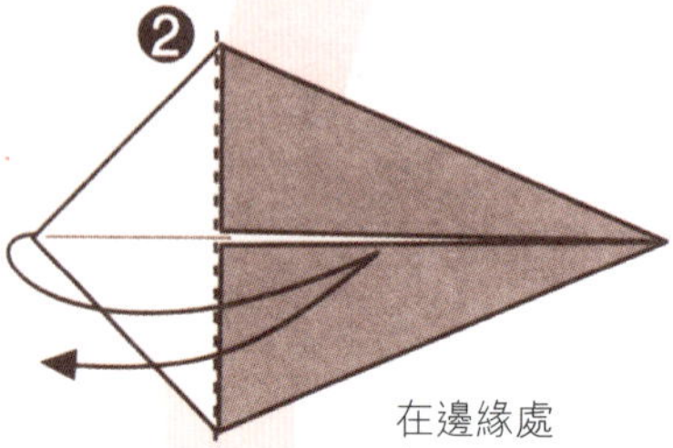

在邊緣處摺上摺印

❸

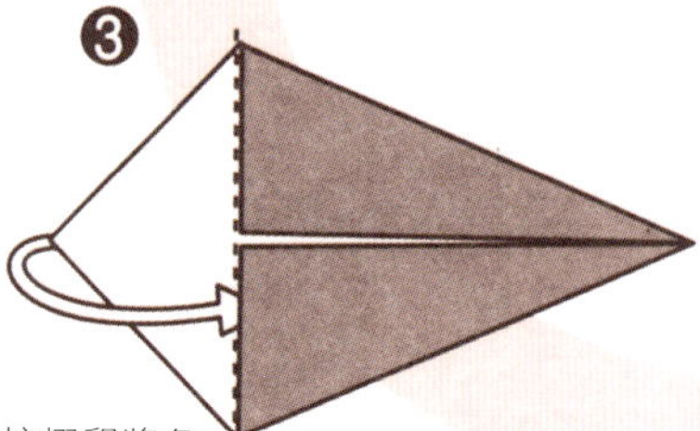

按摺印將角摺入內側

❹

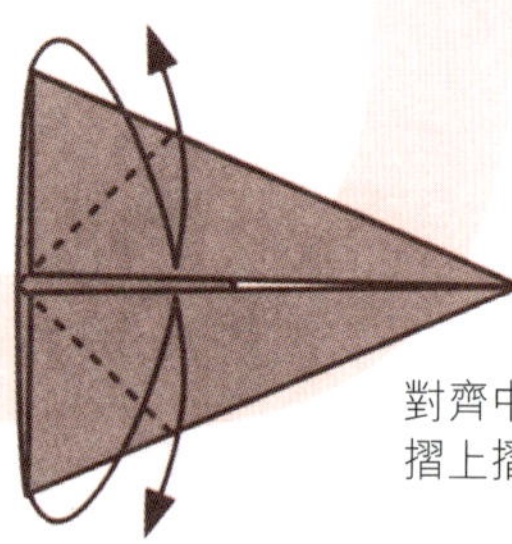

對齊中心摺上摺印

❺

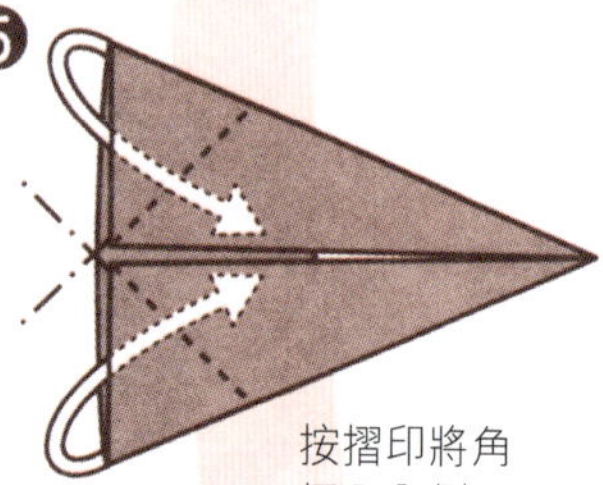

按摺印將角摺入內側

❻

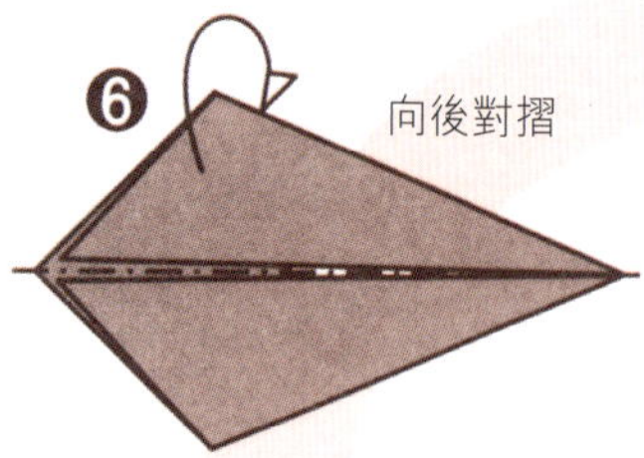

向後對摺

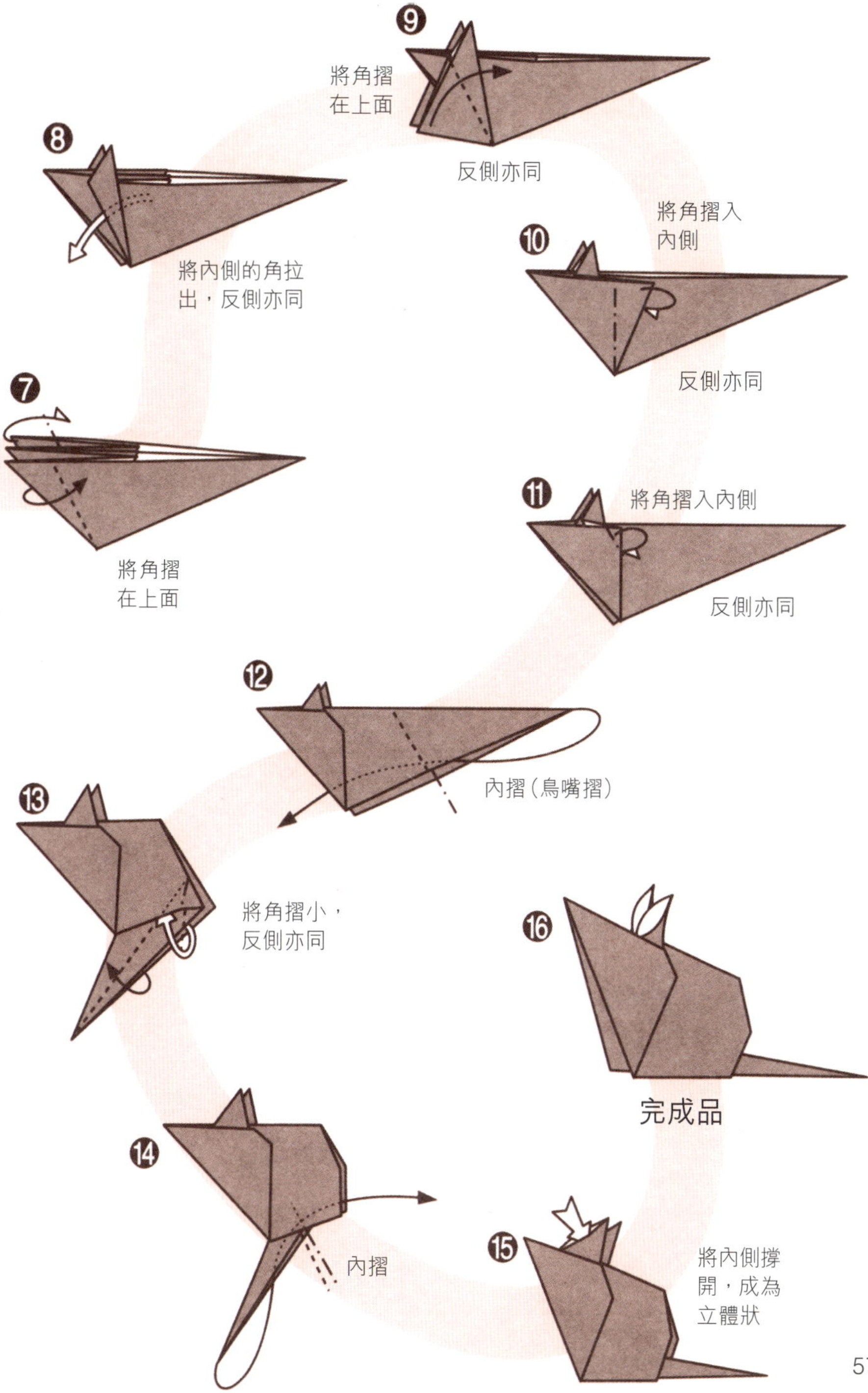
7
將角摺
在上面
8
將內側的角拉
出，反側亦同
9
將角摺
在上面
反側亦同
10
將角摺入
內側
反側亦同
11
將角摺入內側
反側亦同
12
內摺（鳥嘴摺）
13
將角摺小，
反側亦同
14
內摺
15
將內側撐
開，成為
立體狀
16
完成品

COW

22 牛

“創意”為奶場的奶牛，多摺幾頭便可組成牛群。

◆摺紙3張

女孩　男孩　媽媽　爸爸

· 面部 ·

❶

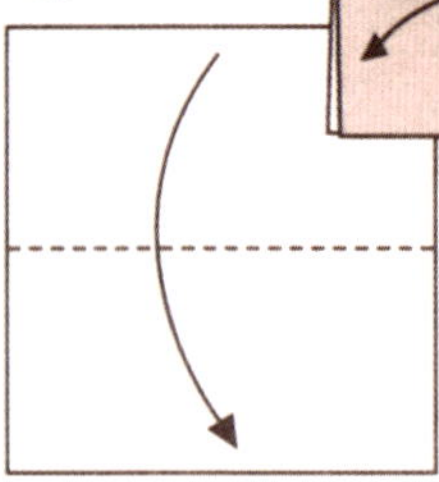

對摺

❷

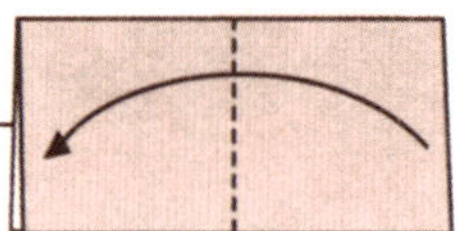

對摺

將內側撐開
摺壓平整

❸

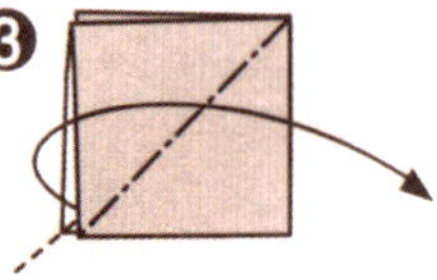

❹

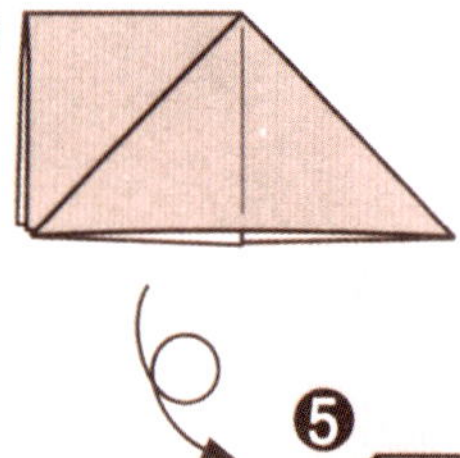

❺

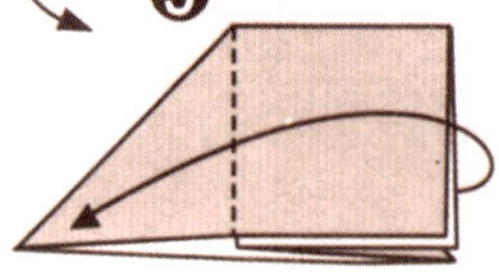

反向錯開

· 摺紙大小 ·

· 軀體 ·

①

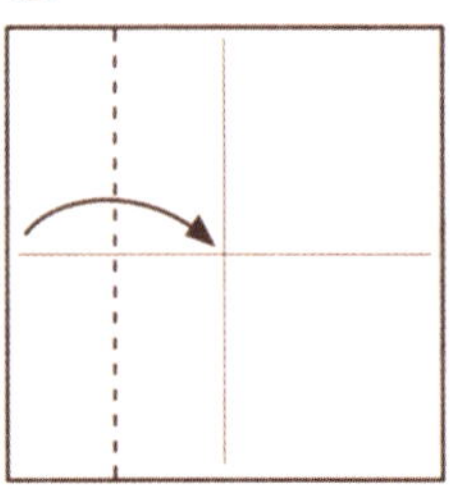

對齊摺印摺疊

②

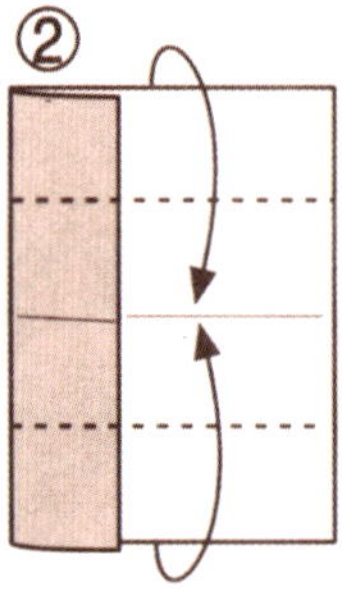

對齊摺
印摺疊

③

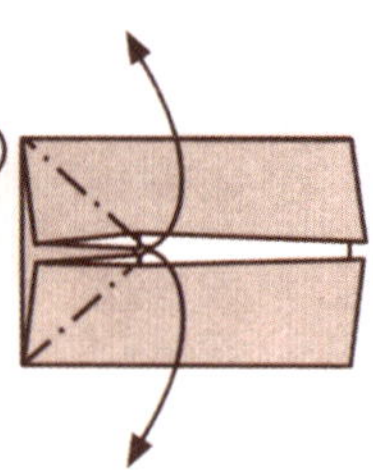

將內側撐開
摺壓平整

④

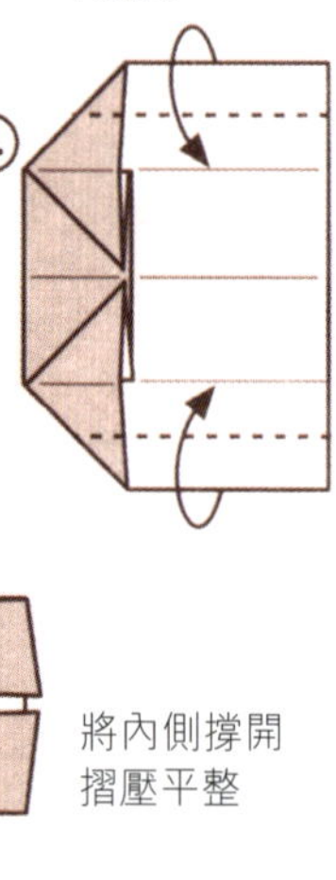

對齊摺
印摺疊

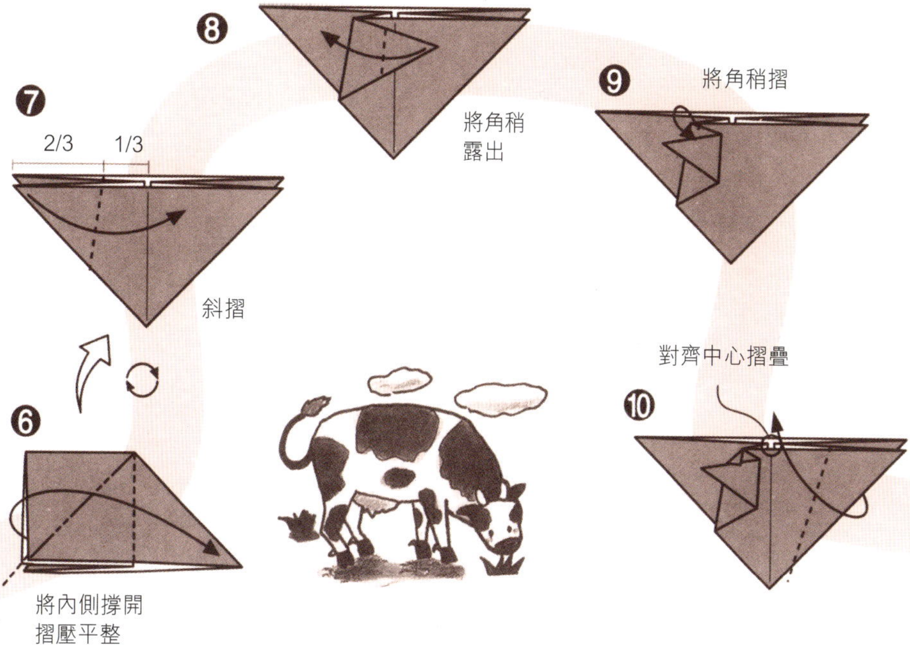
8
將角稍
露出
9
將角稍摺
7
2/3
1/3
斜摺
對齊中心摺疊
10
6
將內側撐開
摺壓平整

· 前面 ·

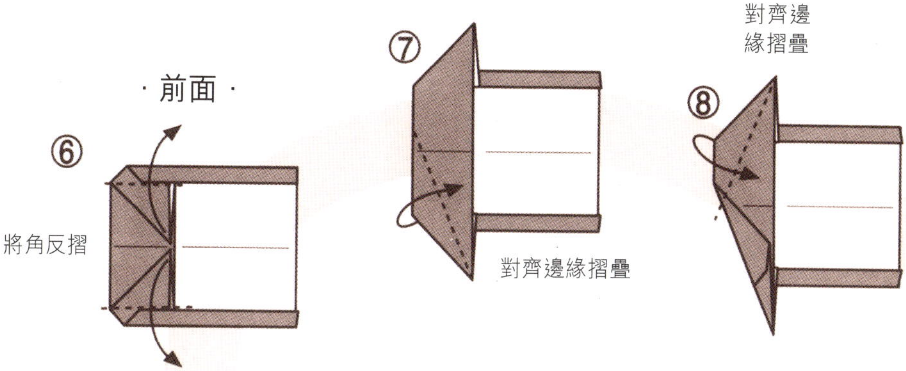
7
對齊邊
緣摺疊
8
6
將角反摺
對齊邊緣摺疊

· 後面 ·

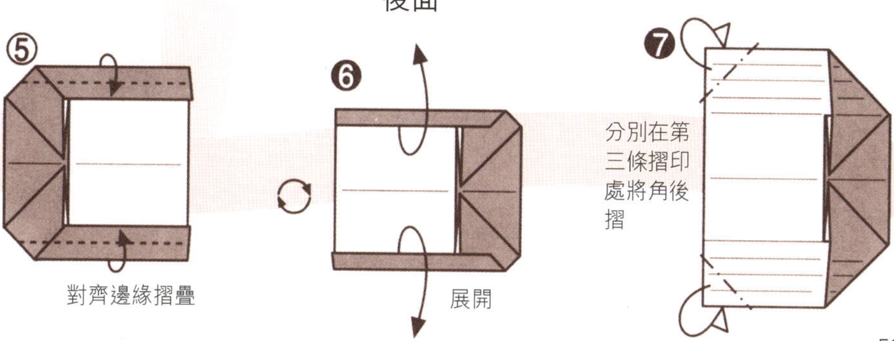
5
6
7
分別在第
三條摺印
處將角後
摺
對齊邊緣摺疊
展開

⑬

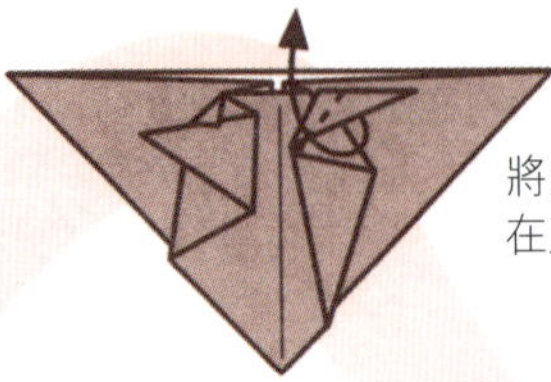

將角摺
在上面

⑮

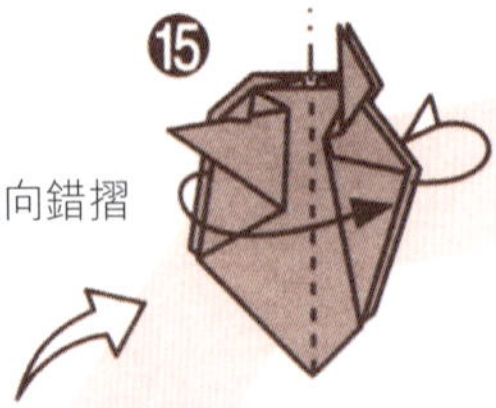

反向錯摺

⑫

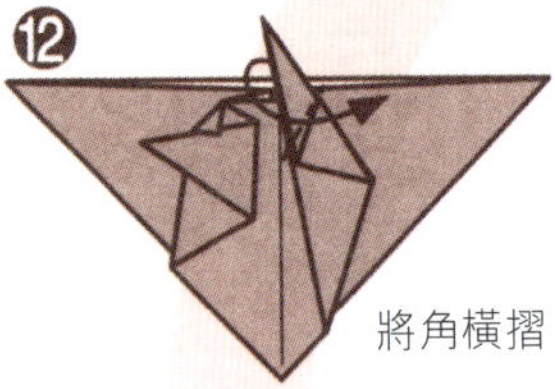

將角橫摺

⑭

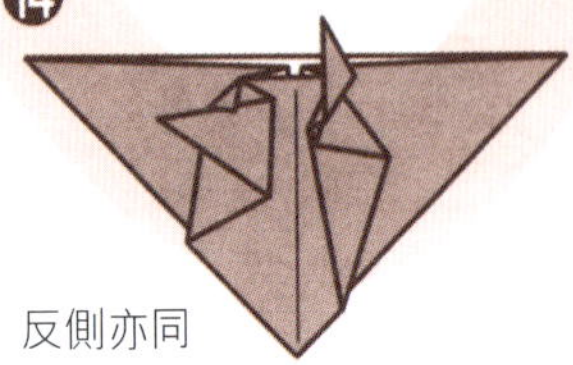

反側亦同

⑪

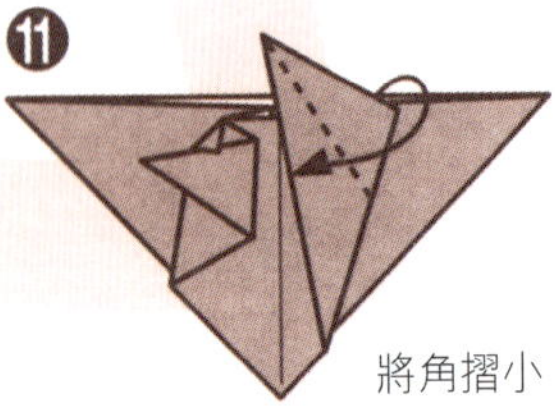

將角摺小

⑨

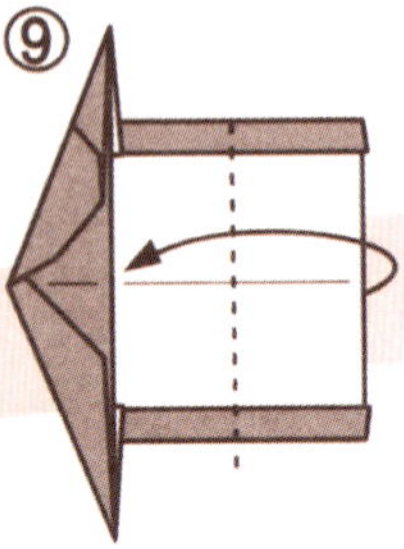

對齊邊
緣摺疊

⑩

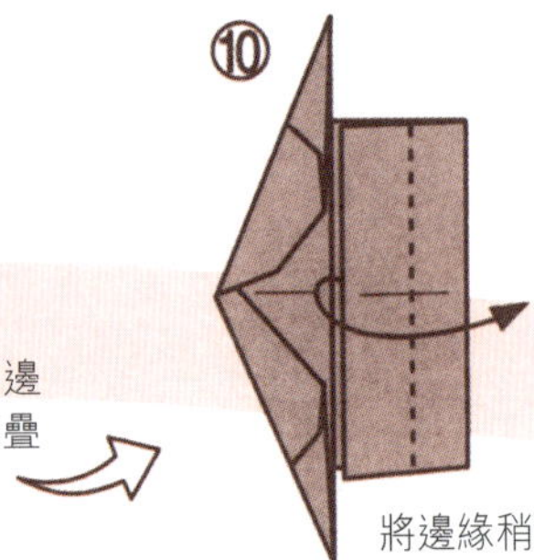

將邊緣稍
稍露出

⑪

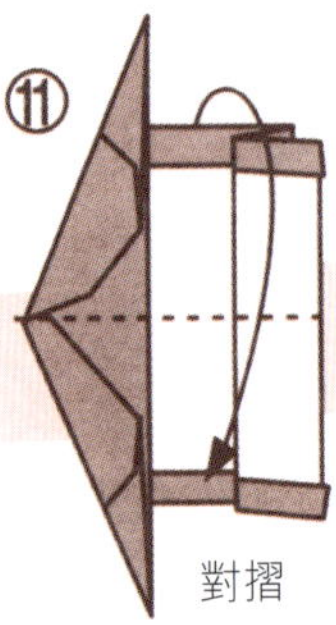

對摺

❽

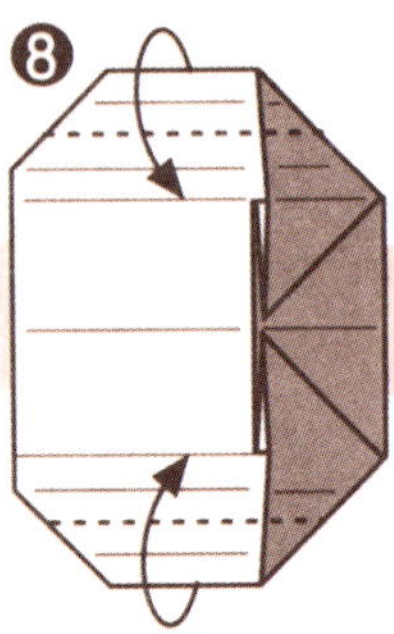

對齊摺
印摺疊

對齊邊
緣摺疊

❾

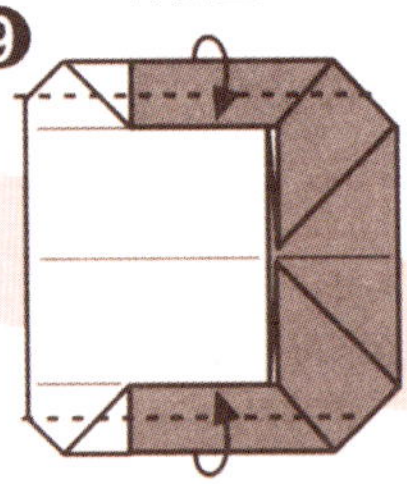

將角壓摺

❿

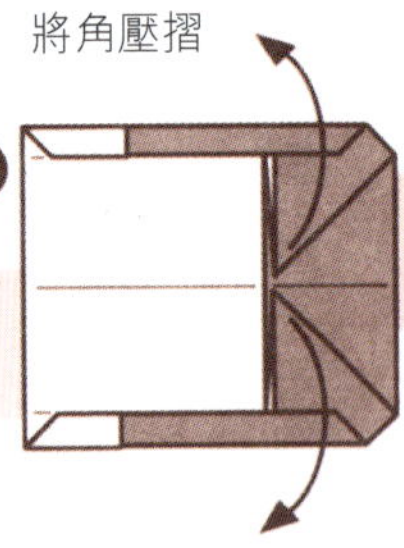

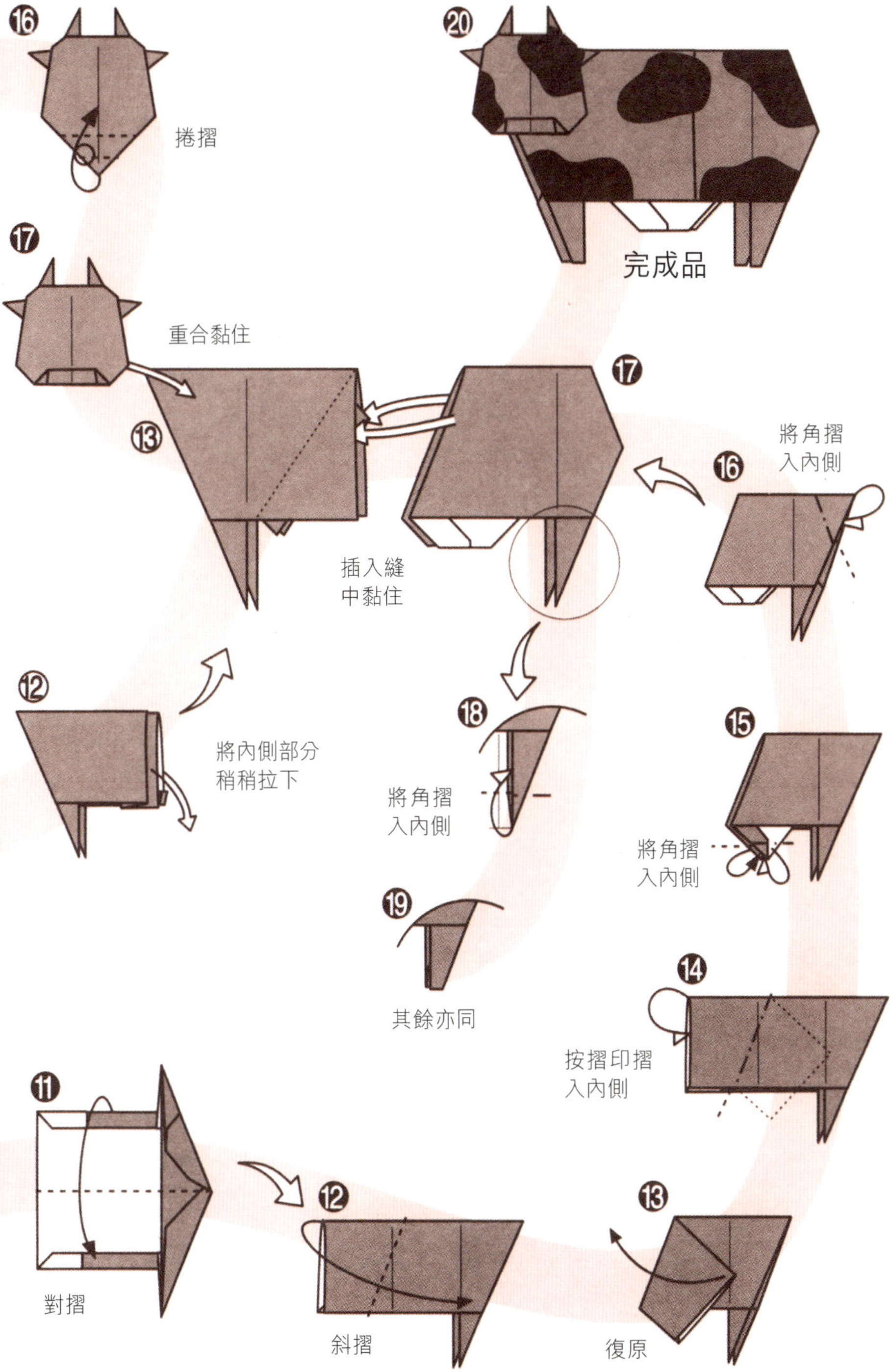
16
捲摺
20
完成品
17
重合黏住
13
17
插入縫
中黏住
16
將角摺
入內側
12
將內側部分
稍稍拉下
18
將角摺
入內側
15
將角摺
入內側
19
其餘亦同
14
按摺印摺
入內側
11
對摺
12
斜摺
13
復原

HINA DOLLS

23 偶人

女孩子節。在3月3日的偶人節中，擺放自己親手製作的紙偶人，寄以愉快的祝福。

女孩　男孩　媽媽　爸爸

◆摺紙2張

❶ ·面部·

面部用軀體的1/4大小的摺紙製作

·軀體·

①

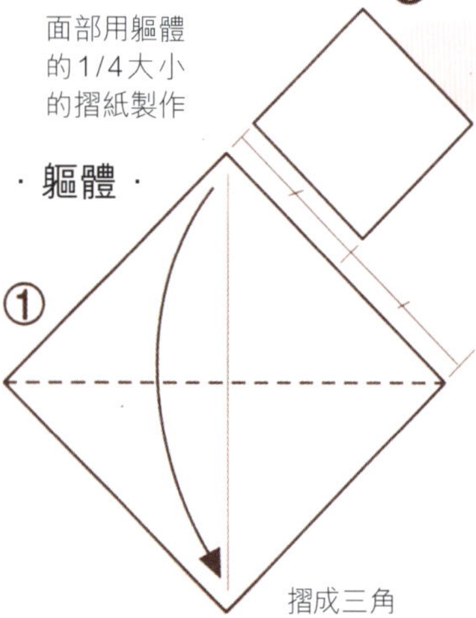

摺成三角

❷

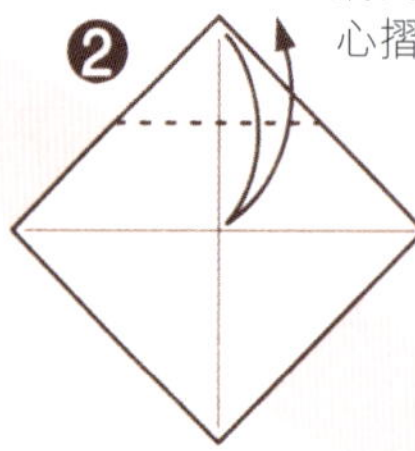

將角對齊中心摺上摺印

❸

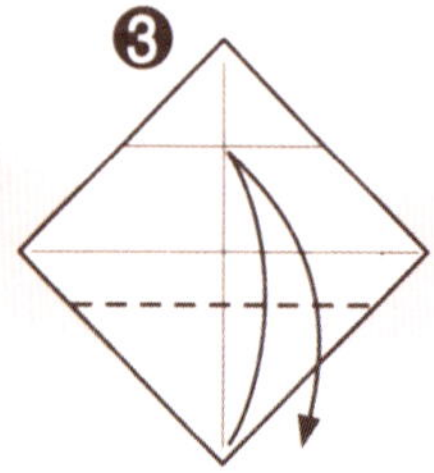

對齊，在做好的記號上摺上摺印

②

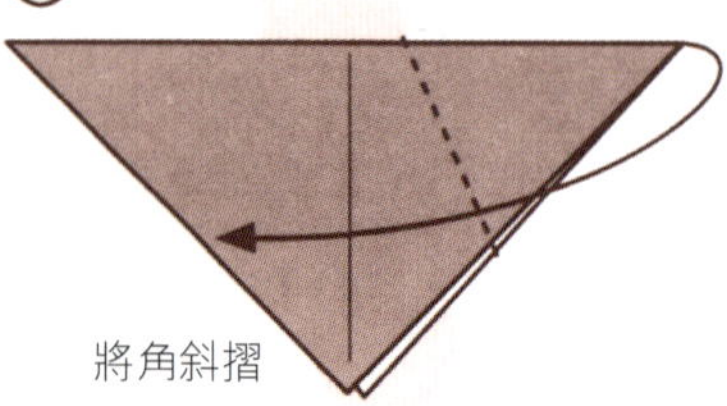

將角斜摺

④

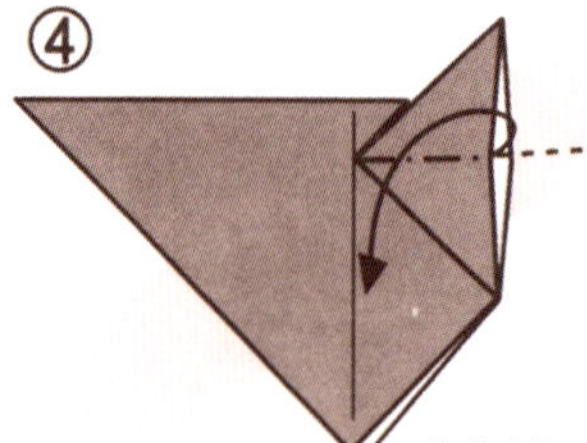

將內側撐開摺壓平整

③

成平行狀

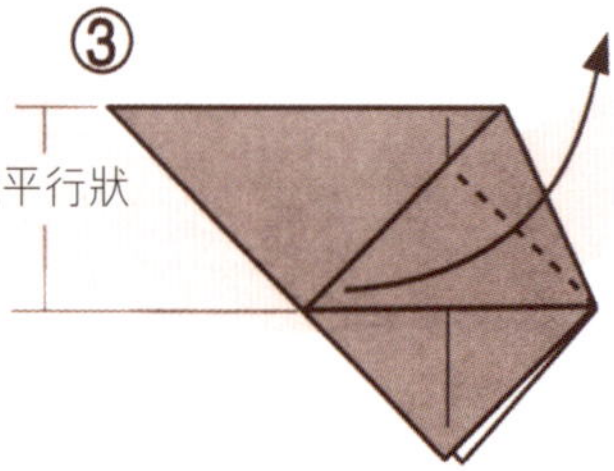

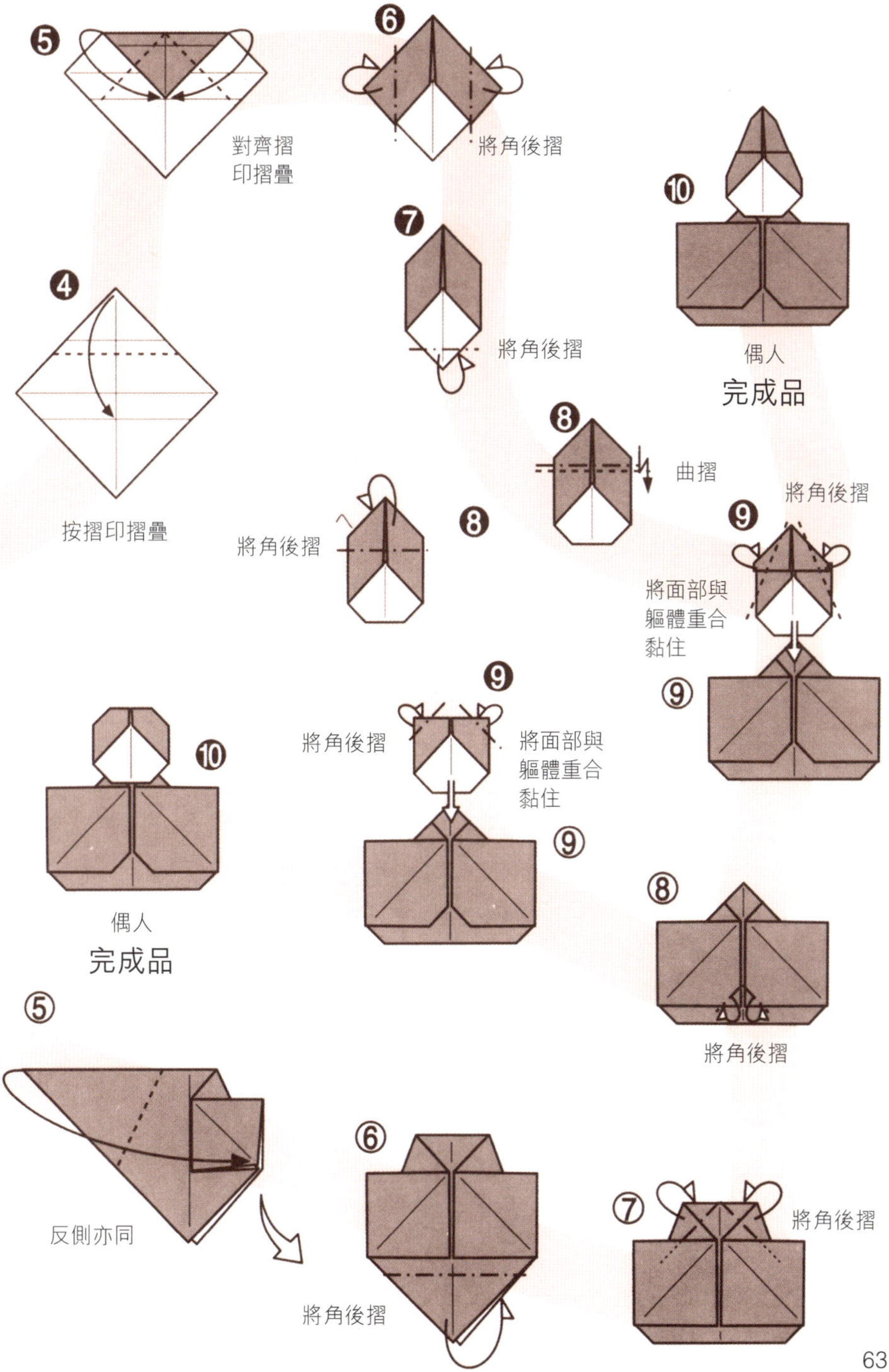
5
對齊摺
印摺疊
6
將角後摺
4
按摺印摺疊
7
將角後摺
8
曲摺
8
將角後摺
10
偶人
完成品
9
將角後摺
將面部與
軀體重合
黏住
9
9
將角後摺
將面部與
軀體重合
黏住
9
10
偶人
完成品
8
將角後摺
5
反側亦同
6
將角後摺
7
將角後摺

HELMET

24 頭盔

可用報紙摺好後戴在頭上做遊戲。用英文等外文報紙摺的頭盔非常受男孩子們的歡迎。

◆摺紙1張

· 面部 ·

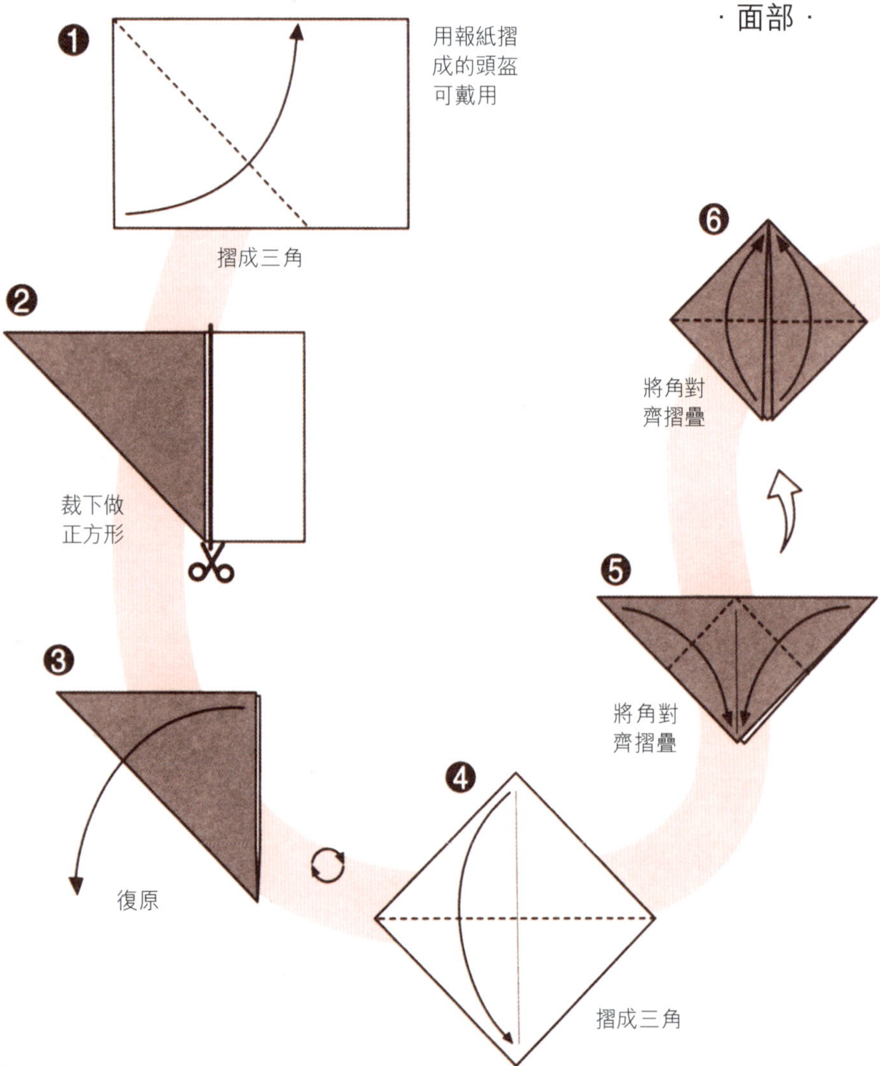

❼

將角橫向展開

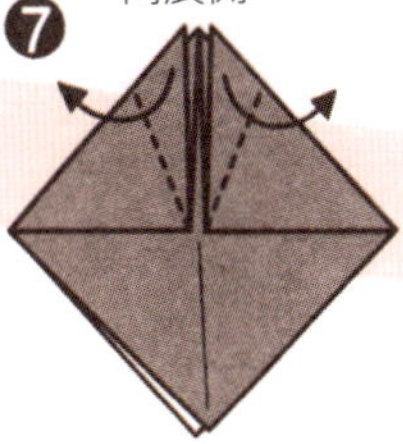

❽

只摺上面一張

❾

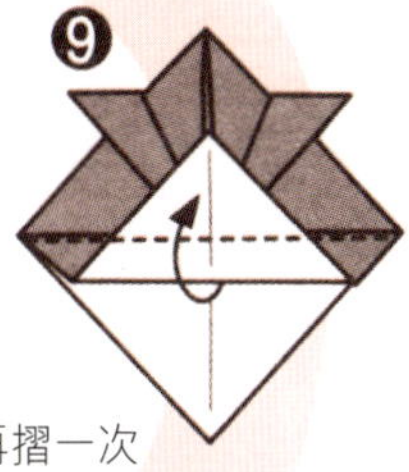

再摺一次

❿

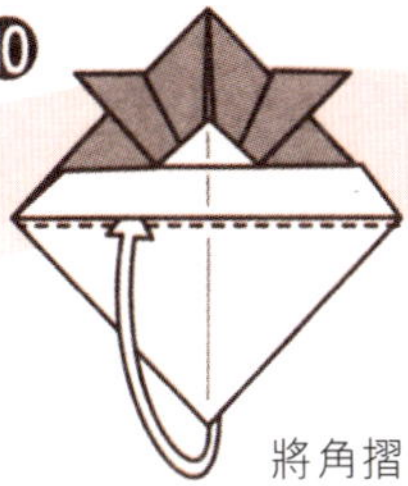

將角摺入內側

⓫

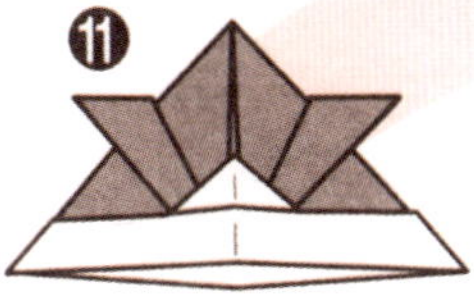

完成品

⑨

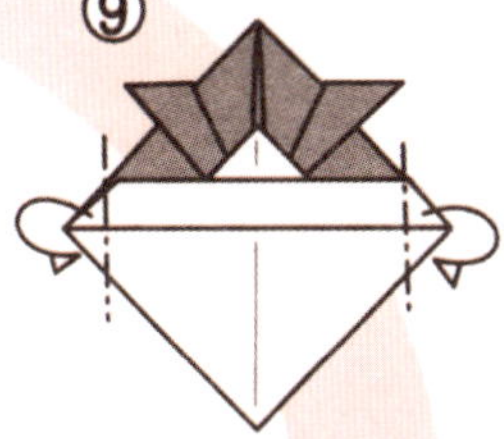

將角後摺

⑩

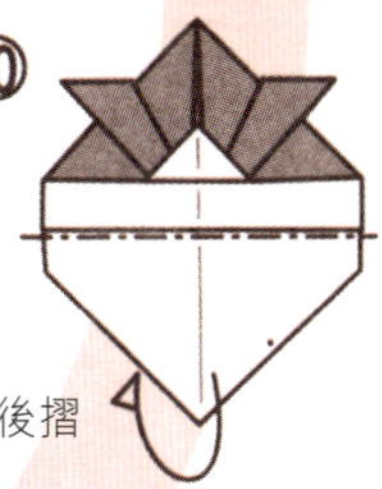

將角後摺

⑪

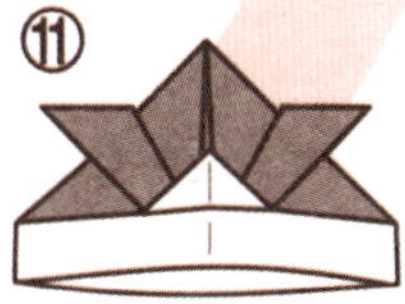

完成品

SANTA CLAUS

25 聖誕老人

在聖誕節的贈品中，加上用漂亮的摺紙做成的聖誕老人，一起送給別人。

◆摺紙3張

· 軀體 ·

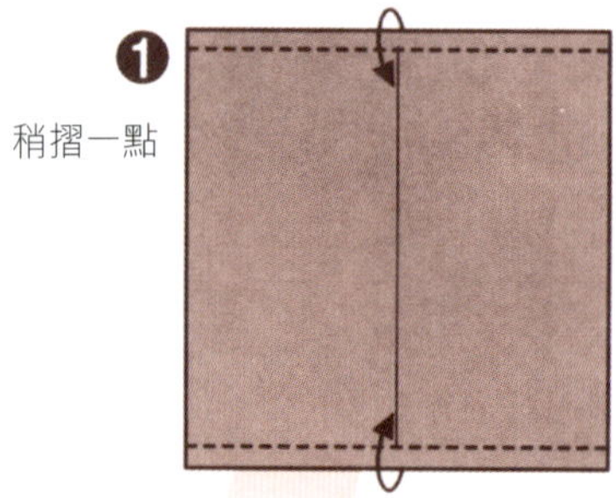

· 帽子 ·

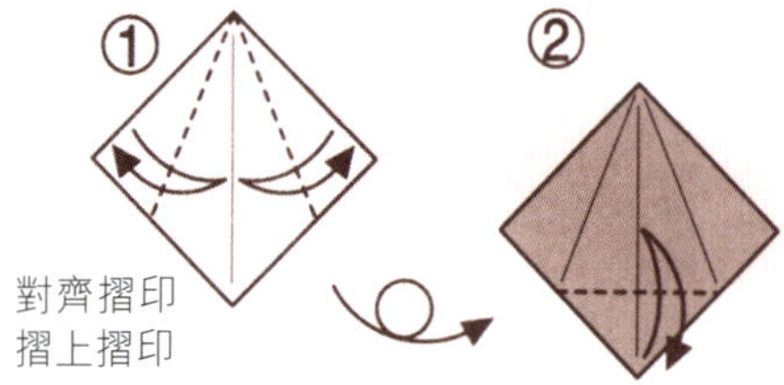

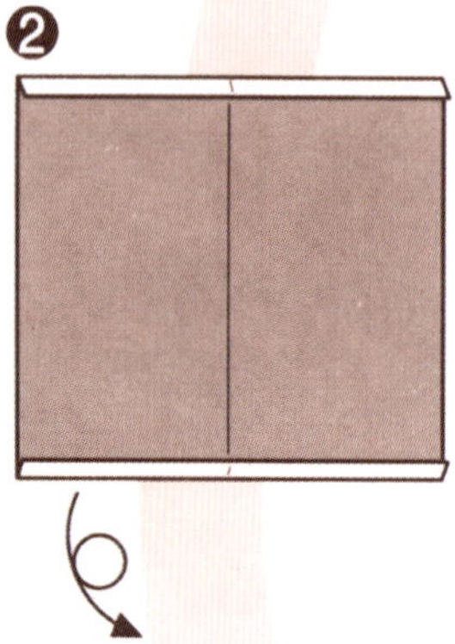

· 軀體、帽子、面部的大小 ·

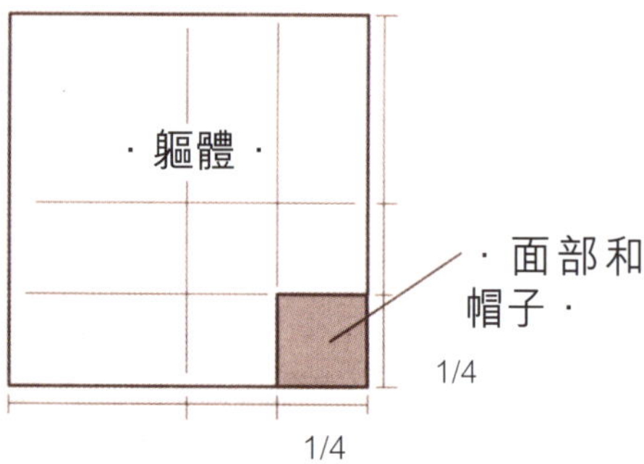

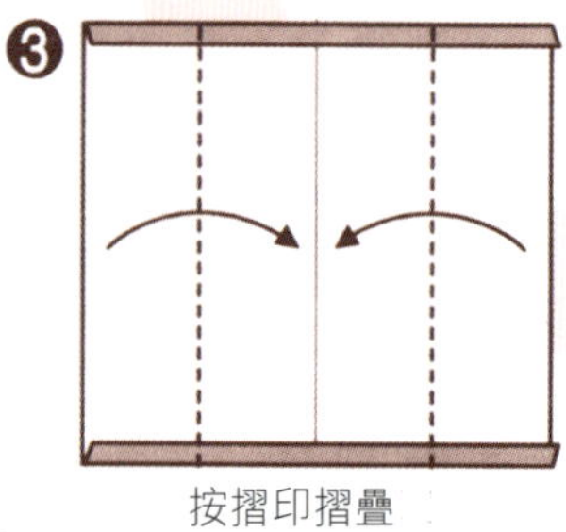

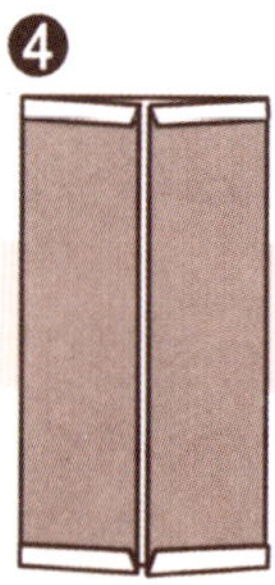

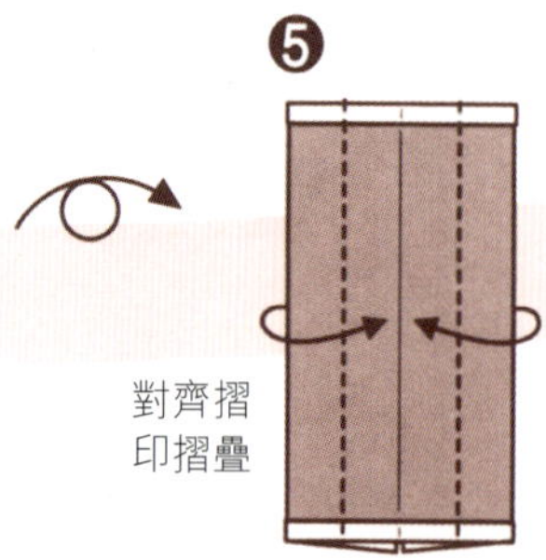

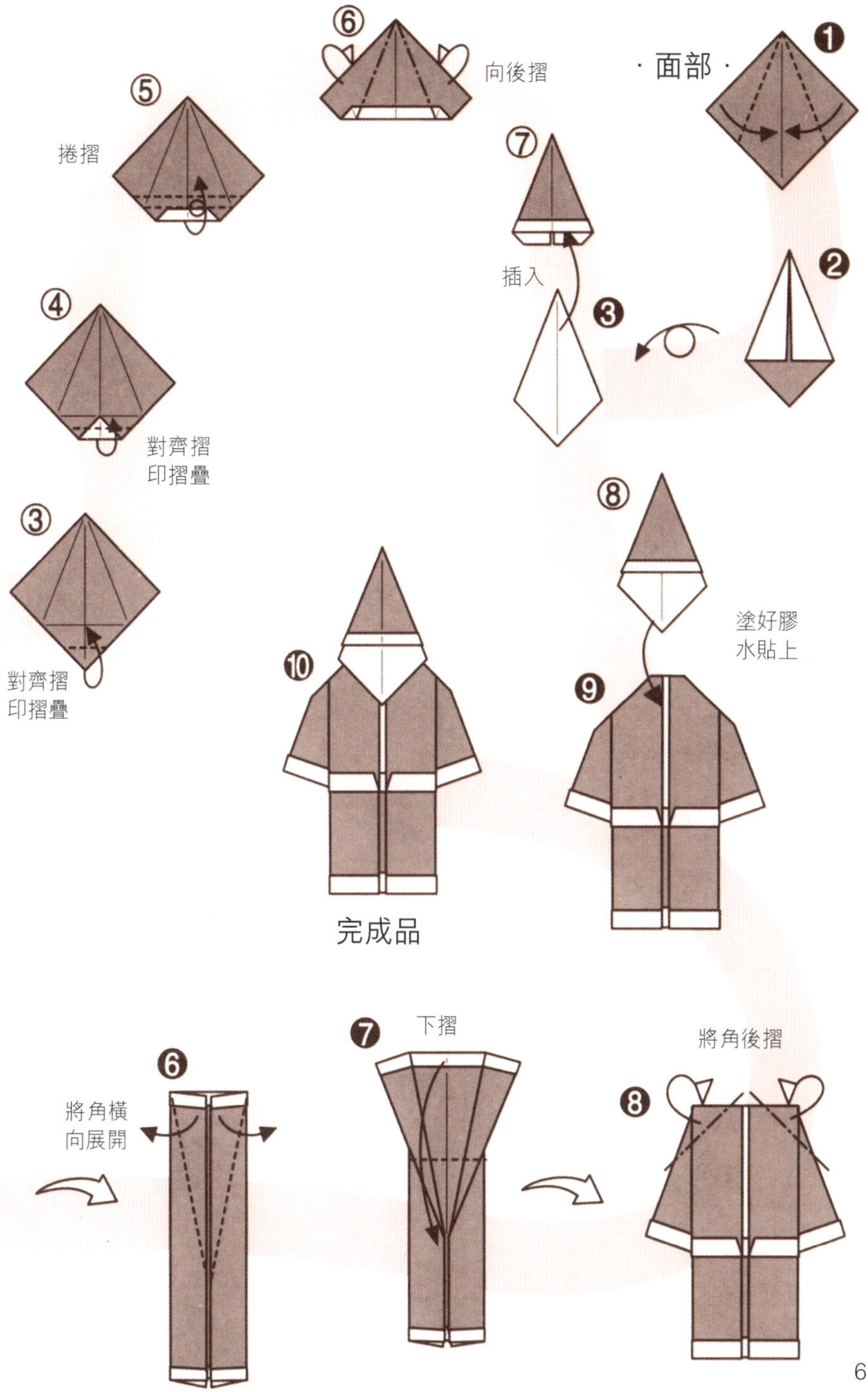
·面部·
向後摺
插入
捲摺
對齊摺
印摺疊
對齊摺
印摺疊
塗好膠
水貼上
完成品
下摺
將角後摺
將角橫
向展開

BELL

26 鳴鐘

在鳴鐘上，可配紮以粉紅色的緞帶。也可用聖誕樹和花環配上綠色、紅色的緞帶來裝飾。

女孩 男孩 媽媽 爸爸

◆摺紙1張

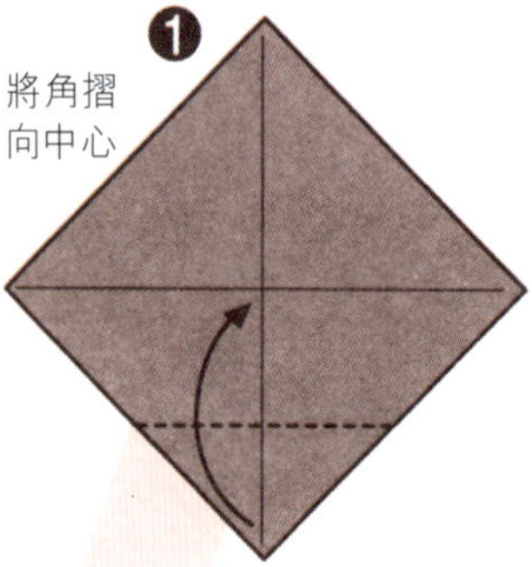

將角摺向中心

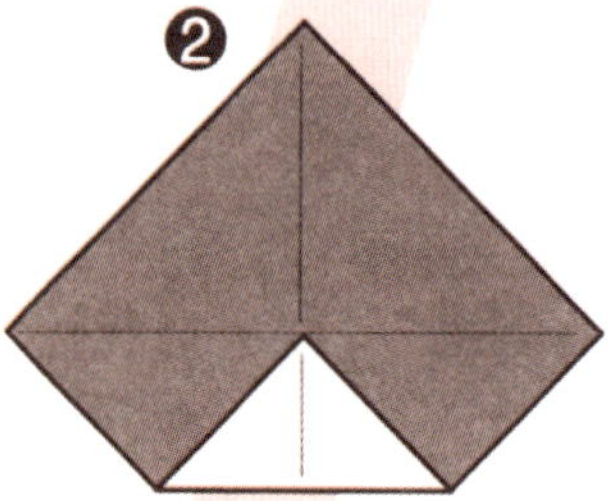

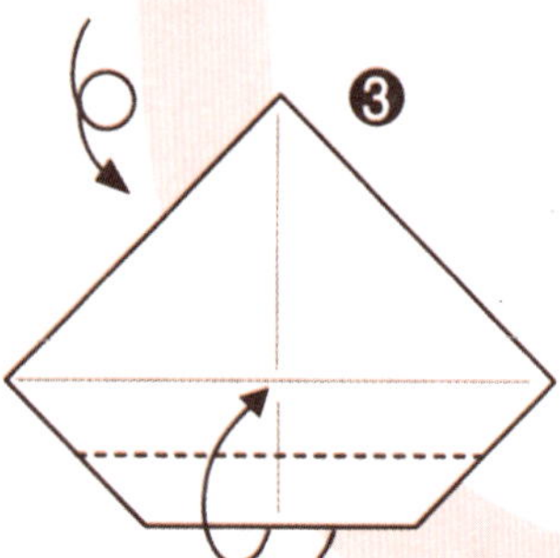

將下角翻摺上來

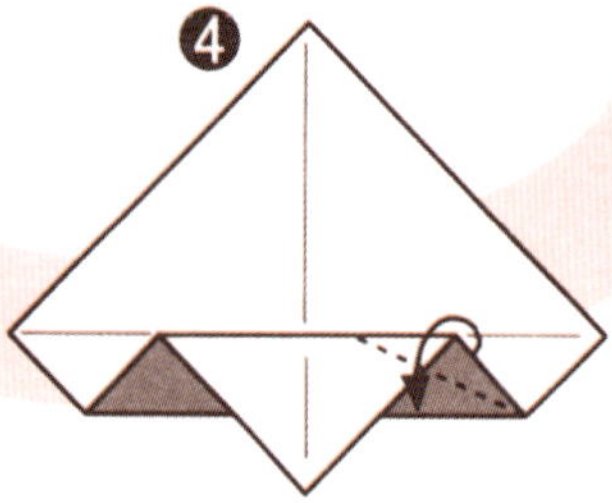

摺成三角

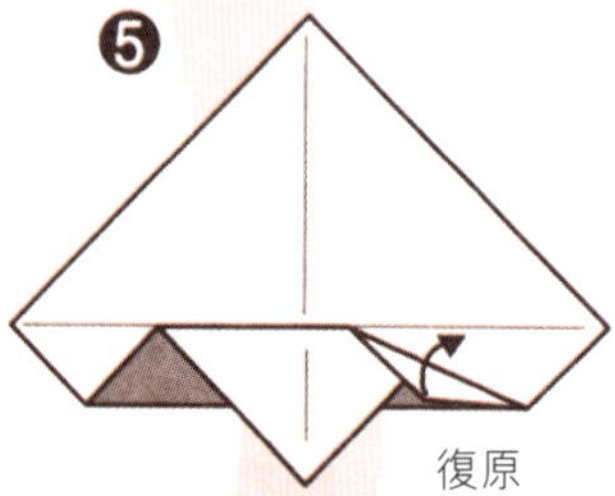

復原

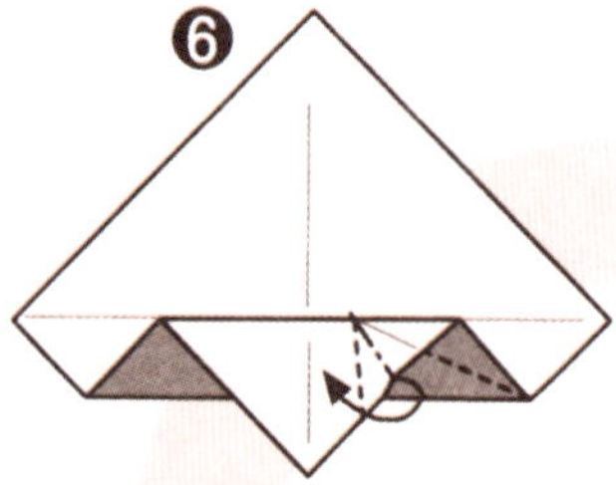

將內側撐開，挽角摺壓平整

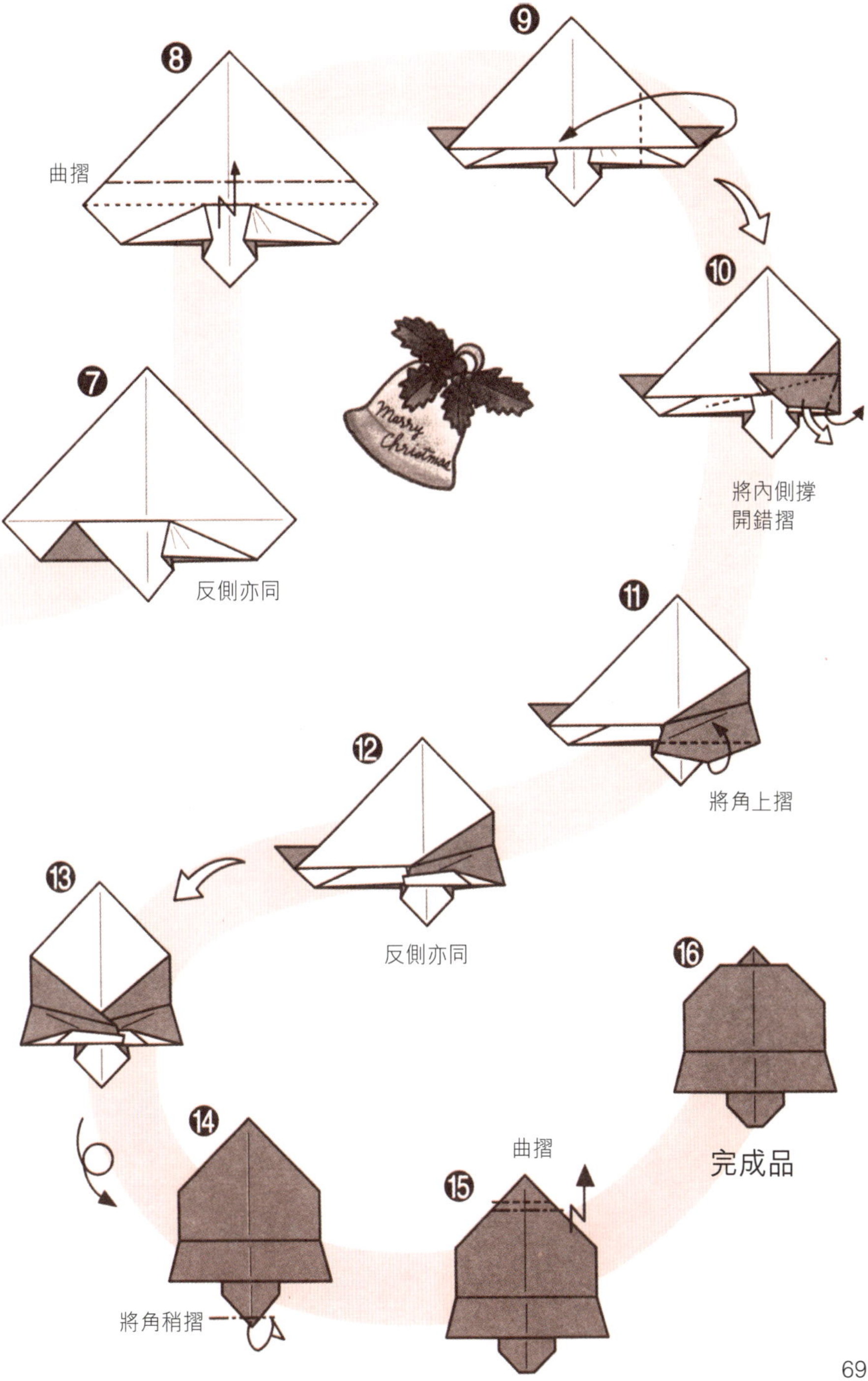

曲摺
將內側撐開錯摺
反側亦同
將角上摺
反側亦同
將角稍摺
曲摺
完成品

SOCKS

27 襪子

聖誕前夜，用摺紙做一些襪子掛在聖誕樹上，
或掛在牆上做裝飾品等
待着聖誕老人的到來吧!

女孩　男孩　媽媽　爸爸

◆摺紙1張

❶

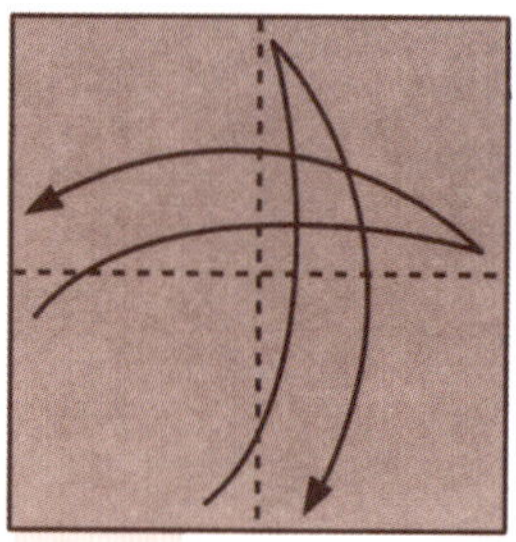

摺上對
摺摺印

❷

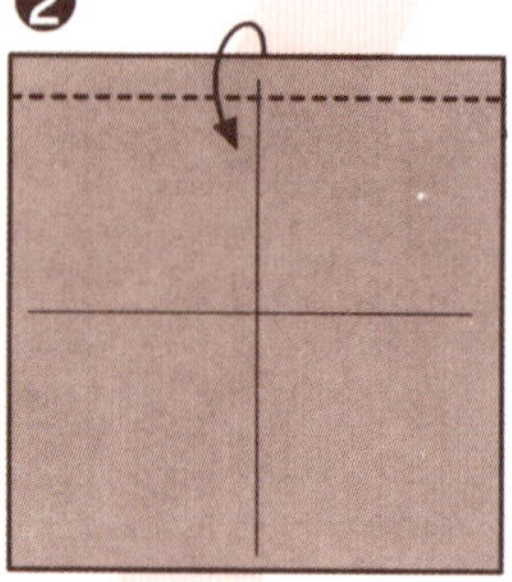

稍摺一點

❸

❹

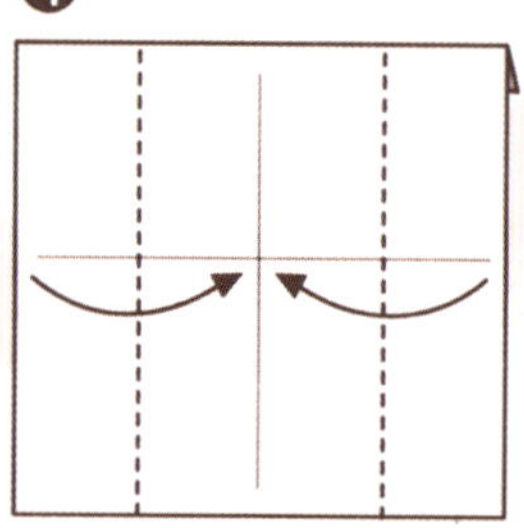

對齊摺
印摺疊

❺

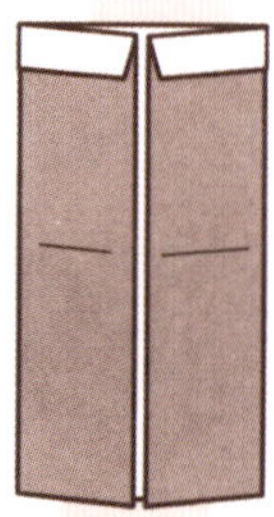

❻

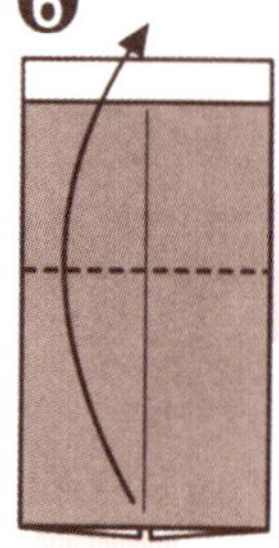

按圖❶的
摺印摺疊

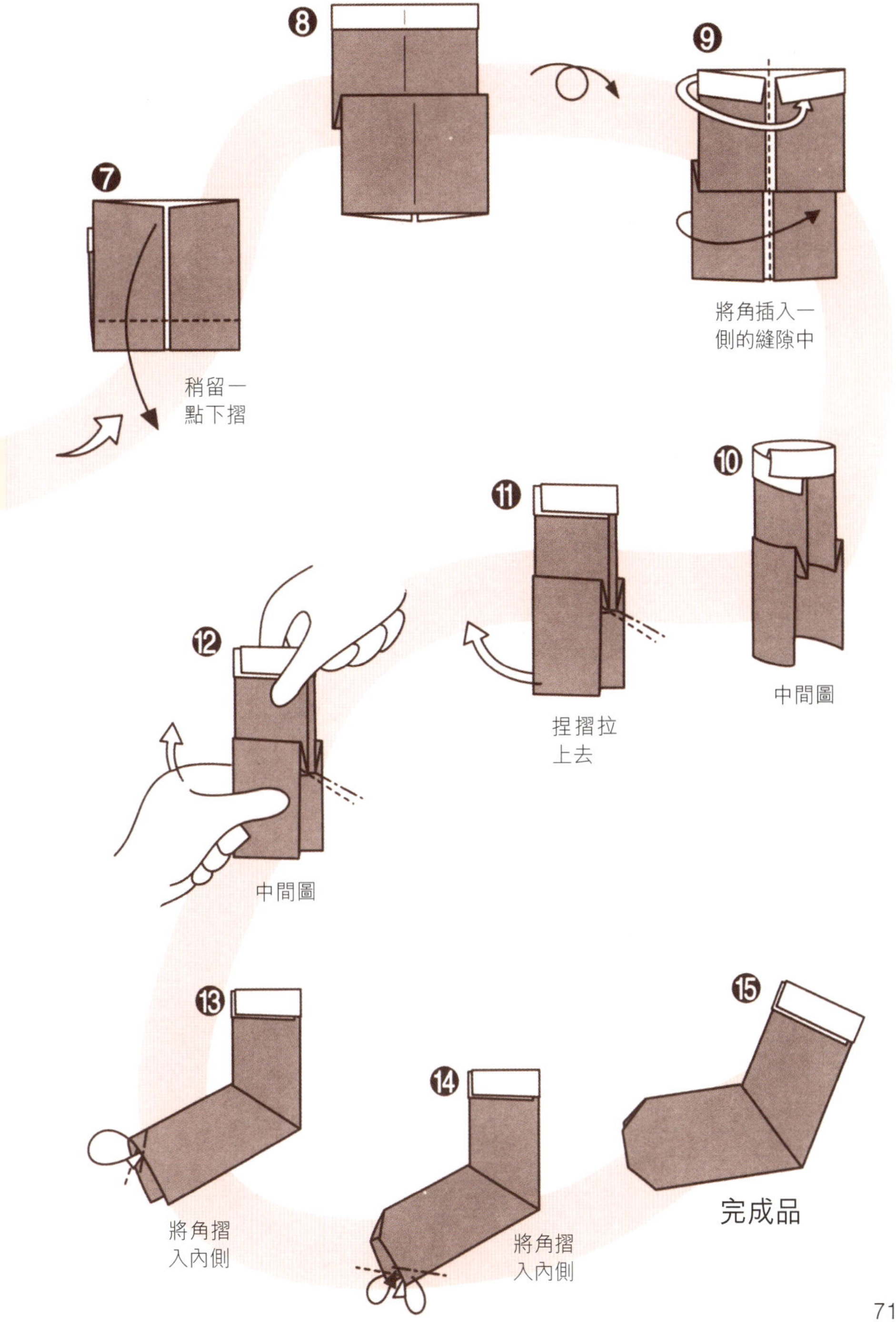
7
稍留一
點下摺
8
9
將角插入一
側的縫隙中
10
中間圖
11
捏摺拉
上去
12
中間圖
13
將角摺
入內側
14
將角摺
入內側
15
完成品

BOOTS

28 長靴

摺好了貼在聖誕卡上，或做成各種大小不一的長靴，用繩子掛在聖誕樹上，……會很受歡迎。

女孩　男孩　媽媽　爸爸

◆摺紙1張

8

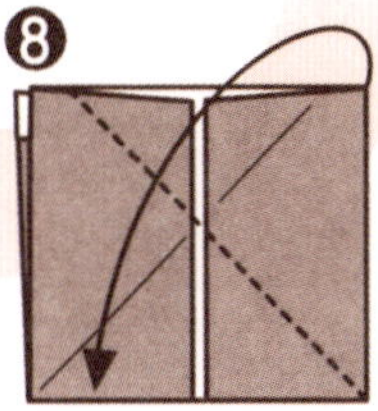

對齊邊
緣摺疊

9

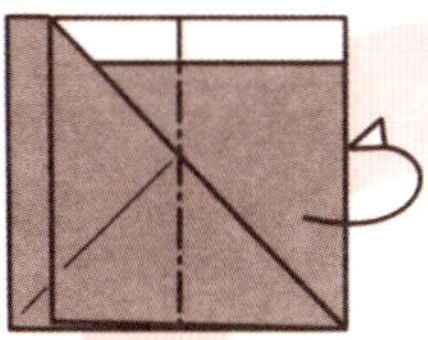

對摺

10

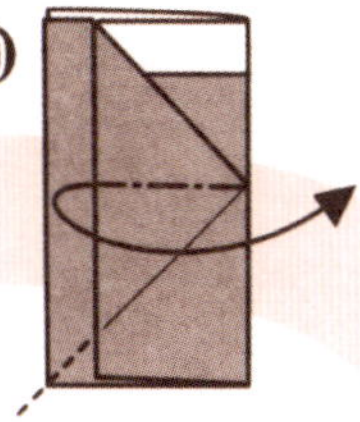

將內側撐
開摺壓平
整

11

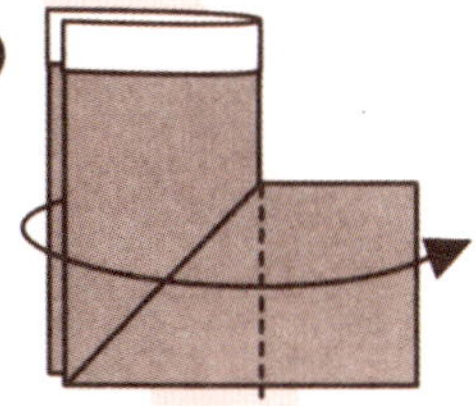

將上面一
張反摺

12

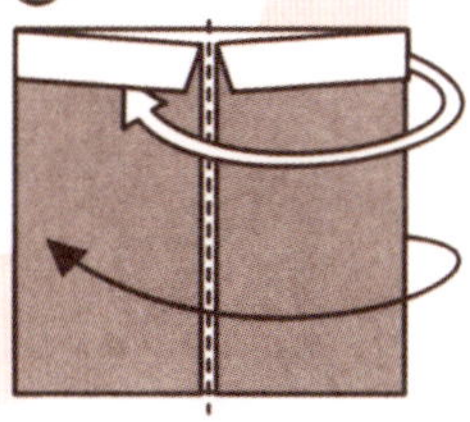

插入縫隙中

13

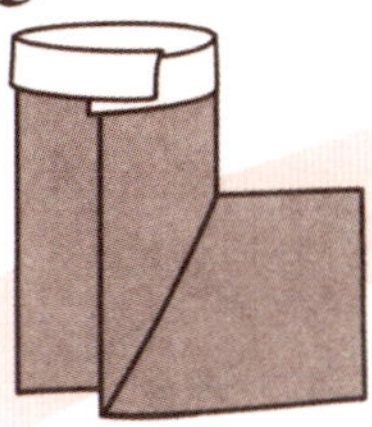

中間圖

14

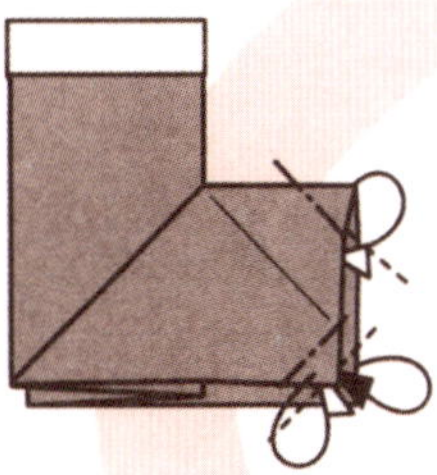

分別將各角
摺入內側

15

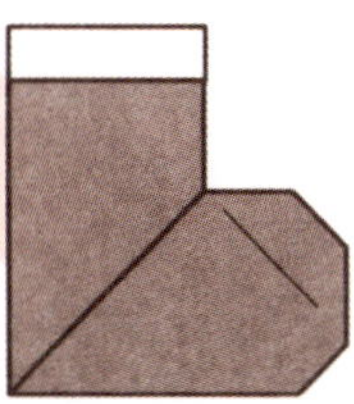

完成品

貼在賀卡上
也很好看

WREATH

29 花環

這是一種裝飾在孩子的房間門上或牆壁上的摺紙作品。再掛上星星、鳴鐘就更有聖誕節的氣氛。

◆摺紙8張

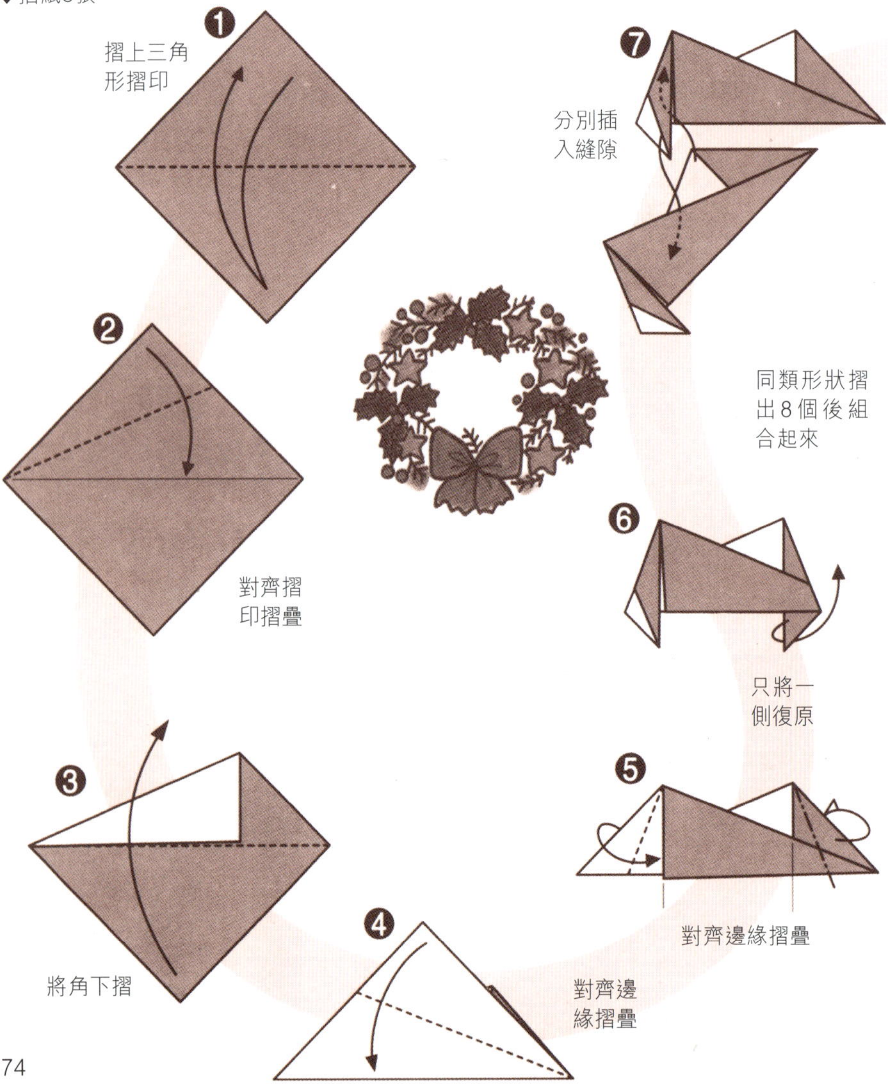

8

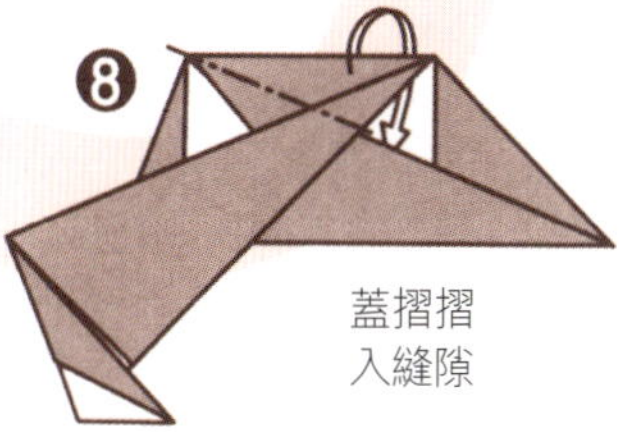

蓋摺摺
入縫隙

9

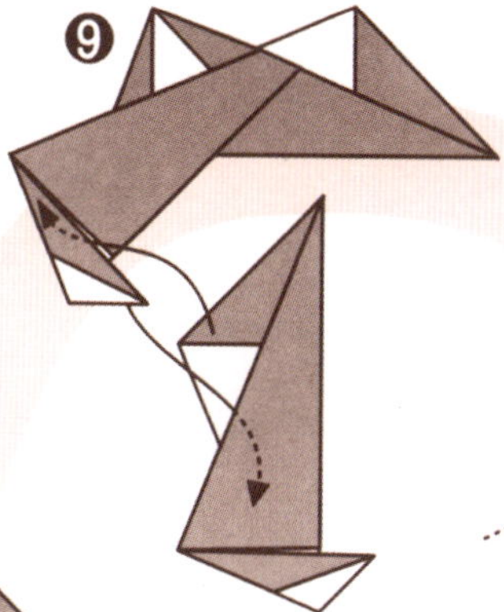

分別插
入縫隙

10

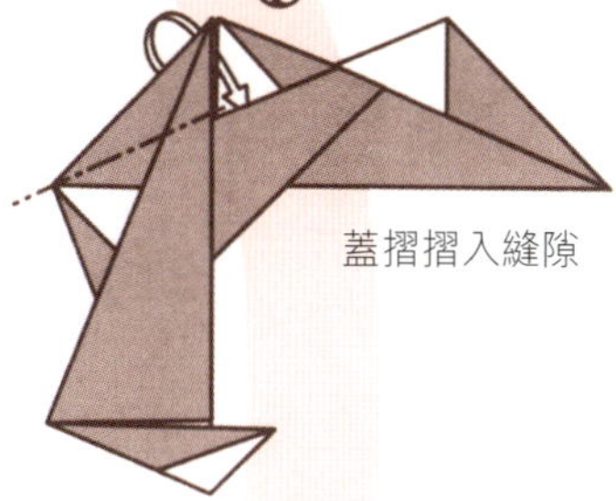

蓋摺摺入縫隙

11

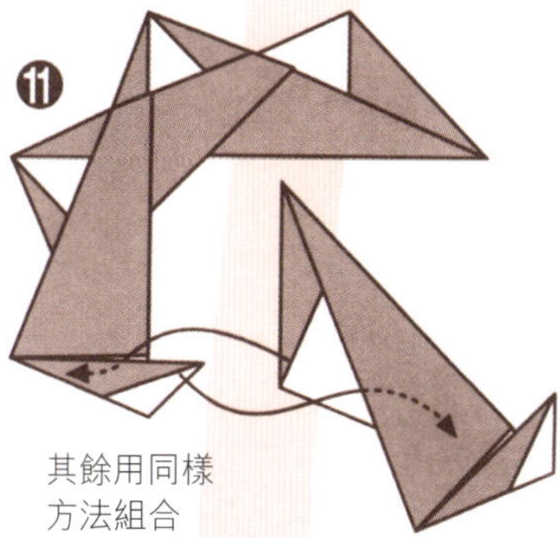

其餘用同樣
方法組合

12

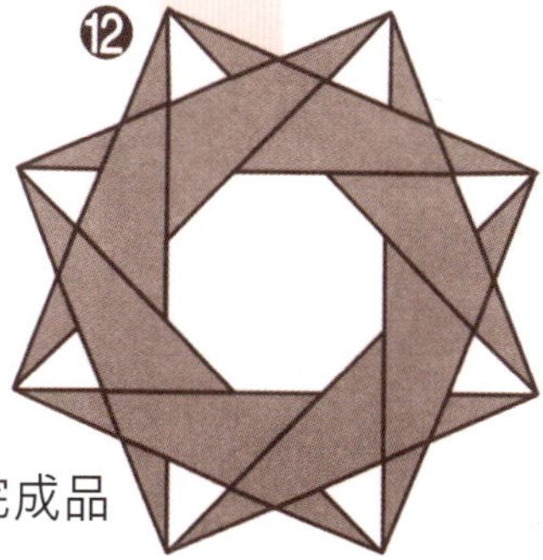

完成品

·試試看·

作為聖誕節的裝飾品組合起來，可做成一個非常漂亮的聖誕花環（燭台或星星）

CHRISTMAS TREE

30 聖誕樹

是一種立體形狀的聖誕樹摺紙作品。可用金銀紙、串珠、金、銀色彩帶或金緶子作裝飾。

◆摺紙4張

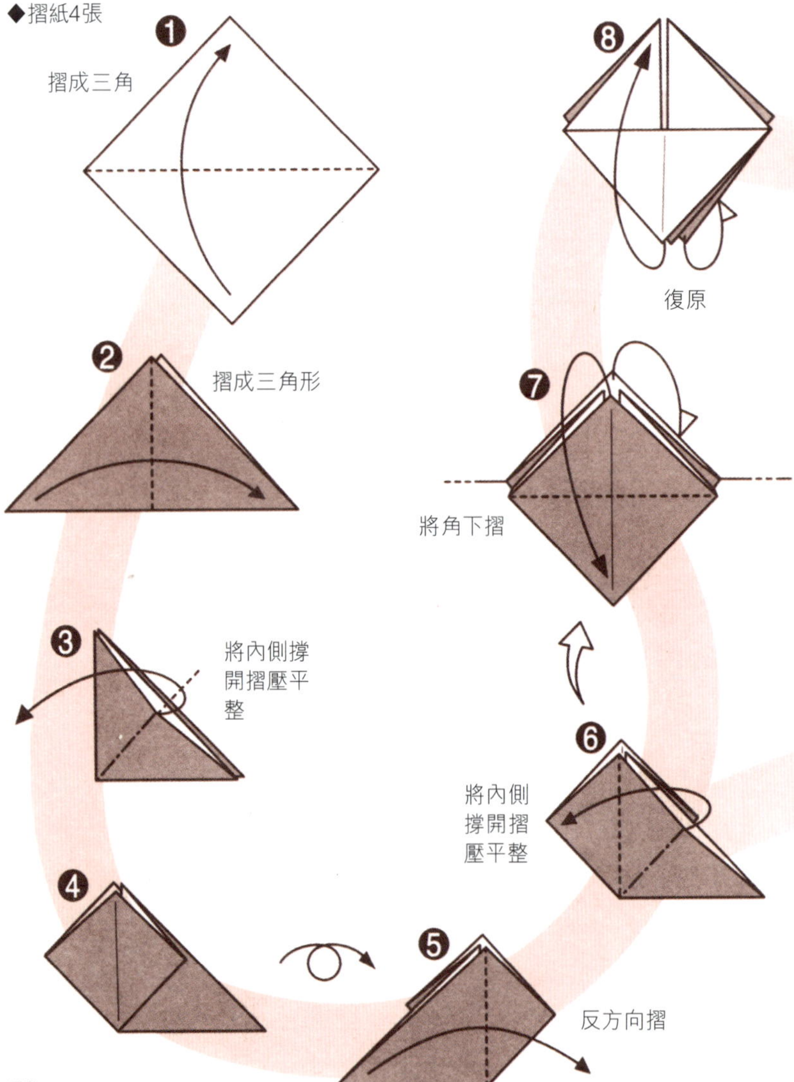

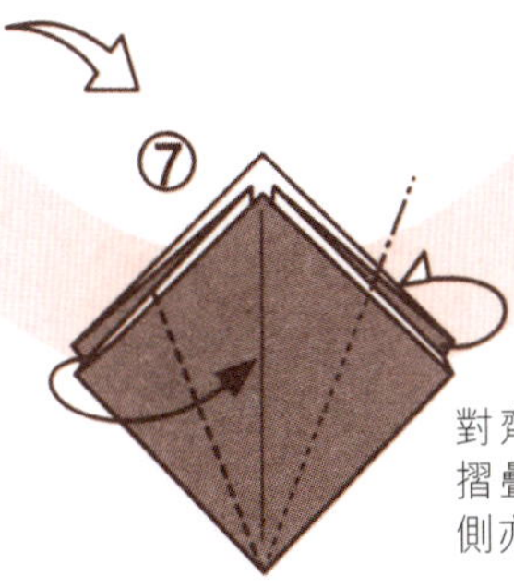

對齊中心
摺疊，反
側亦同

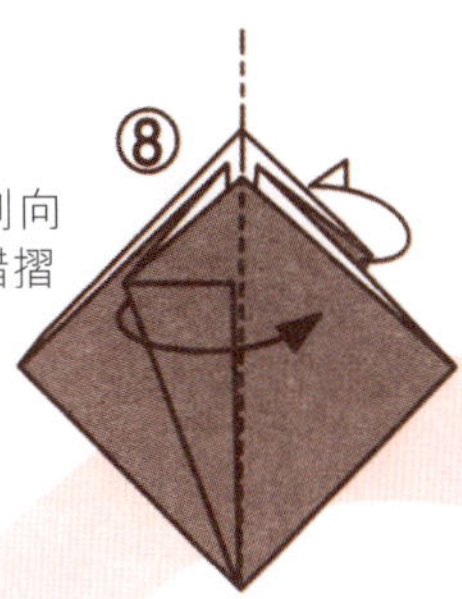

分別向
後錯摺

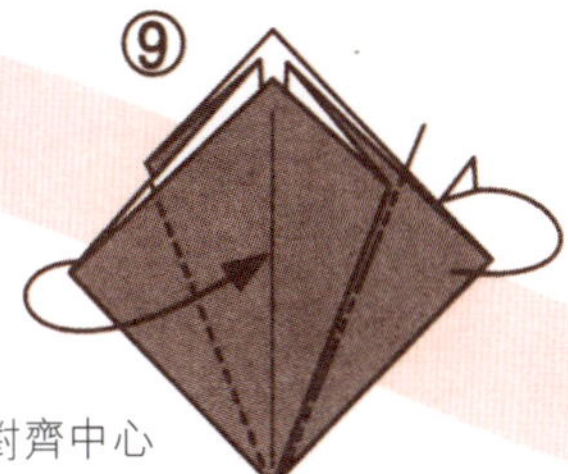

對齊中心
摺疊，反
側亦同

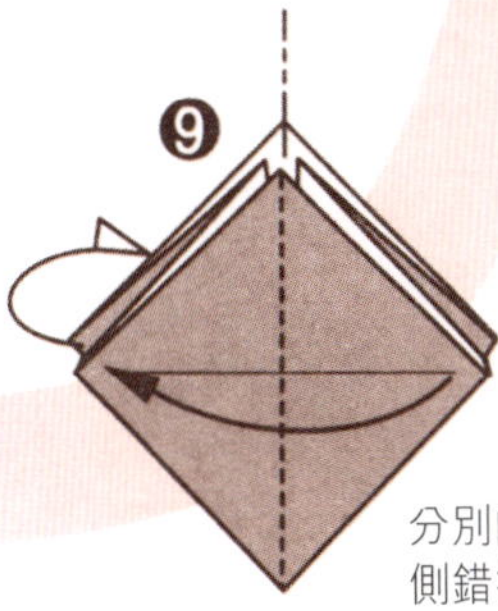

分別向反
側錯摺

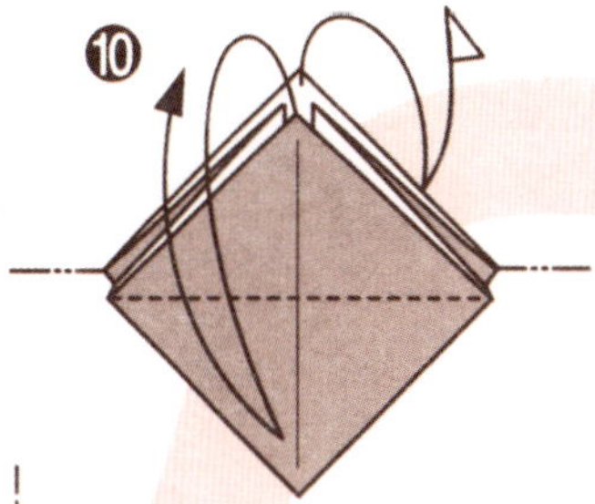

按摺印再
摺上摺印

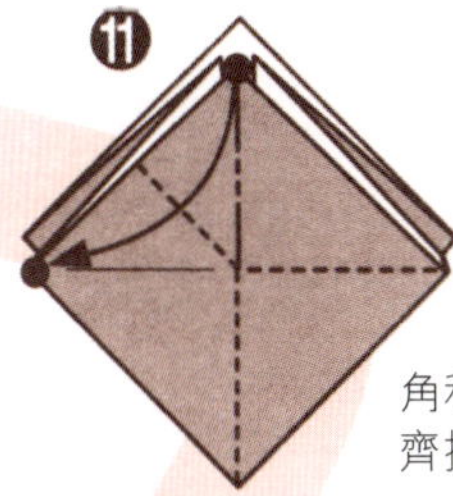

角和角對
齊摺疊

將深色的部
分摺入後面
的縫隙

將摺印摺
實後復原

⑩

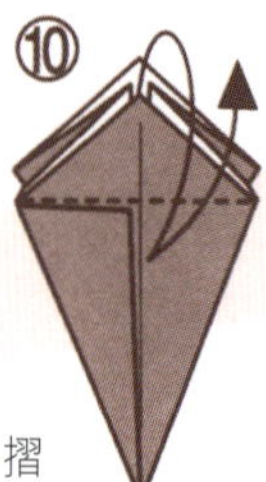

將角下摺
摺上摺印

⑪

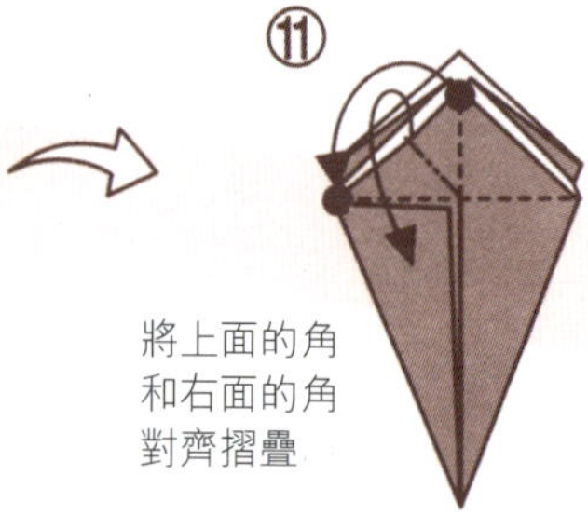

將上面的角
和右面的角
對齊摺疊

⑫

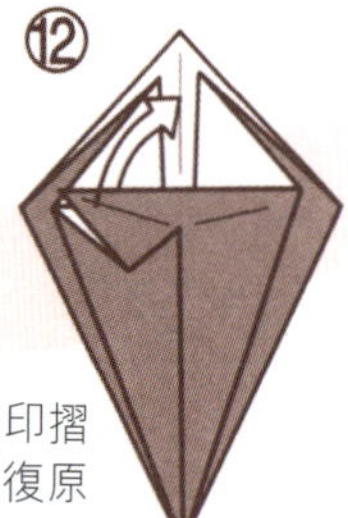

將摺印摺
實後復原

⑭

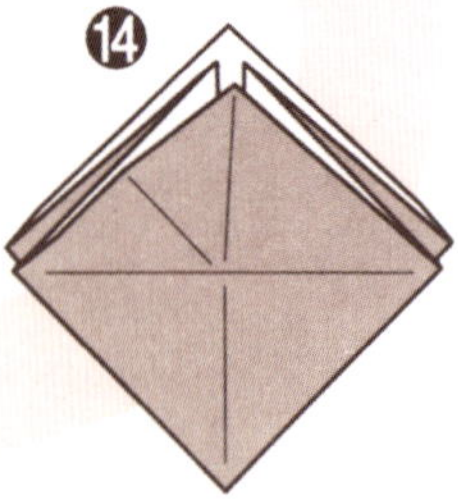

其餘亦
同樣摺
上摺線

⑮

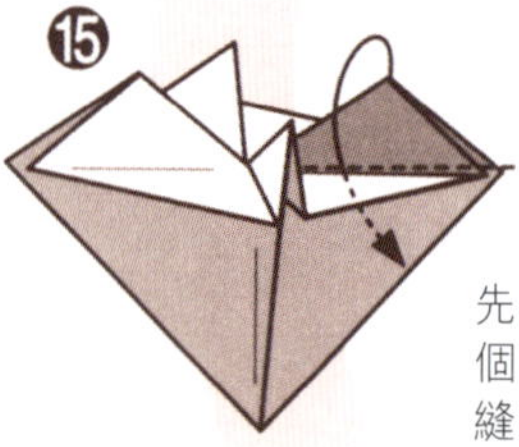

先將第一
個角摺入
縫隙

⑯

耐心地
做到最
後

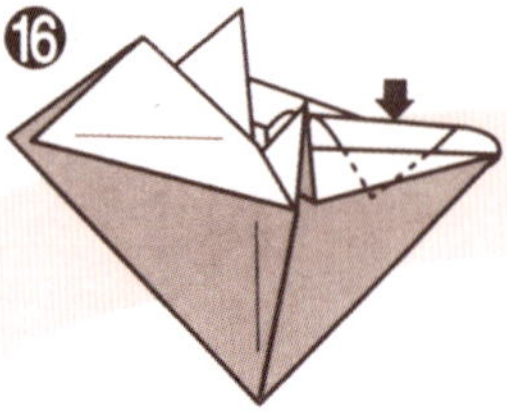

復原

⑰

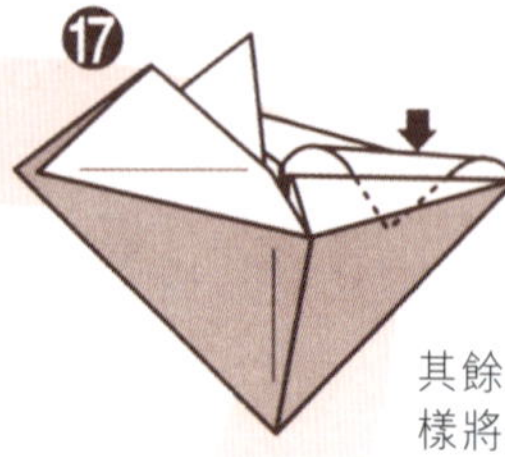

其餘亦同
樣將角插
入縫隙

⑱

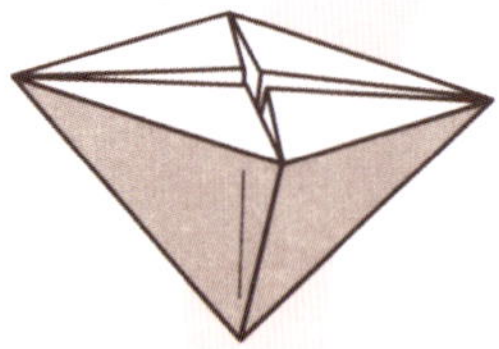

⑲

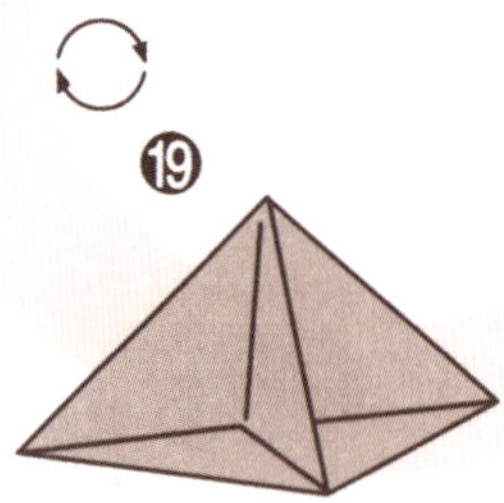

·葉·
完成品

⑳

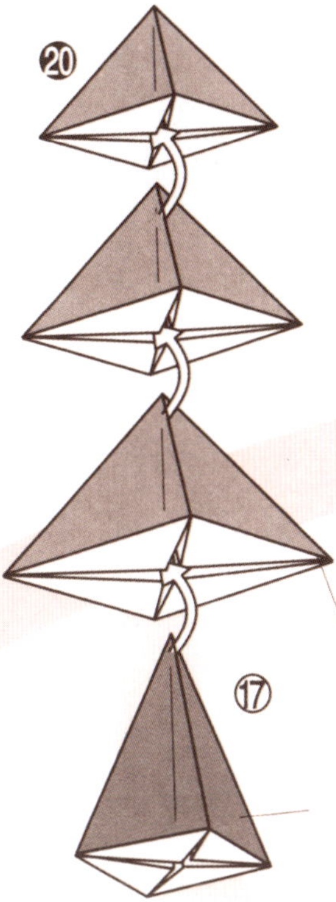

用由大至小
的摺紙摺出
大小面積不
同的葉子，
按順序插接
起來

逐個插入
適當位置

⑰

同樣摺法
大小有異

㉑

完成品

接上幾層之後就
出現了類似聖誕
樹的美好造型。

⑯

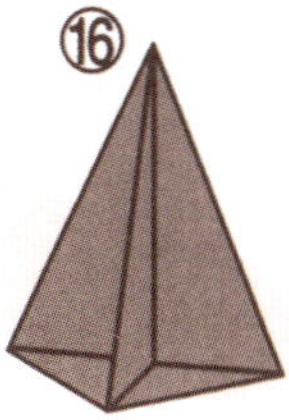

· 樹幹 ·
完成品

⑬

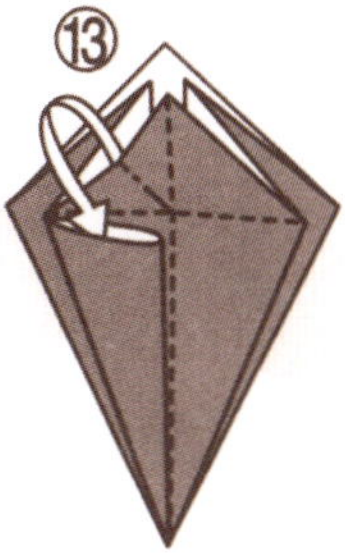

將摺上摺印的
角插入口袋狀
的縫隙中

⑭

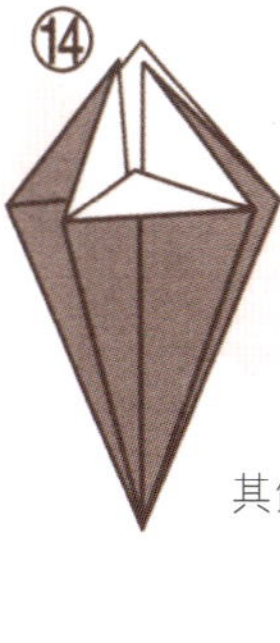

其餘亦同

⑮

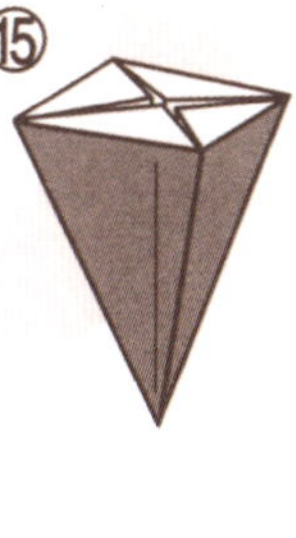

HANABISHI

31 花朵

這是一款具有古典風格的摺紙作品。可以用不同質地、不同色彩的摺紙等來使之變為現代風格的花朵。

◆摺紙1張

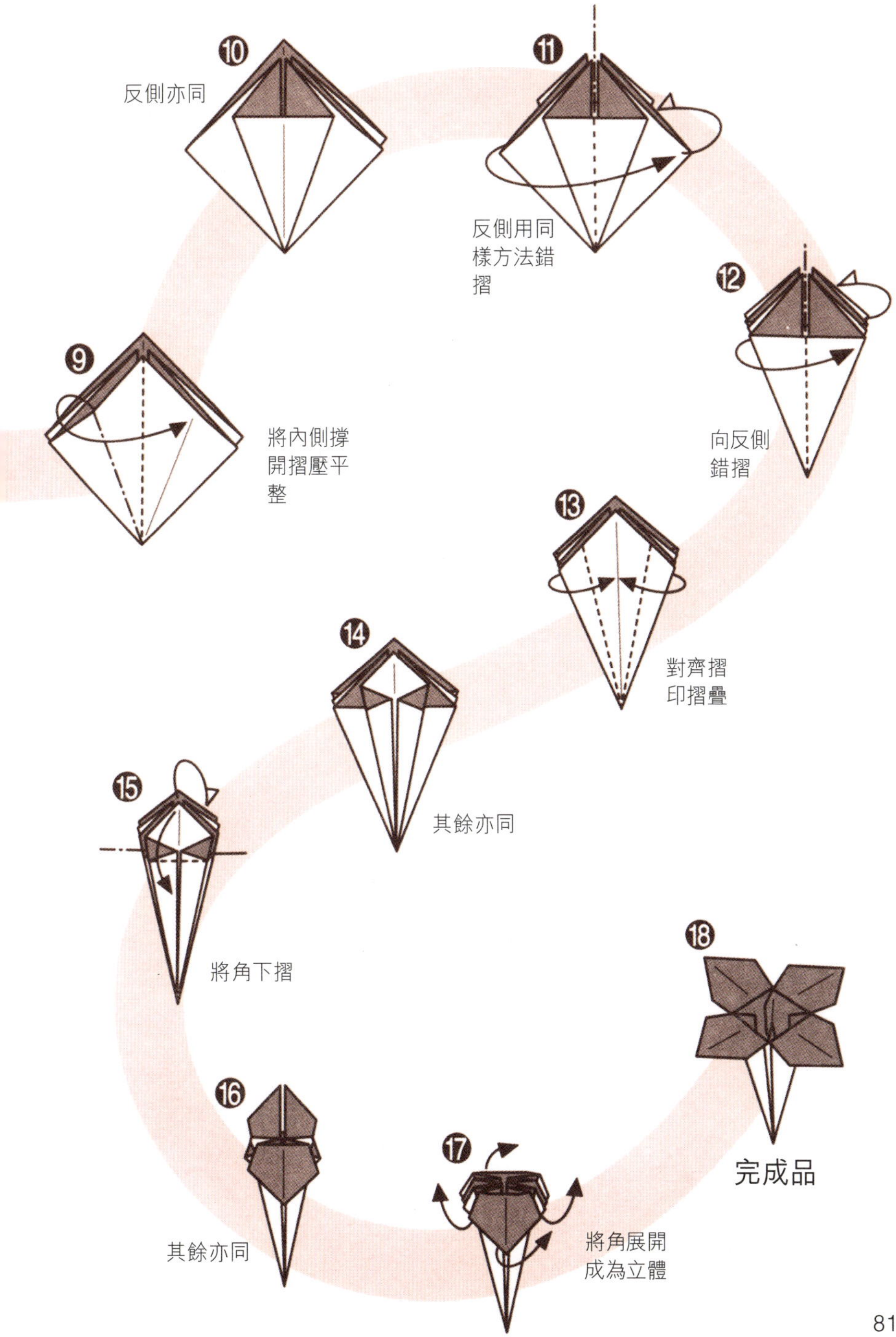
9
將內側撐開摺壓平整
10
反側亦同
11
反側用同樣方法錯摺
12
向反側錯摺
13
對齊摺印摺疊
14
其餘亦同
15
將角下摺
16
其餘亦同
17
將角展開成為立體
18
完成品

IRIS

32 菖蒲花

這是一款傳統的摺紙作品，用鋼絲和膠帶作莖。製作幾枝便可組成花束。

◆摺紙1張

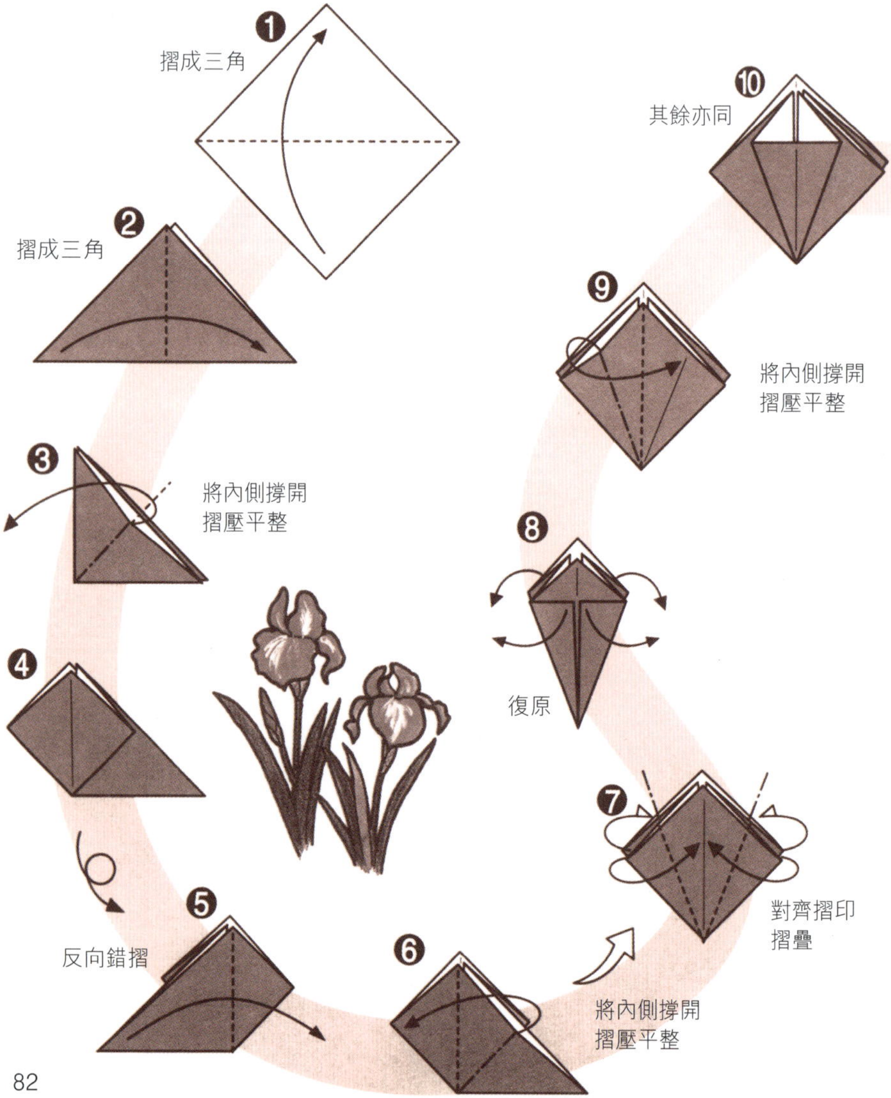

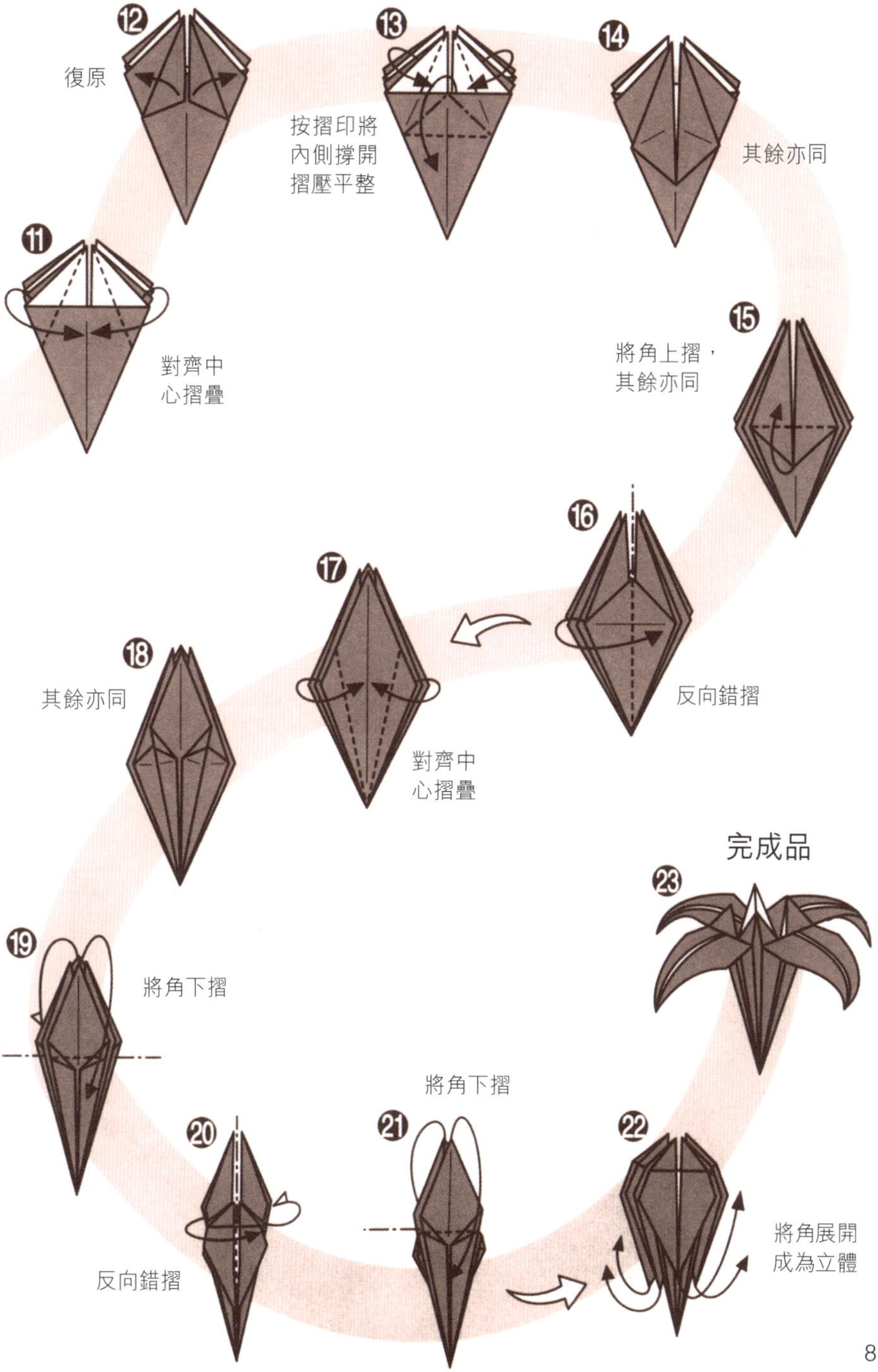

11
對齊中
心摺疊
12
復原
13
按摺印將
內側撐開
摺壓平整
14
其餘亦同
15
將角上摺，
其餘亦同
16
反向錯摺
17
對齊中
心摺疊
18
其餘亦同
19
將角下摺
20
反向錯摺
21
將角下摺
22
將角展開
成為立體
完成品
23

WATER LILY

33 睡蓮

這是一種神秘的花，自古以來都很受歡迎，用像和紙一樣柔軟的、淡雅的紙製作最好。

◆摺紙1張

·花·

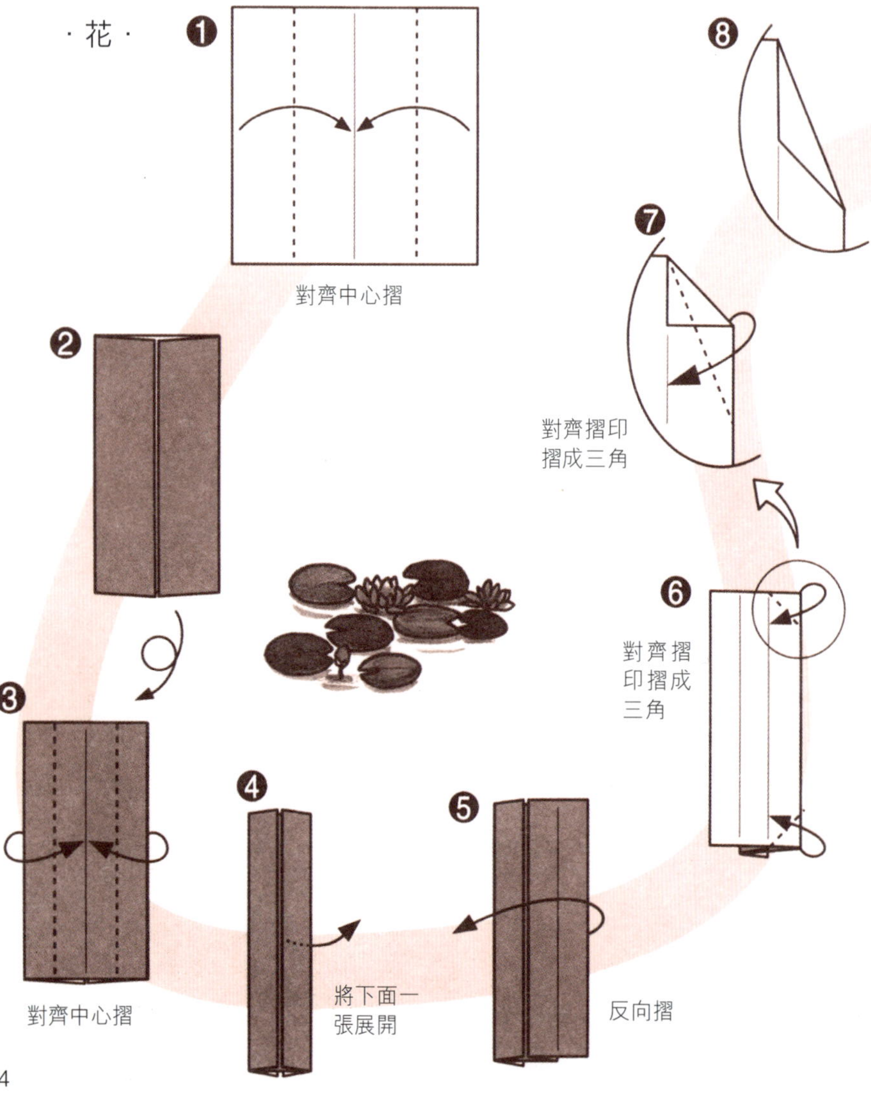

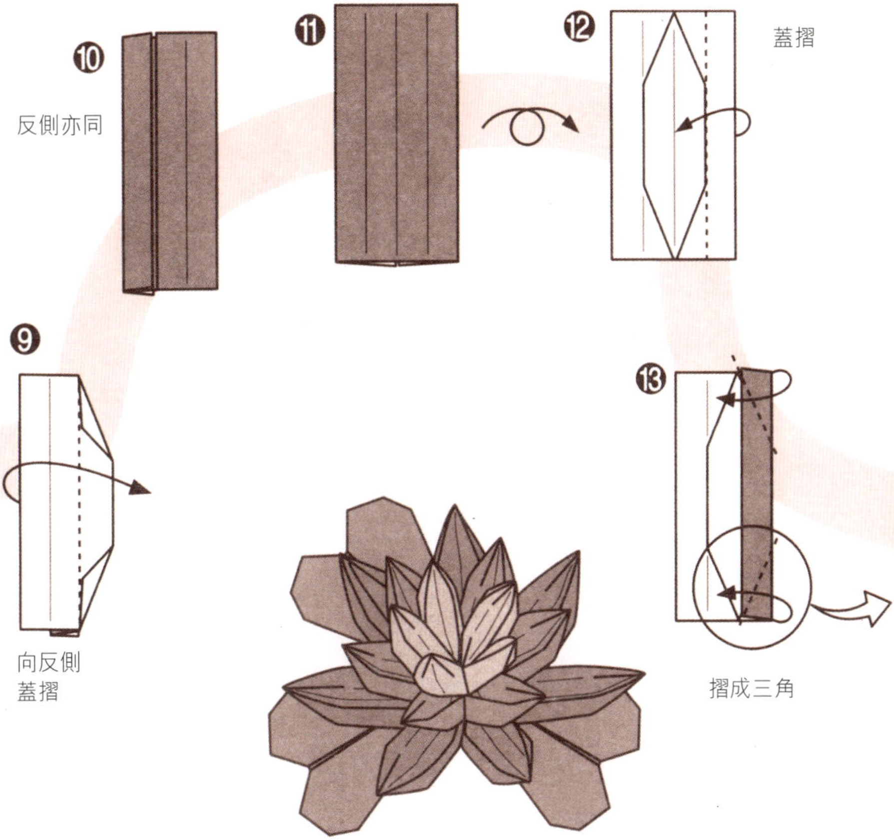

·花葉·

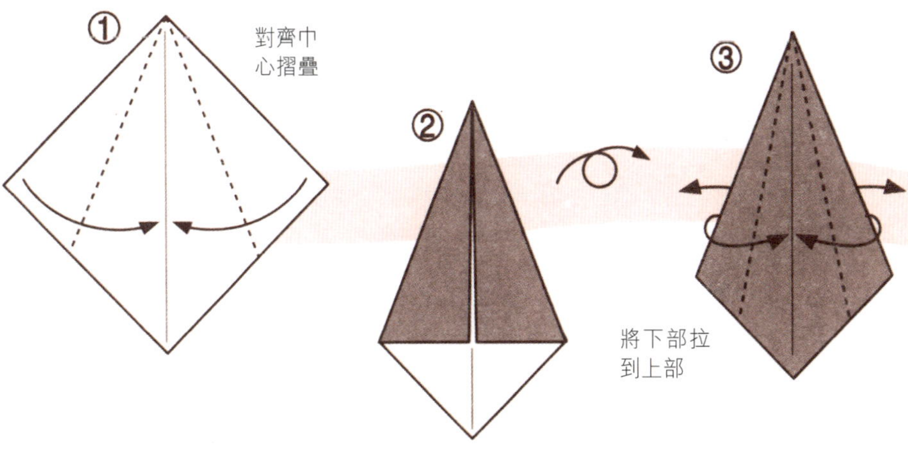

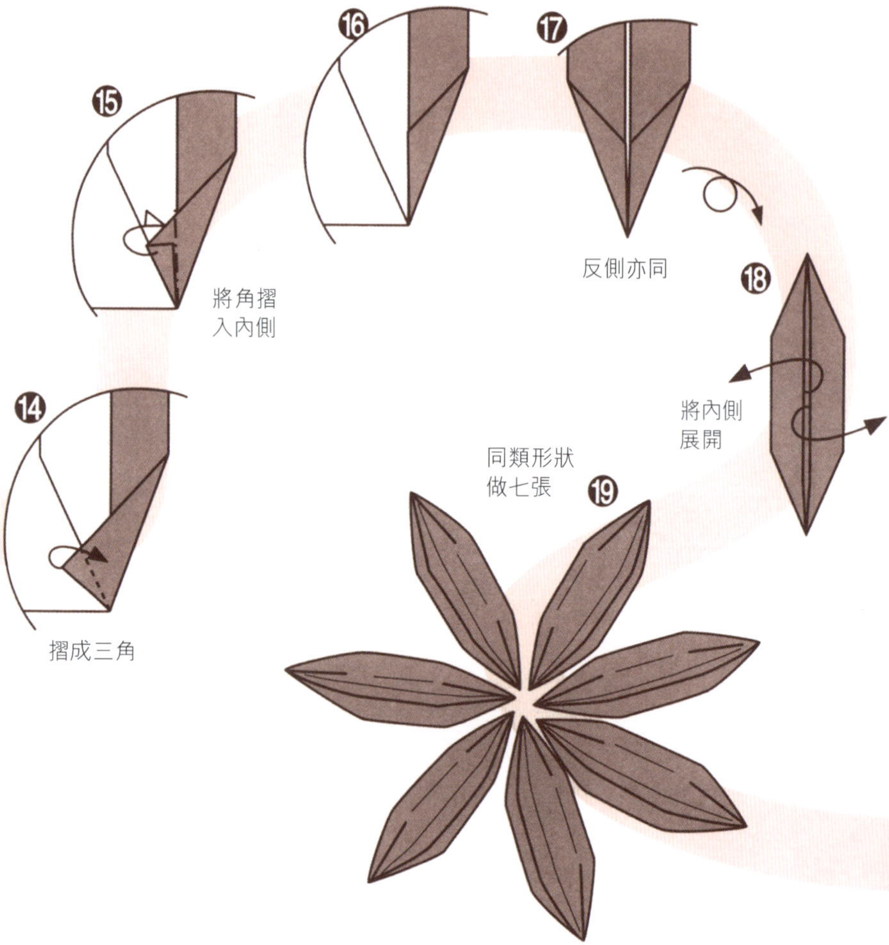
⑮
將角摺
入內側
⑯
⑰
反側亦同
⑱
將內側
展開
⑭
摺成三角
同類形狀
做七張
⑲

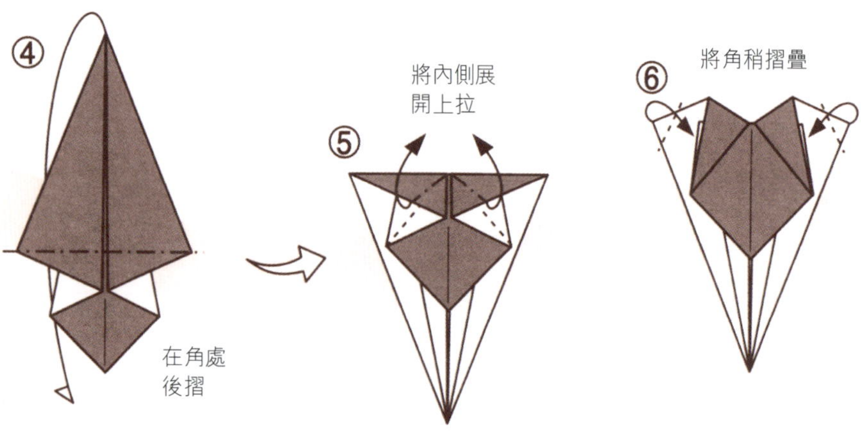
④
在角處
後摺
⑤
將內側展
開上拉
⑥
將角稍摺疊

⑳

用12厘米見方
的紙做成五個
組成的形狀

用14厘米見方
的紙摺六個組
成的形狀

分別組合

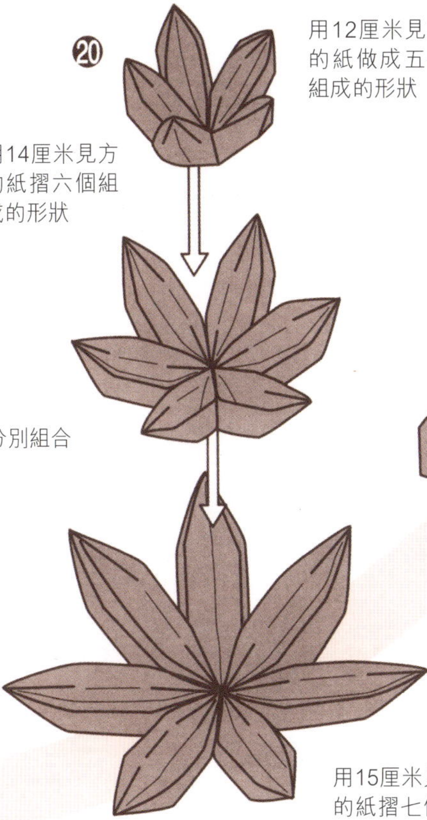

用15厘米見方
的紙摺七個組
成的形狀

㉑

完成品

⑩

完成品

⑦ 將角上摺

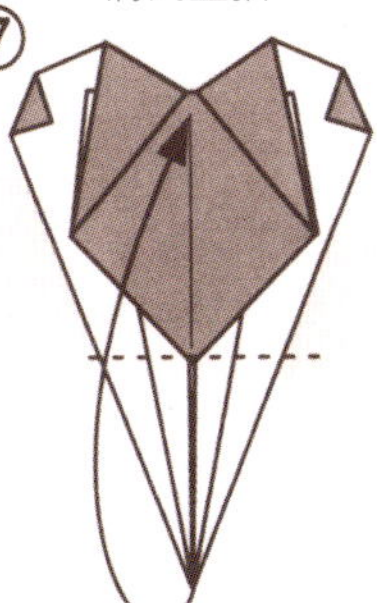

⑧

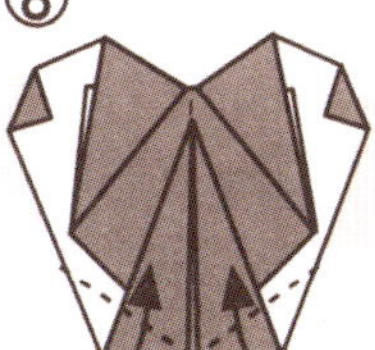

從中心處
摺成三角

⑨

POINSETTIA

34 一品紅

貼在板上和牆上，房間立即產生聖誕節的氣氛；插在頭上也很受歡迎。

◆摺紙16張

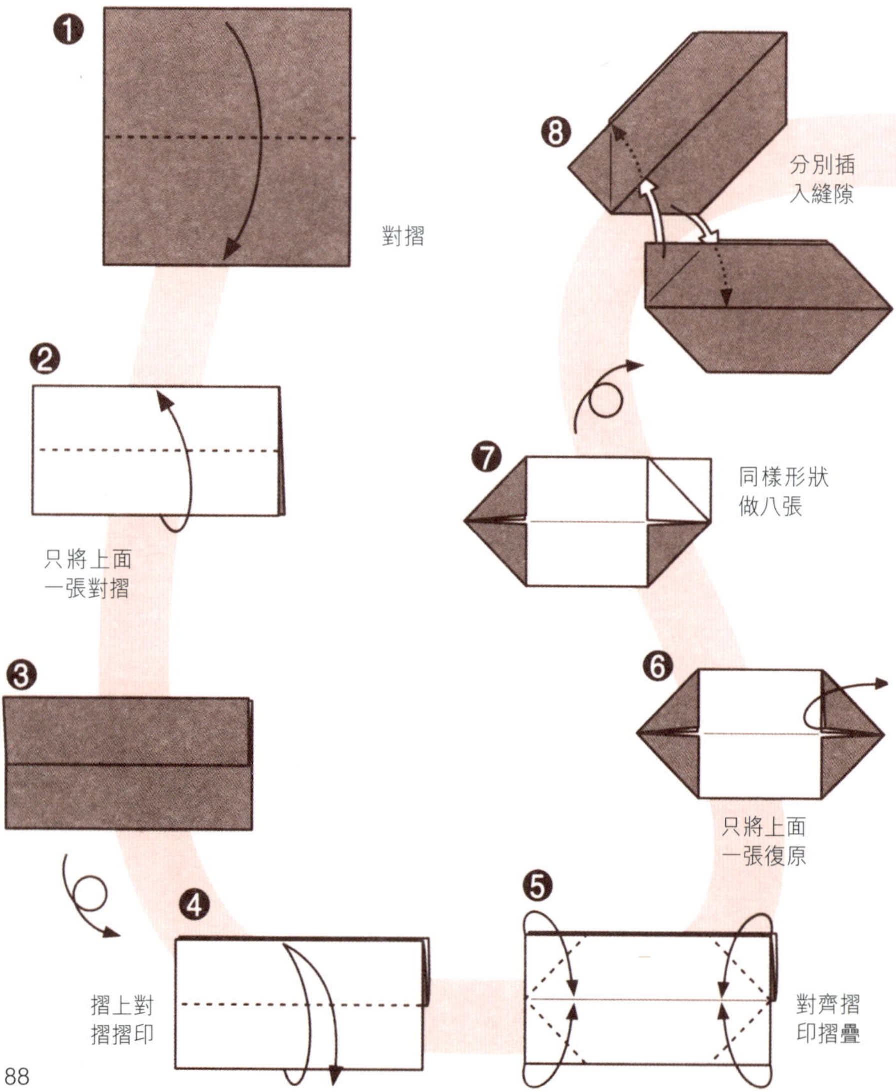

⑨

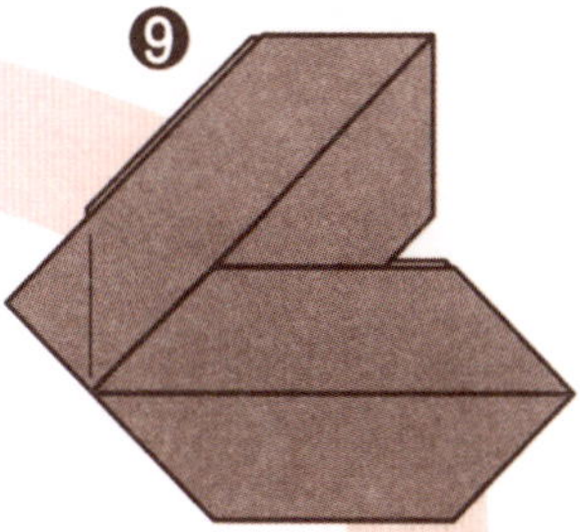

⑩

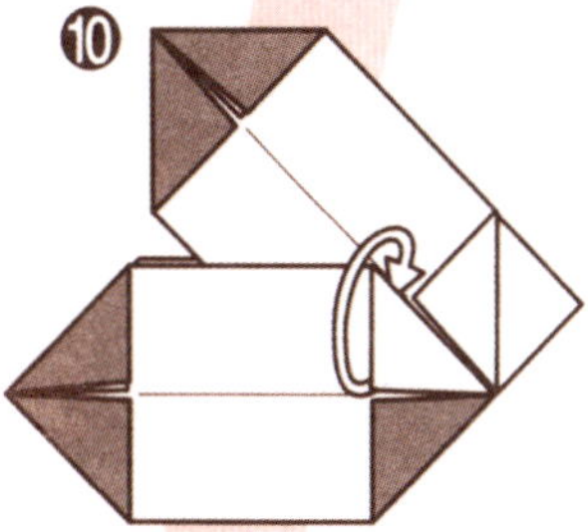

將下一張
的角蓋摺

⑪

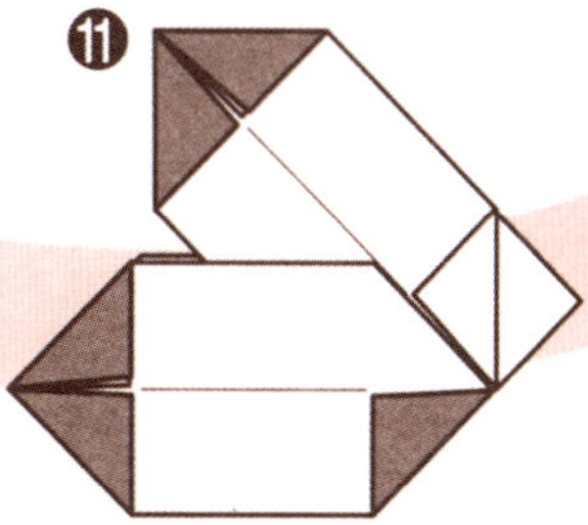

⑫

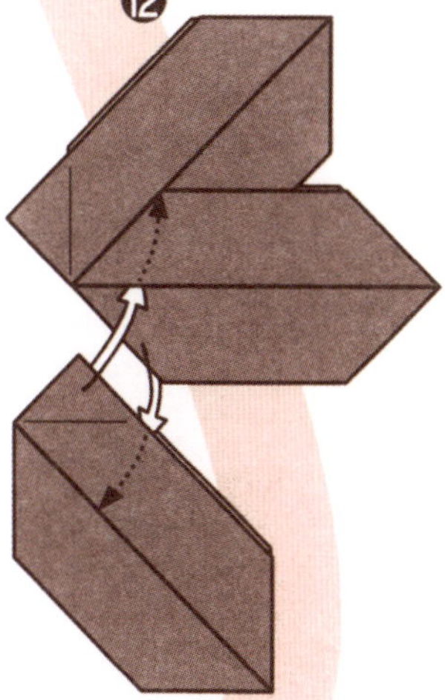

其餘同樣重
合在一起

⑬

將八張組合

· 摺紙大小 ·

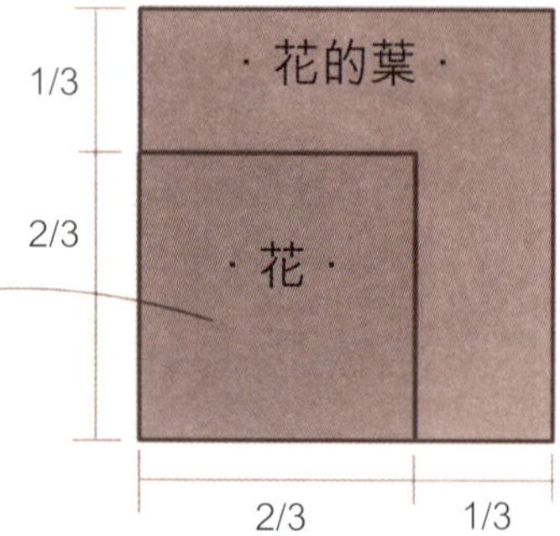

用葉子的三
分之二大小
的摺紙摺花

14

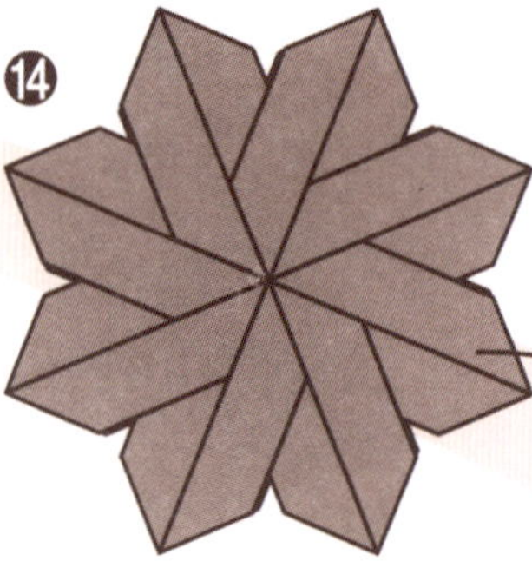

用三分之二大小
的摺紙摺成的花
組合起來，黏住

用打孔機打出
圓點的紙，貼
上幾張

15

完成品

VASE

35 花瓶

這是一種可以裝入乾花的花瓶摺紙作品，可以根據花的顏色而變色。

女孩　男孩　媽媽　爸爸

◆摺紙1張

❶

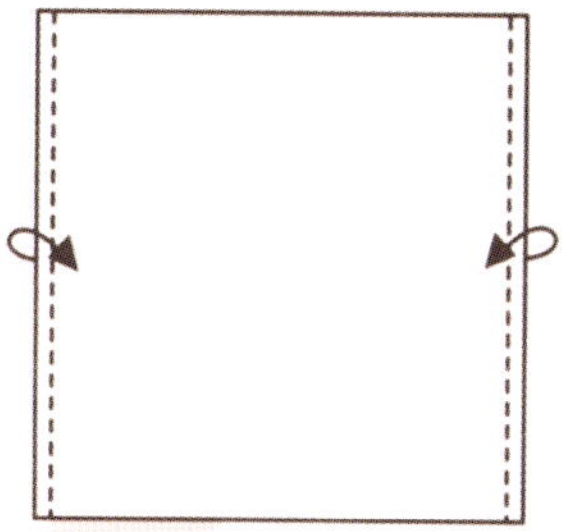

將邊緣摺五毫米

❷

同樣將邊緣摺五毫米

❸

摺下三角摺印

❹

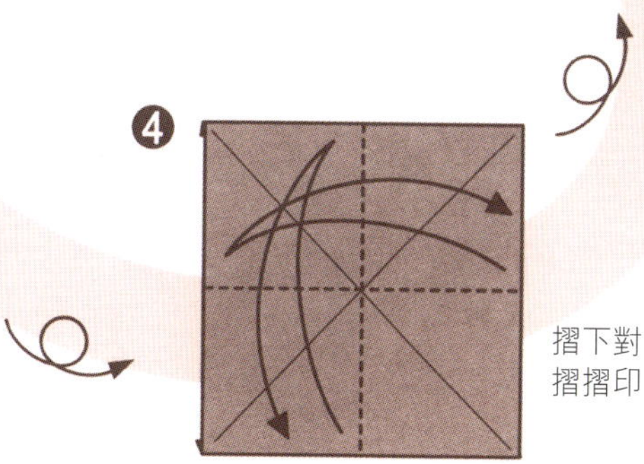

摺下對摺摺印

❺

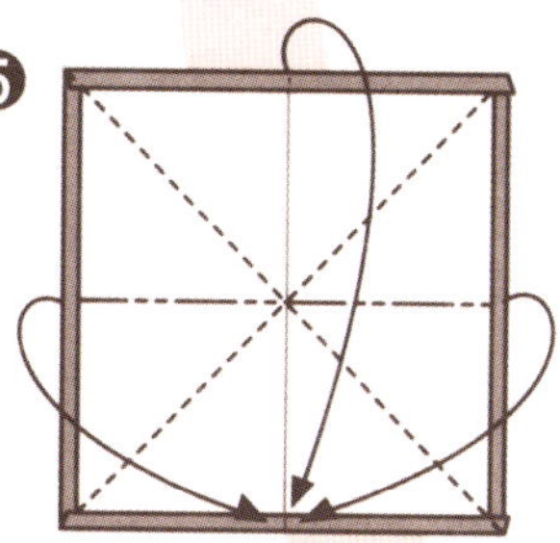

按摺好的摺印摺平

中間圖

❻

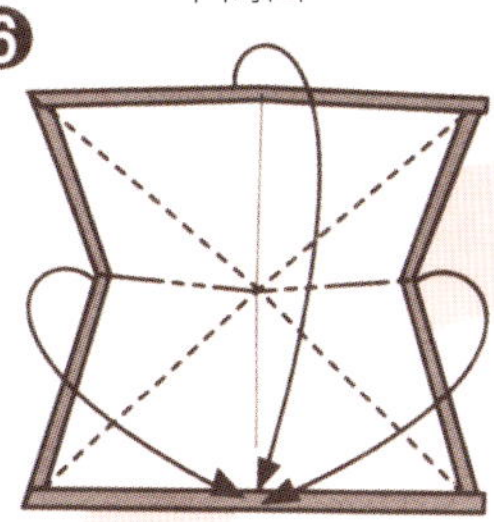

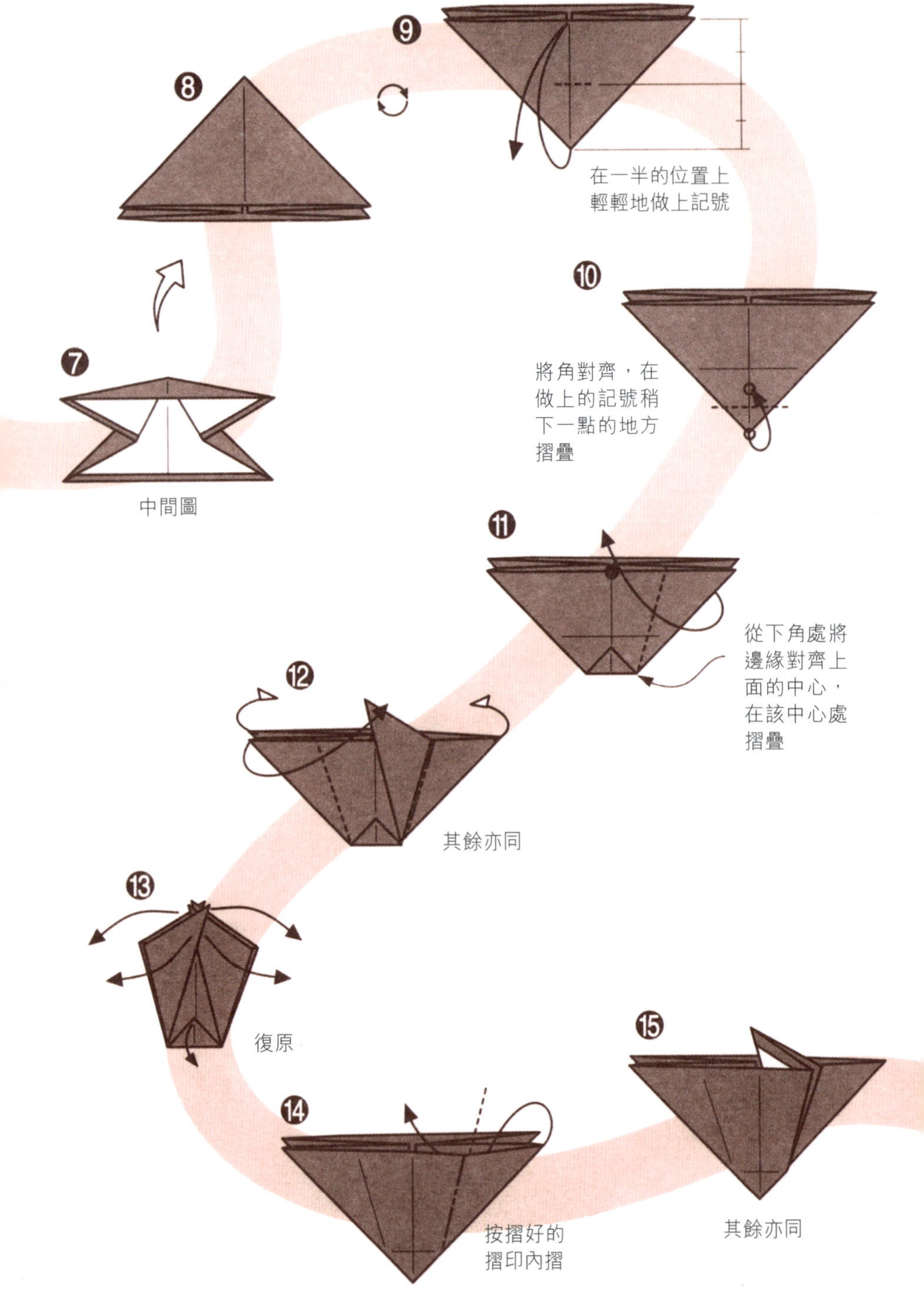
8
9
在一半的位置上
輕輕地做上記號
10
將角對齊，在
做上的記號稍
下一點的地方
摺疊
7
中間圖
11
從下角處將
邊緣對齊上
面的中心，
在該中心處
摺疊
12
其餘亦同
13
復原
15
14
按摺好的
摺印內摺
其餘亦同

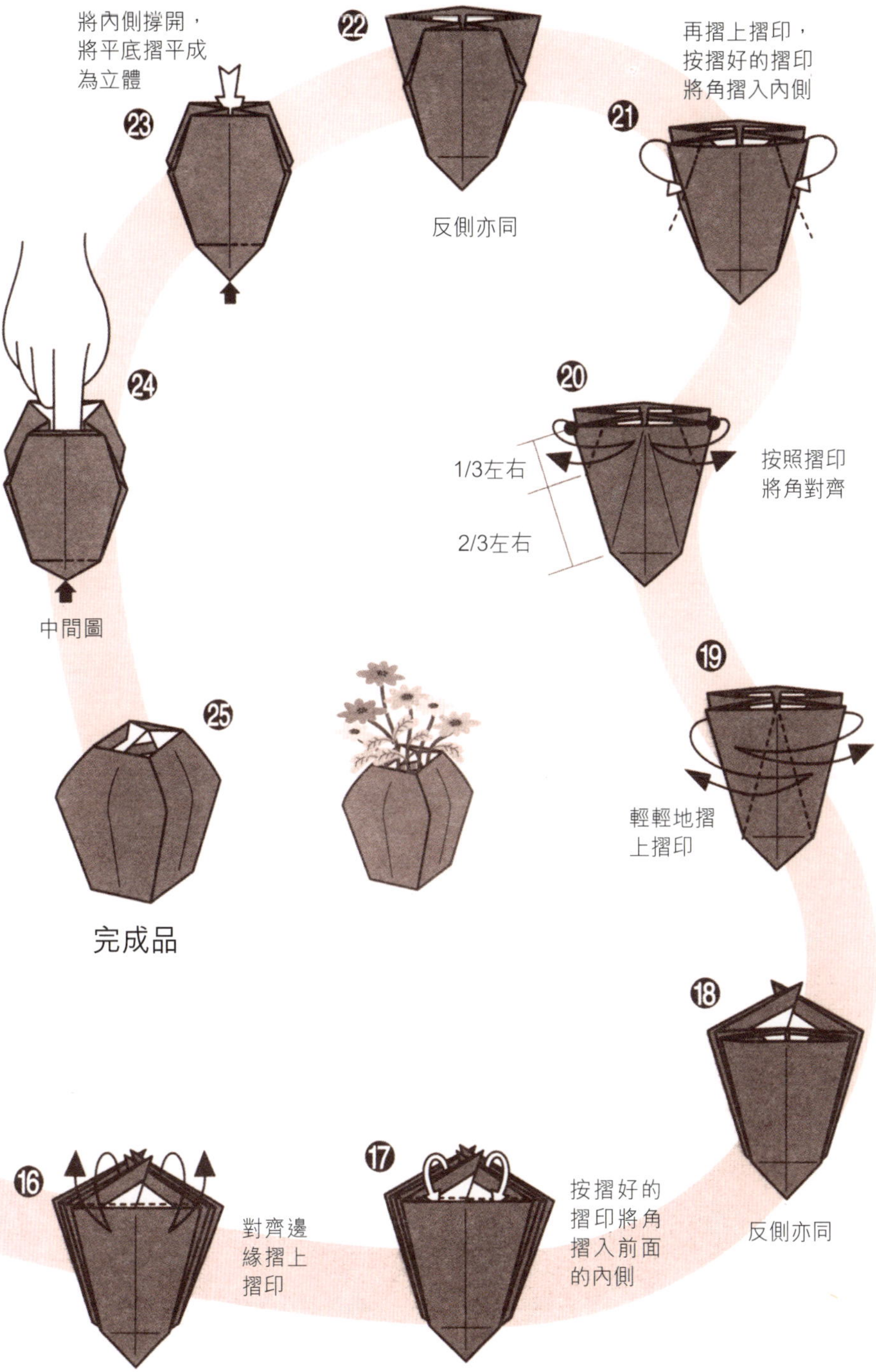
16
對齊邊
緣摺上
摺印
17
按摺好的
摺印將角
摺入前面
的內側
18
反側亦同
19
輕輕地摺
上摺印
20
1/3左右
2/3左右
按照摺印
將角對齊
21
再摺上摺印，
按摺好的摺印
將角摺入內側
22
反側亦同
23
將內側撐開，
將平底摺平成
為立體
24
中間圖
25
完成品

CANDY BOX

36 糖盒

小孩子的慶祝會上用的器皿，裝上糖、小甜瓶就更好看了。

女孩　男孩　媽媽　爸爸

◆摺紙1張

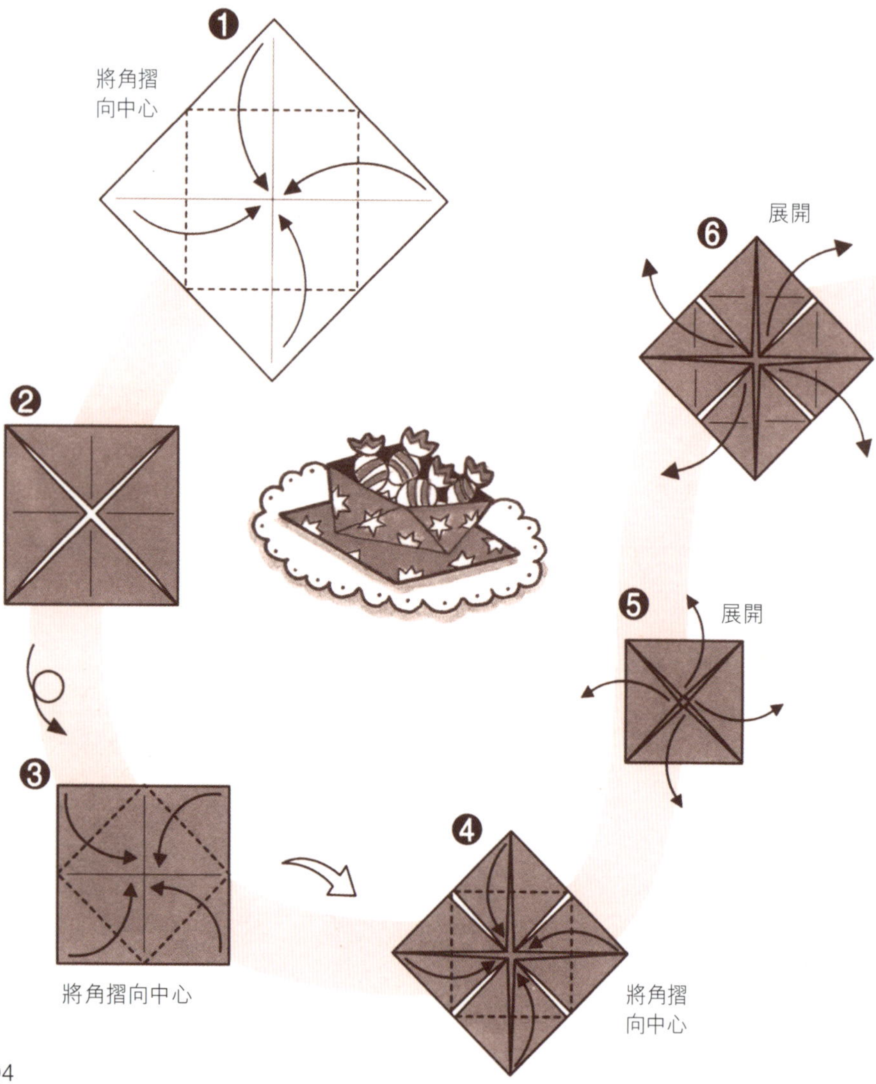

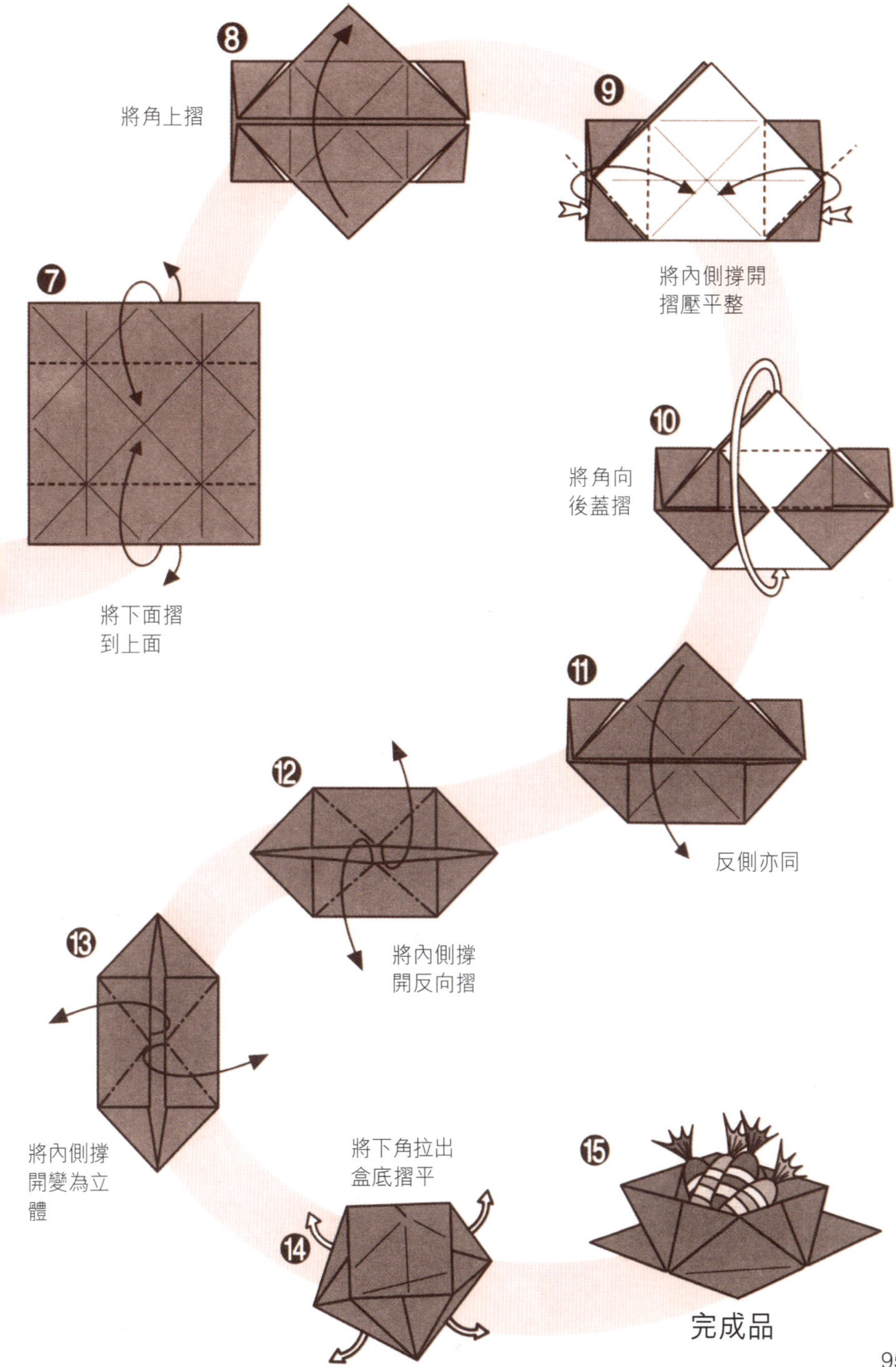
7
將下面摺
到上面
8
將角上摺
9
將內側撐開
摺壓平整
10
將角向
後蓋摺
11
反側亦同
12
將內側撐
開反向摺
13
將內側撐
開變為立
體
14
將下角拉出
盒底摺平
15
完成品

GIET BOX

37 禮品盒

用比較結實的千代紙製作，裝入給重要人物的禮品，無意之中贈送給他。

◆摺紙2張

· 主體 ·

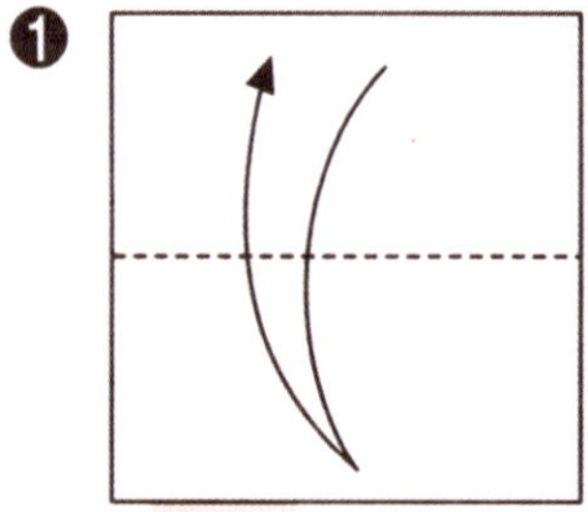

摺上對摺摺印

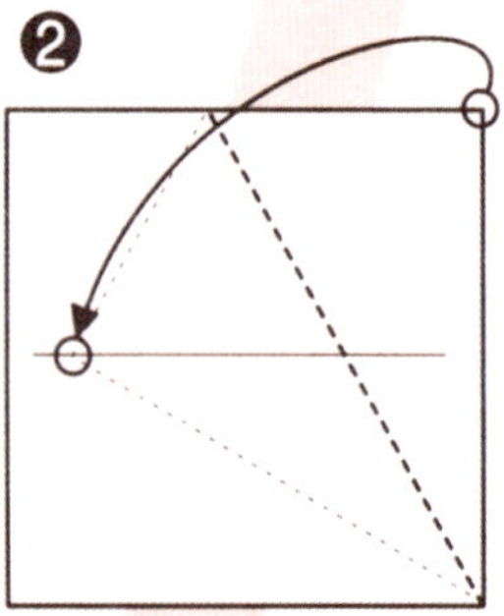

將下角對齊中心，將右上角對齊摺印摺疊

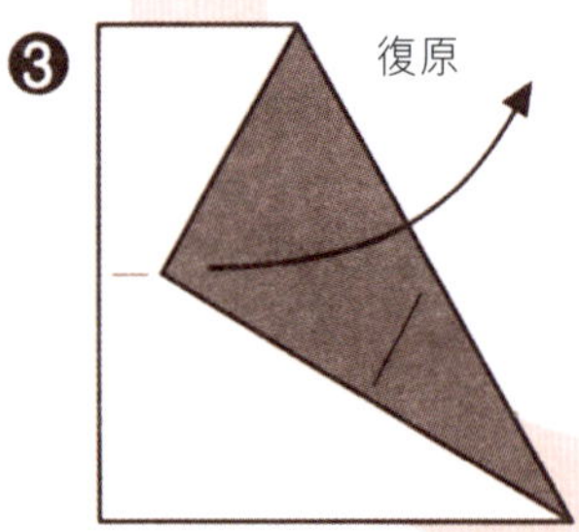

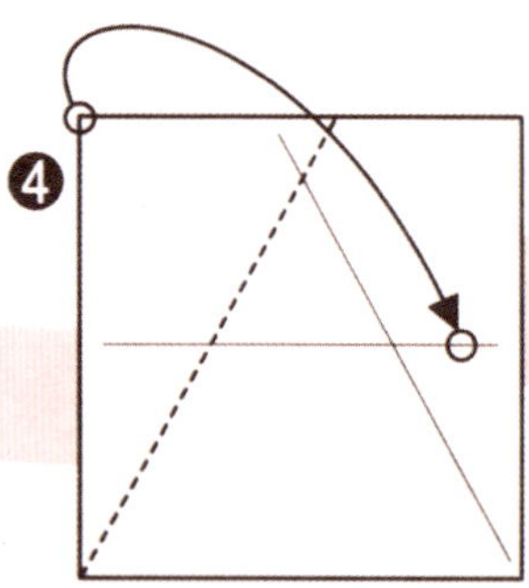

用同樣方法將下角對齊中心，將左角對齊摺印摺疊

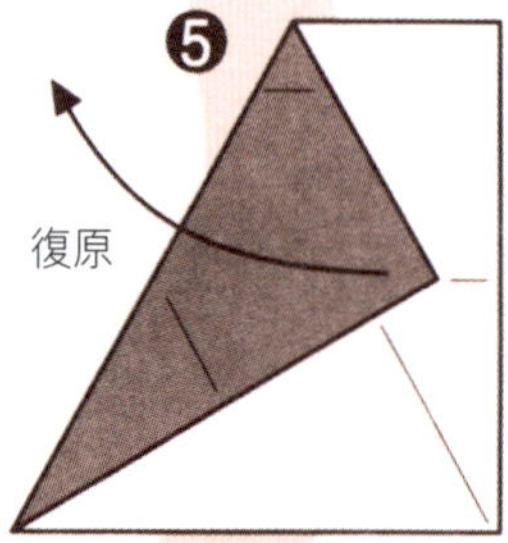

在摺印重疊處摺疊

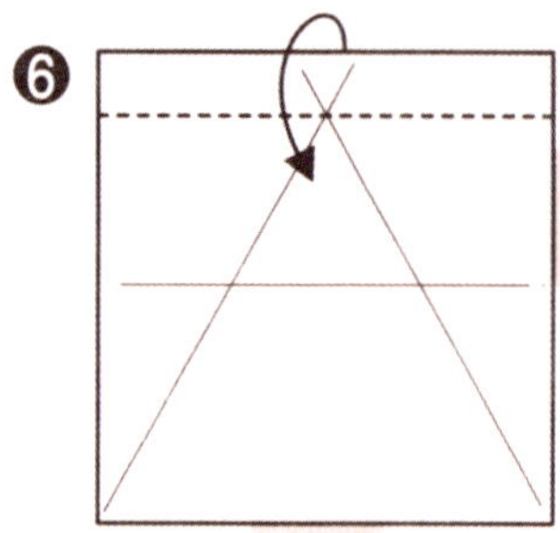

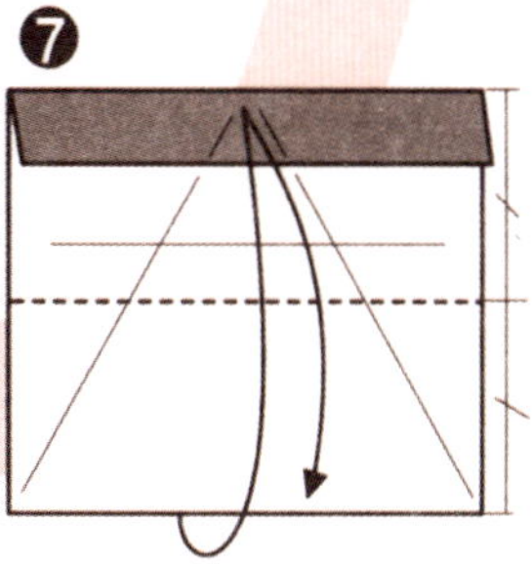

摺上對
摺摺印

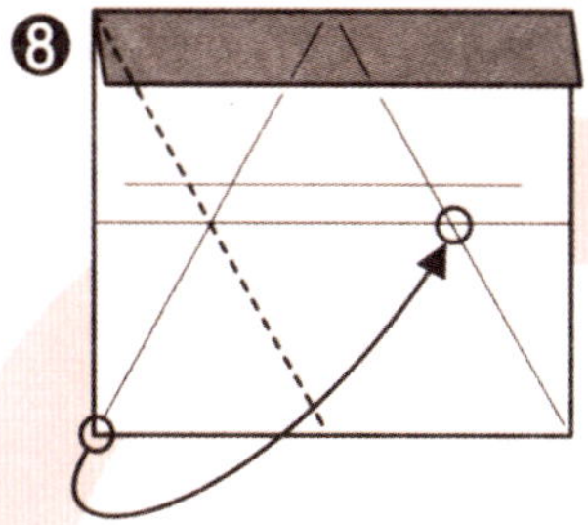

將上角對齊
中心，將左
角按摺好的
摺印摺疊

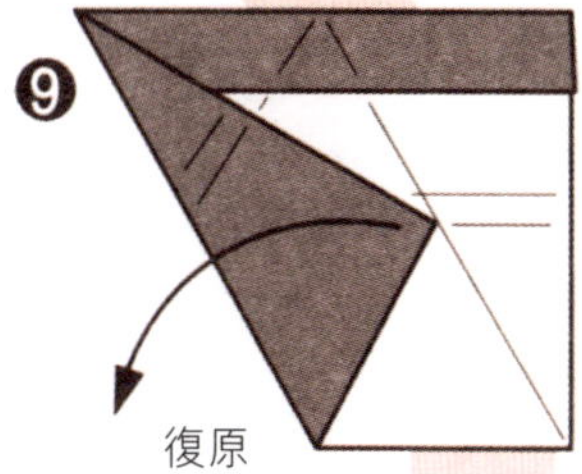

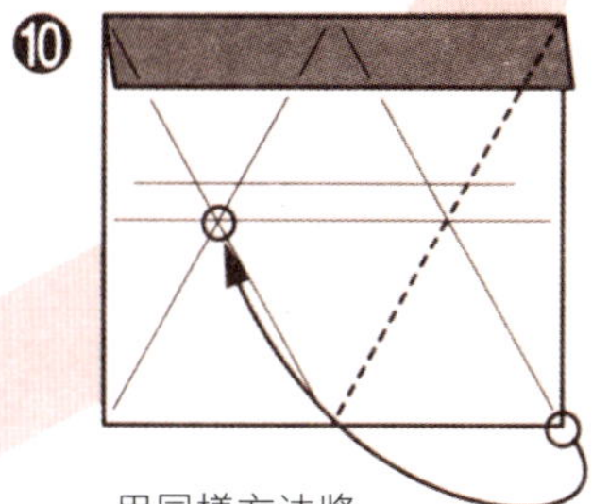

用同樣方法將
上角對齊中
心，將右角按
摺好的摺印摺
疊

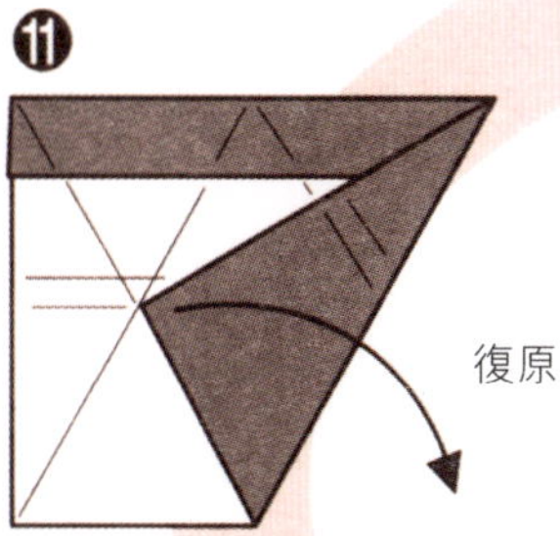

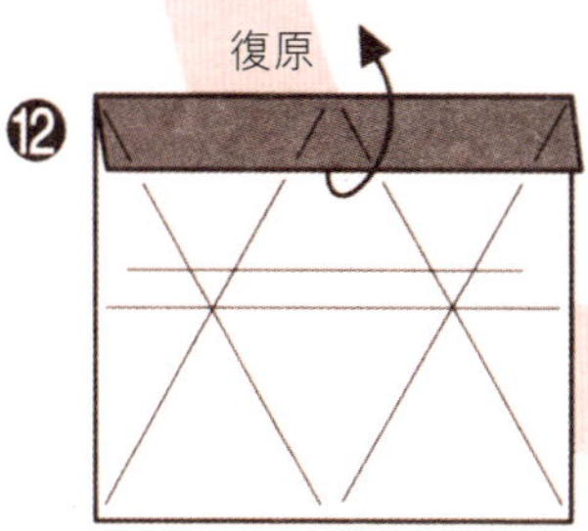

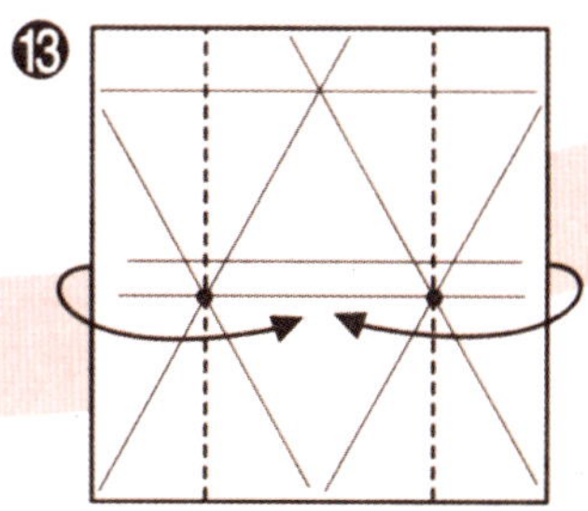

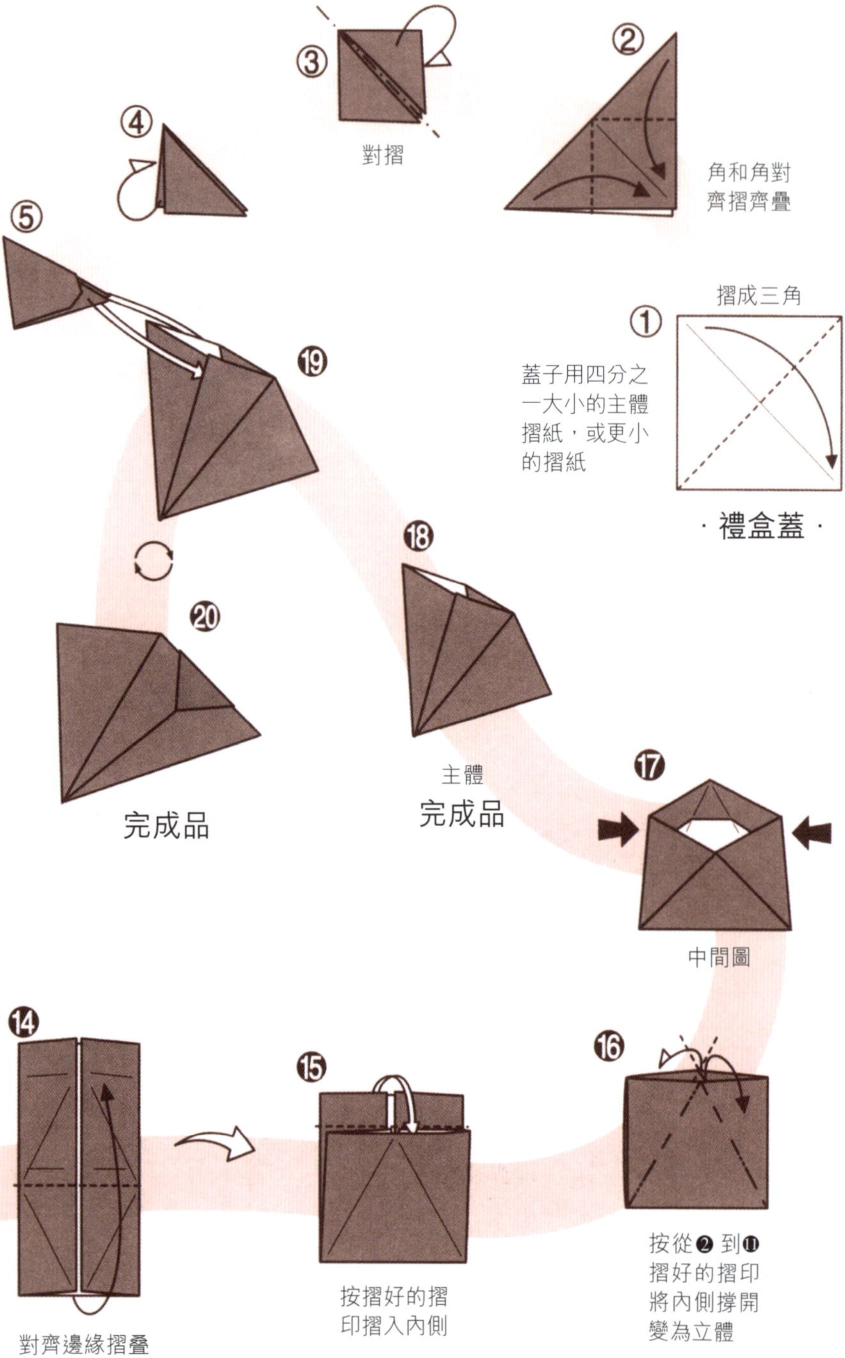
對齊邊緣摺疊
按摺好的摺
印摺入內側
按從❷ 到⓫
摺好的摺印
將內側撐開
變為立體
中間圖
主體
完成品
· 禮盒蓋 ·
摺成三角
蓋子用四分之
一大小的主體
摺紙，或更小
的摺紙
角和角對
齊摺齊疊
對摺
完成品

KIMONO

38 衣服

用漂亮的千代紙和包裝紙、暈色或無花紋的和紙等進行製作，可以製作出有特色的衣服。

◆摺紙1張

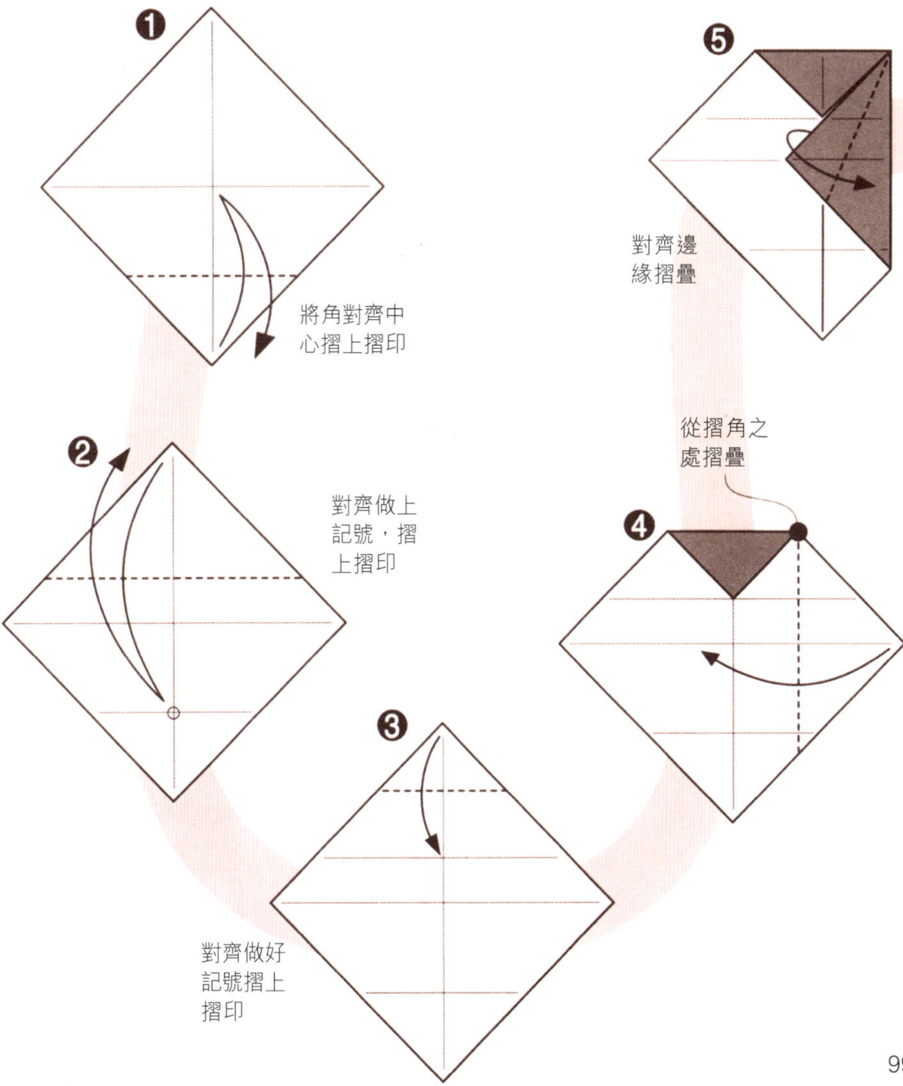

6

反側亦同

7

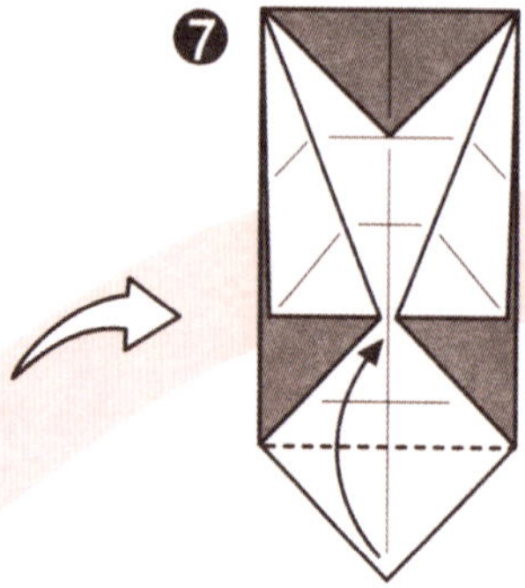

從摺角處
摺疊

將邊緣對齊第
二道摺印，摺
上摺印

8

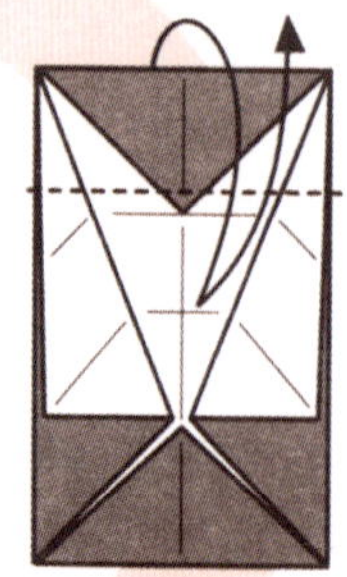

9

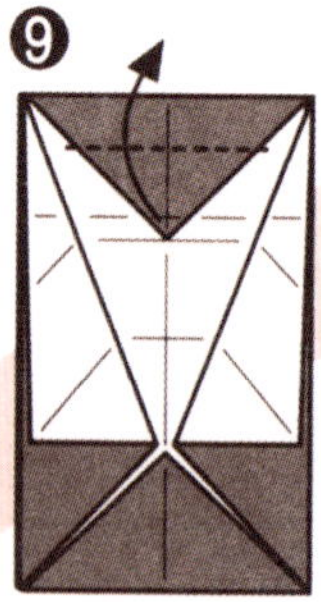

將角上
摺露出

將角稍摺

10

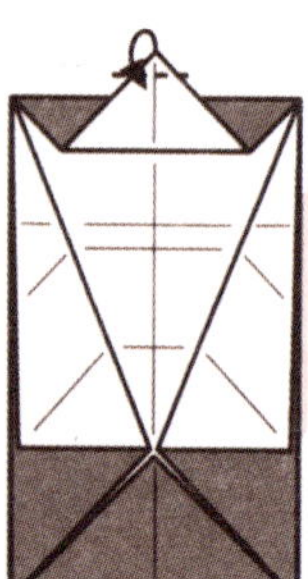

11

曲摺

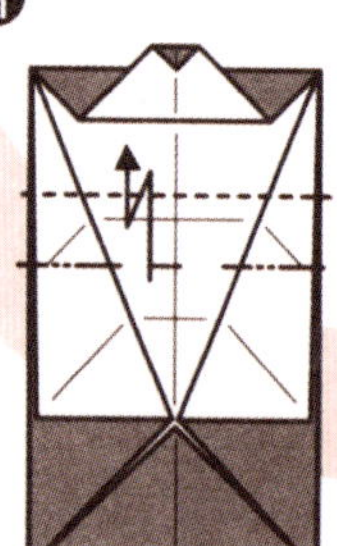

將內側撐開向中
心挽角，摺壓平
整

12

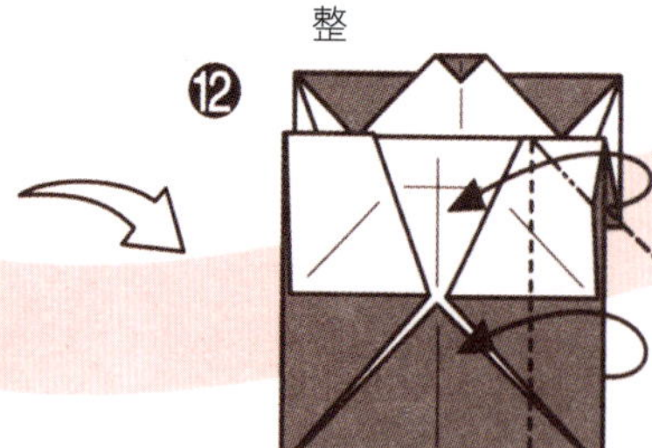

13

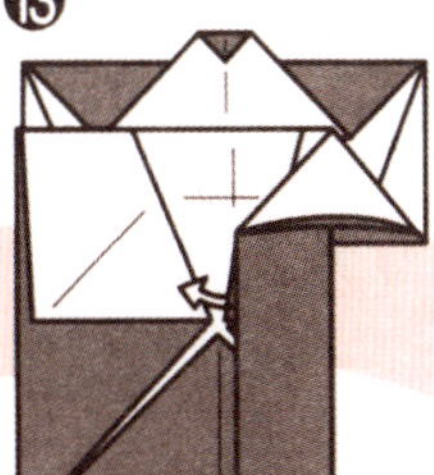

將內側一張
稍微拉出

14

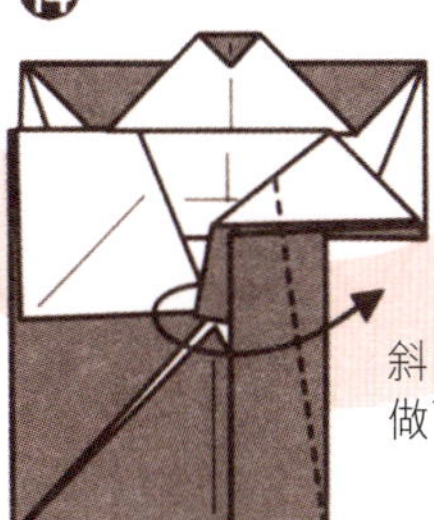

斜摺拉出
做下襟

15

反側亦同

16

17

將衣袖的
下角稍摺

18

完成品

RENJ ISHI

39 連獅子（飾物）

連獅子是日本和服形式的一對飾物名稱，是非常受大人歡迎的作品，無論是在日式房間或西式房裏做裝飾品，都具有生氣。

女孩 男孩 媽媽 爸爸

◆摺紙2張

· 頭部、短褂 ·

❶

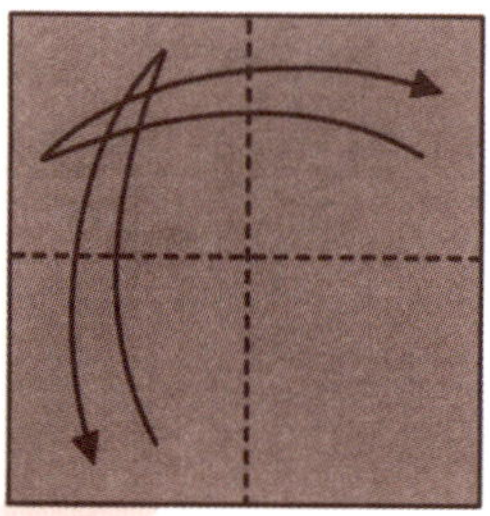

摺上對摺摺印

❷

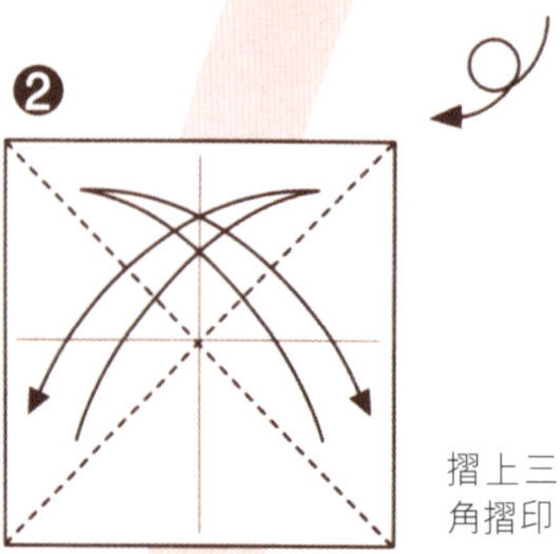

摺上三角摺印

❸

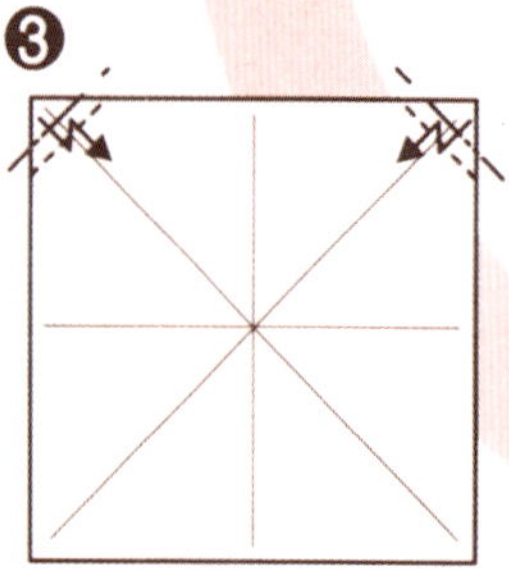

稍微屈摺

❹

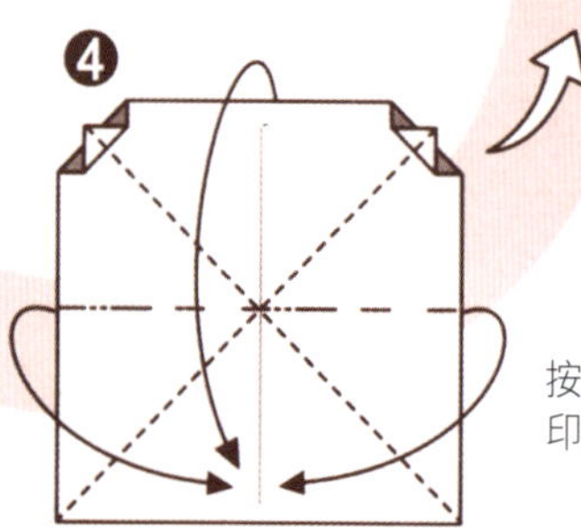

按摺好的摺印進行整理

將上面的一頁反摺

❺

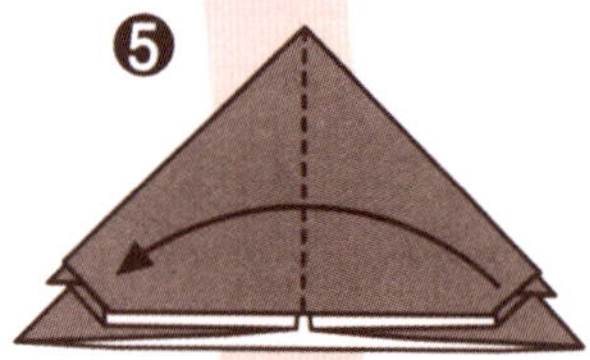

❻

將上面的一頁反摺

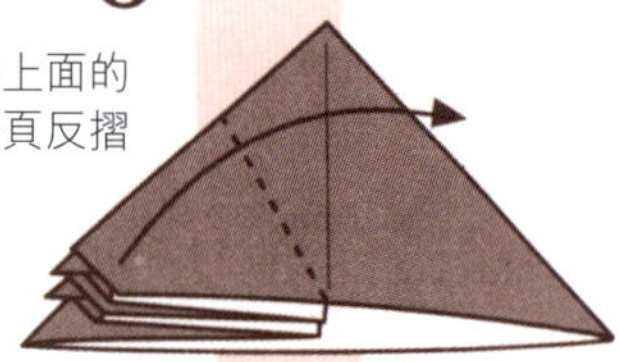

❼

將上面的一頁從中心處反摺

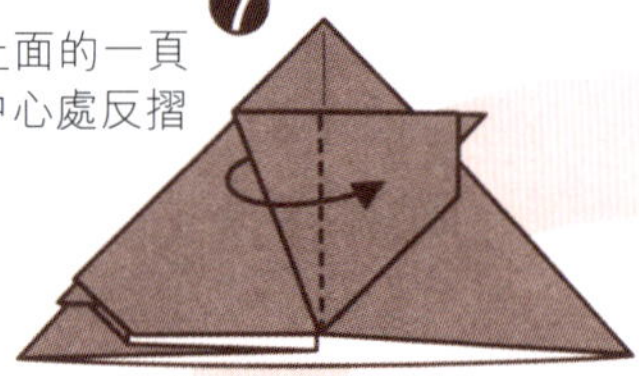

❽

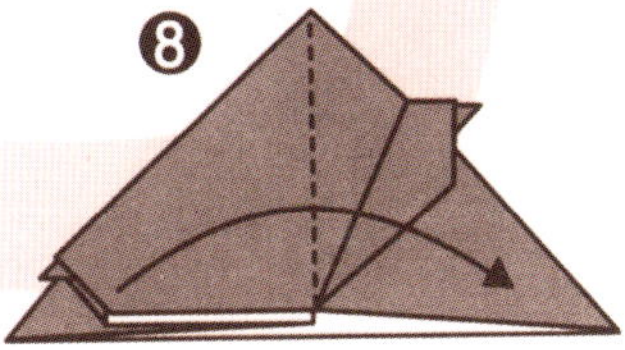

將上面一頁反摺

❾

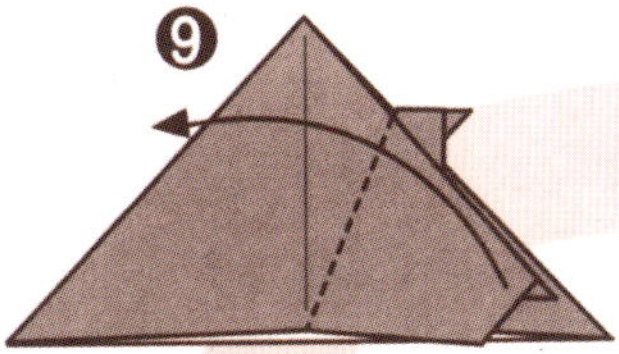

將上面一頁反摺

❿

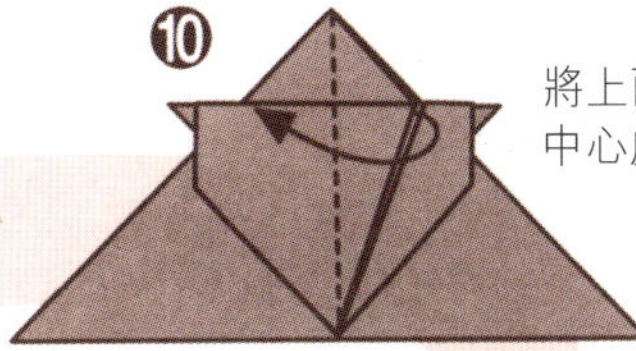

將上面一頁自中心處反摺

⓫

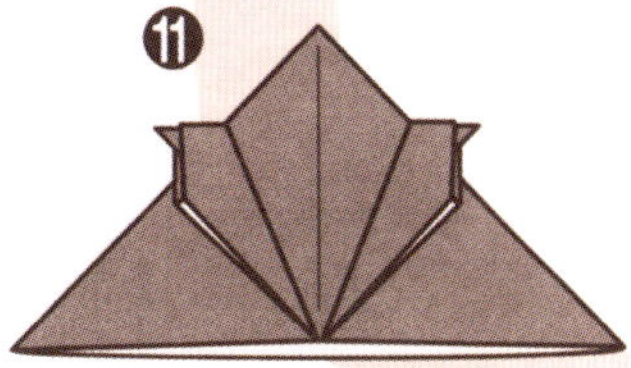

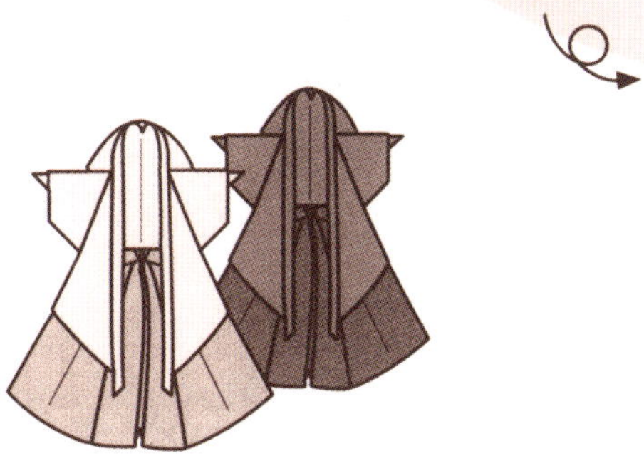

· 裙子 ·

①

對齊中心摺疊

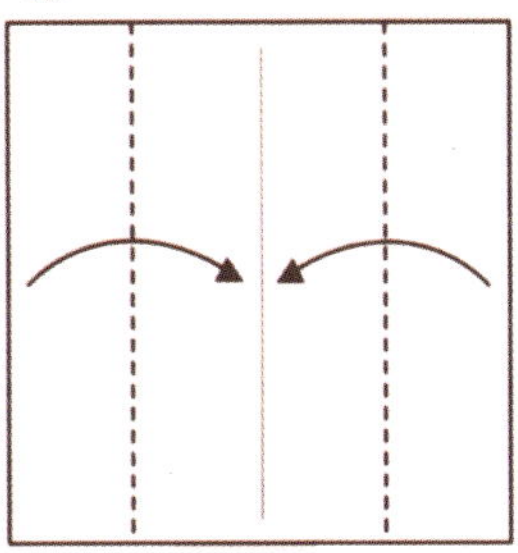

②

對齊中心摺疊

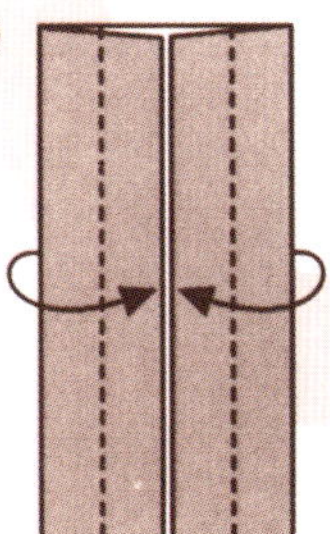

③

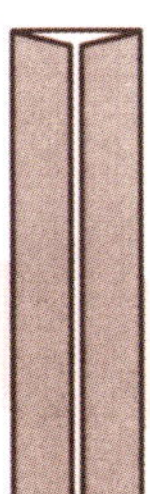

④

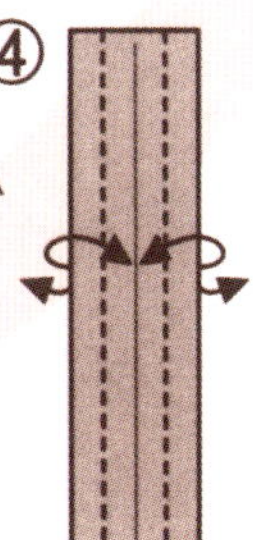

對齊中心摺疊

⑤

將重合在一起的部分展開

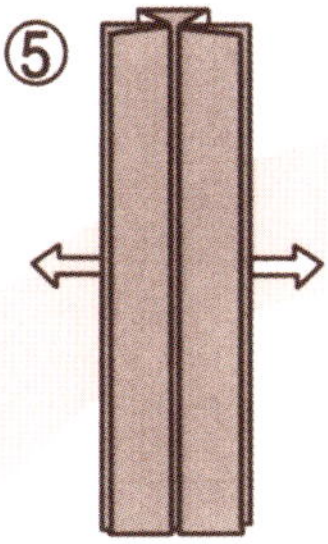

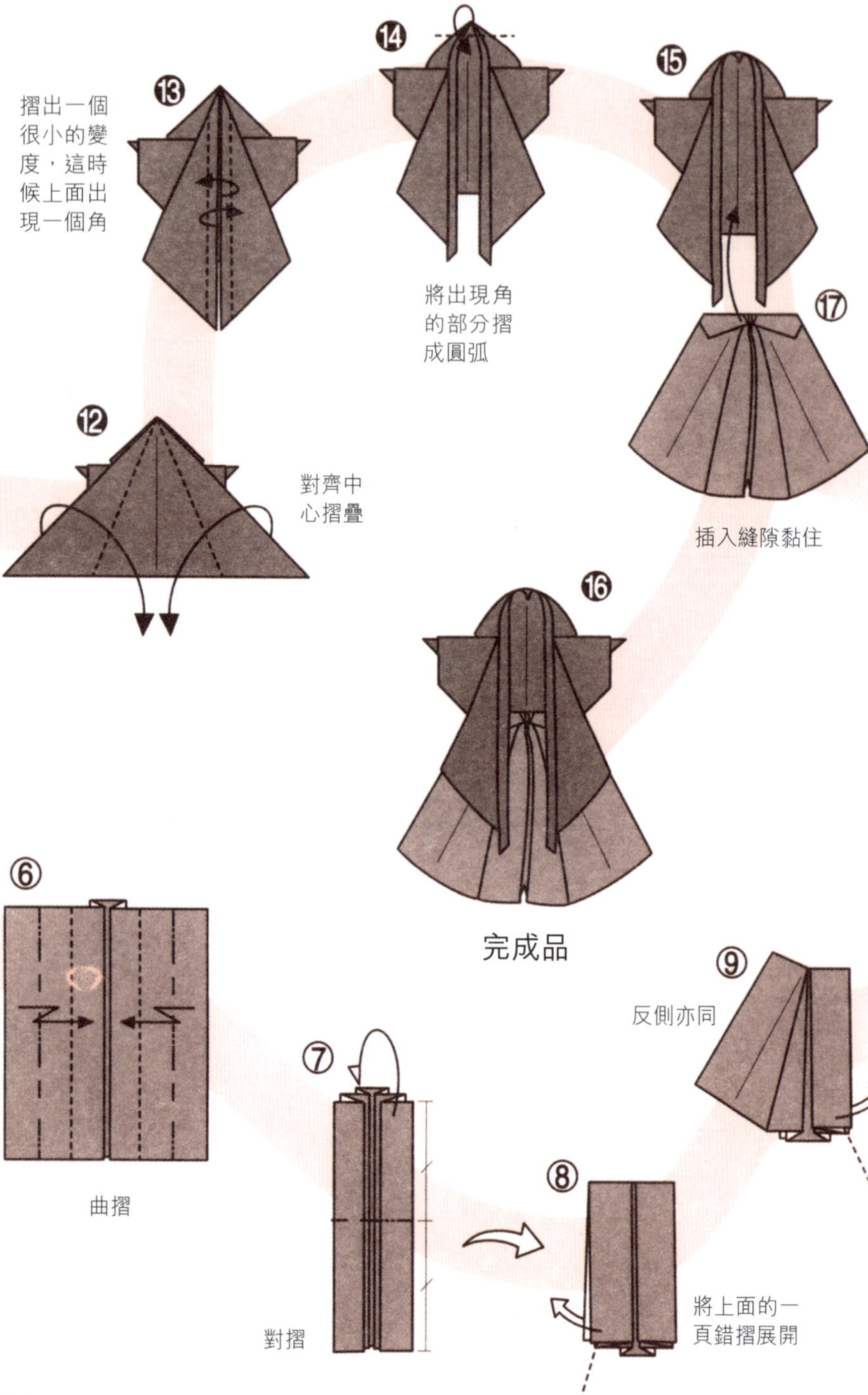
⑥
曲摺
⑦
對摺
⑧
將上面的一頁錯摺展開
⑨
反側亦同
⑫
對齊中心摺疊
⑬
摺出一個很小的變度，這時候上面出現一個角
⑭
將出現角的部分摺成圓弧
⑮
⑰
插入縫隙黏住
⑯
完成品

⑩

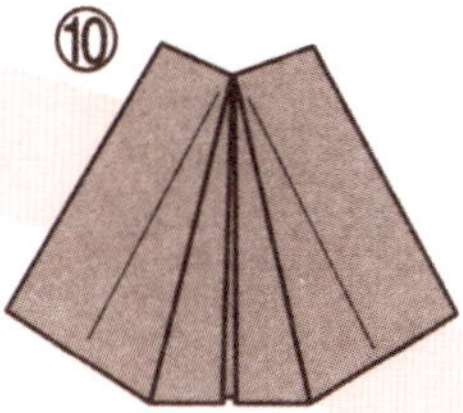

反側亦同

⑪

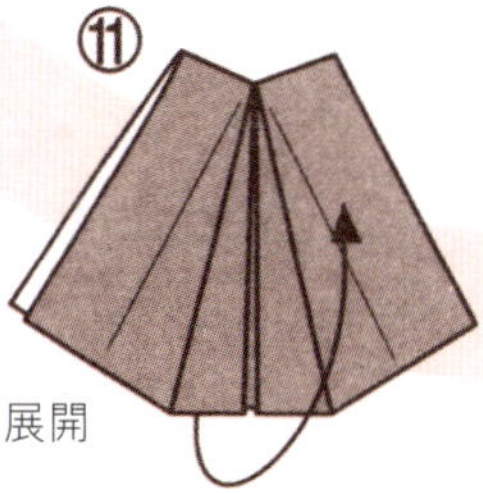

展開

⑫

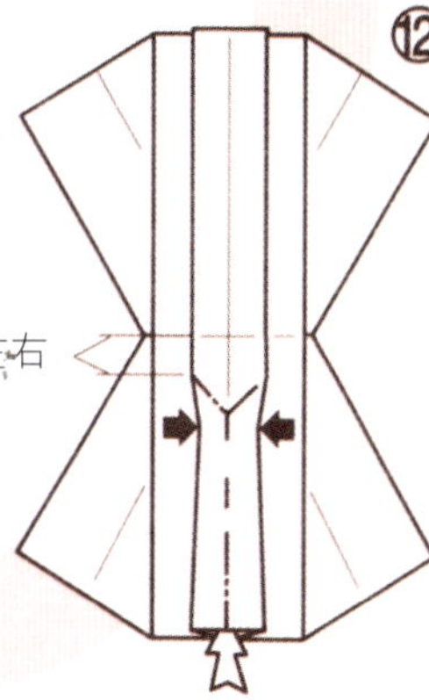

將中心處吹起捏摺一厘米左右

⑬

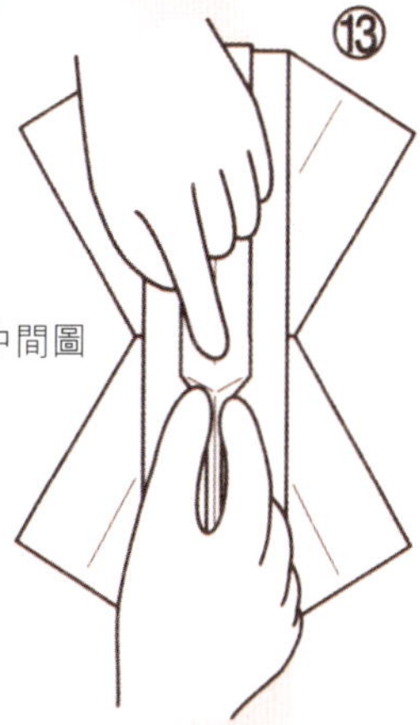

⑭

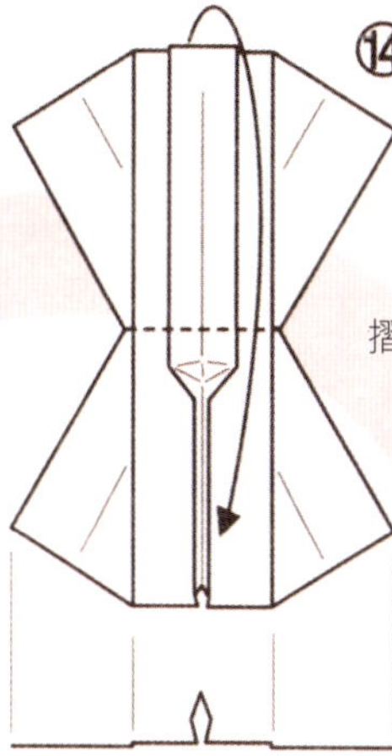

從下部所見形狀

⑮

稍微下摺

⑯

將對齊邊緣
稍微後摺

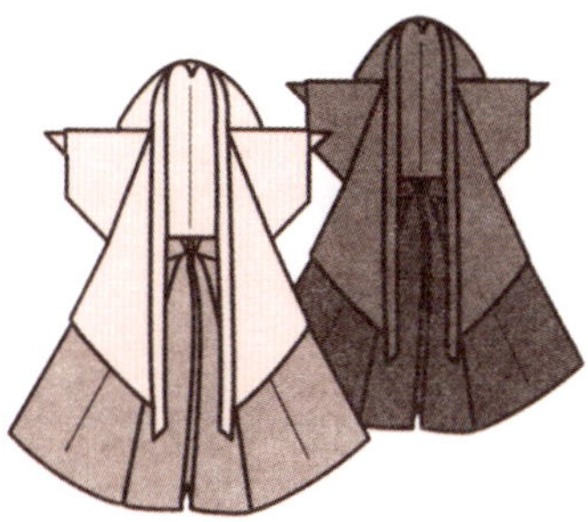

KUSUDAMA 1

40 香荷包 1

這是美麗的傳統摺紙，是在祝賀和探望活動中受歡迎的作品，顏色搭配可依從自己的喜好。

◆摺紙40張

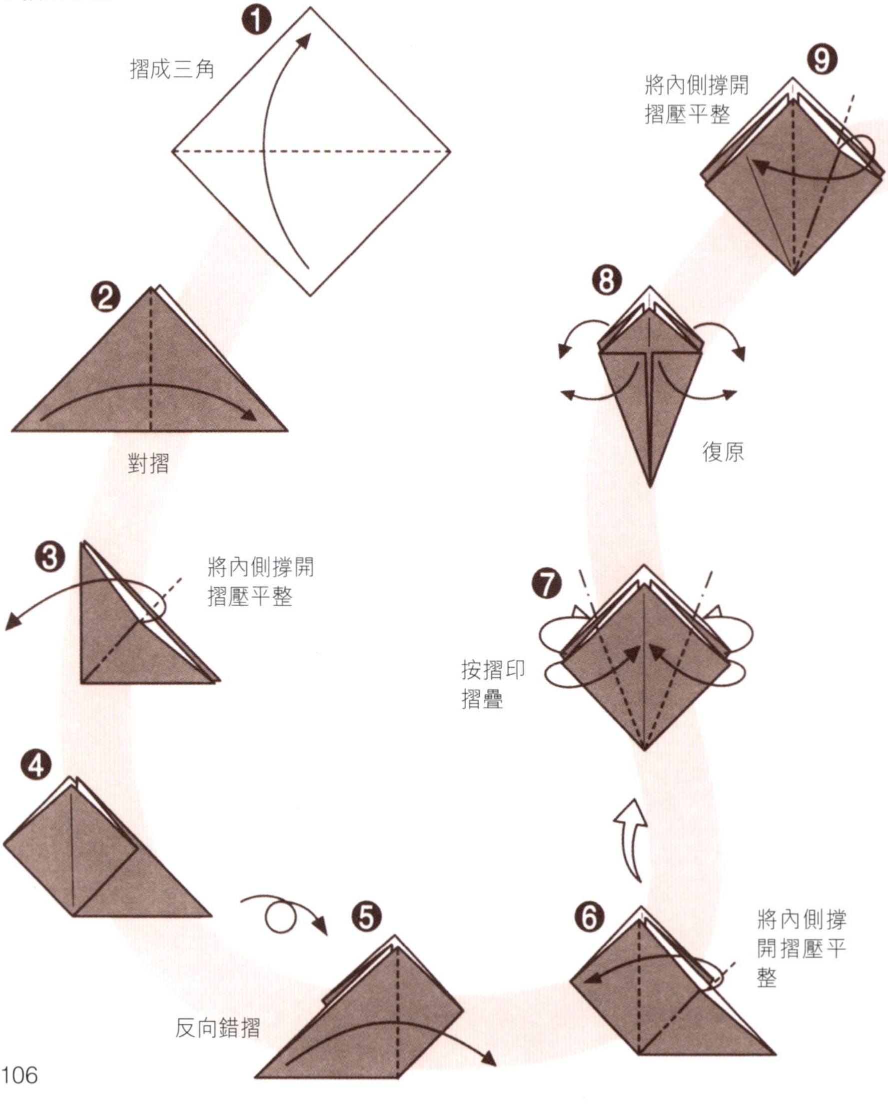

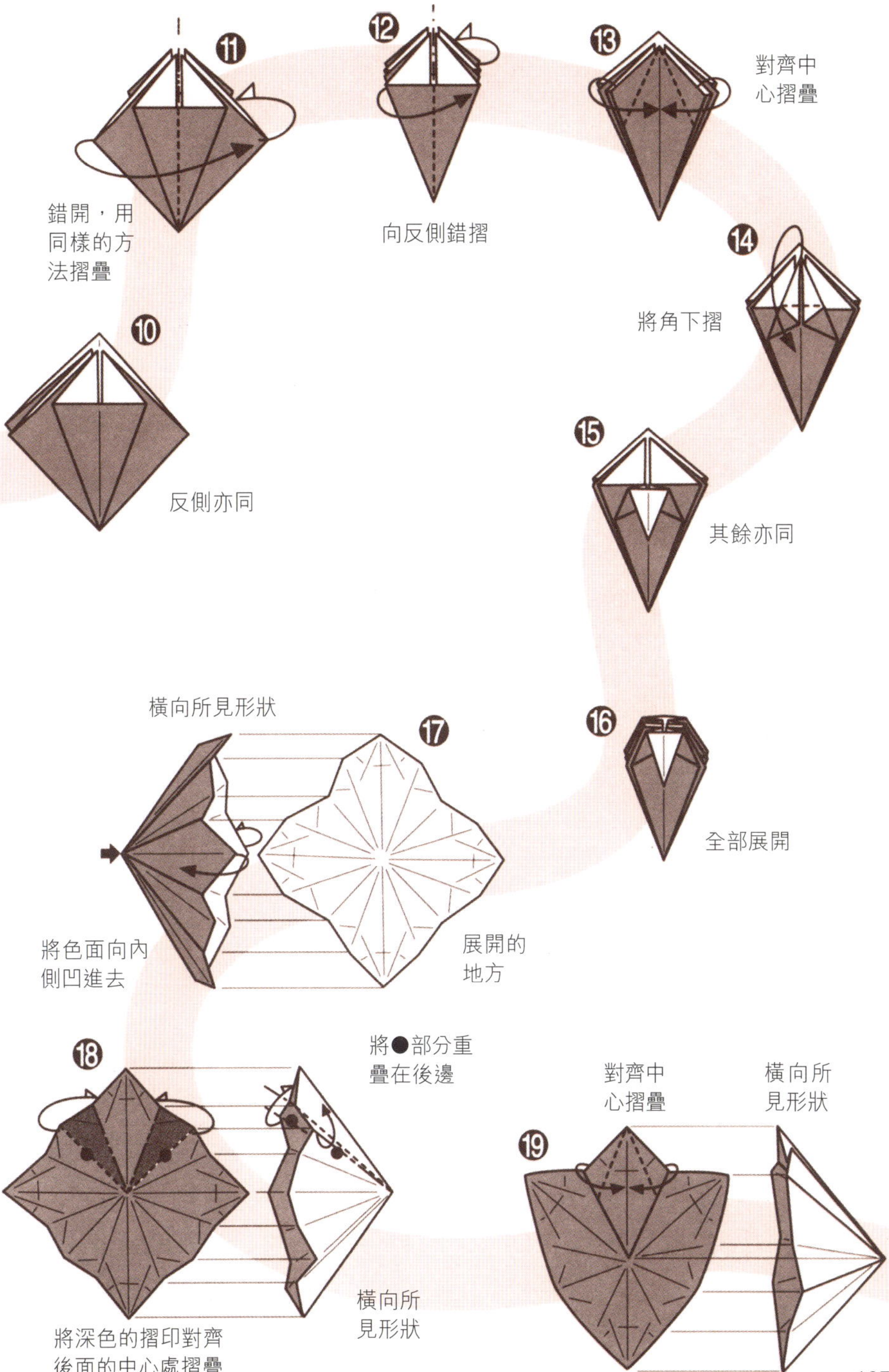
10
反側亦同
11
錯開，用
同樣的方
法摺疊
12
向反側錯摺
13
對齊中
心摺疊
14
將角下摺
15
其餘亦同
16
全部展開
17
橫向所見形狀
將色面向內
側凹進去
展開的
地方
18
將●部分重
疊在後邊
將深色的摺印對齊
後面的中心處摺疊
橫向所
見形狀
19
對齊中
心摺疊
橫向所
見形狀

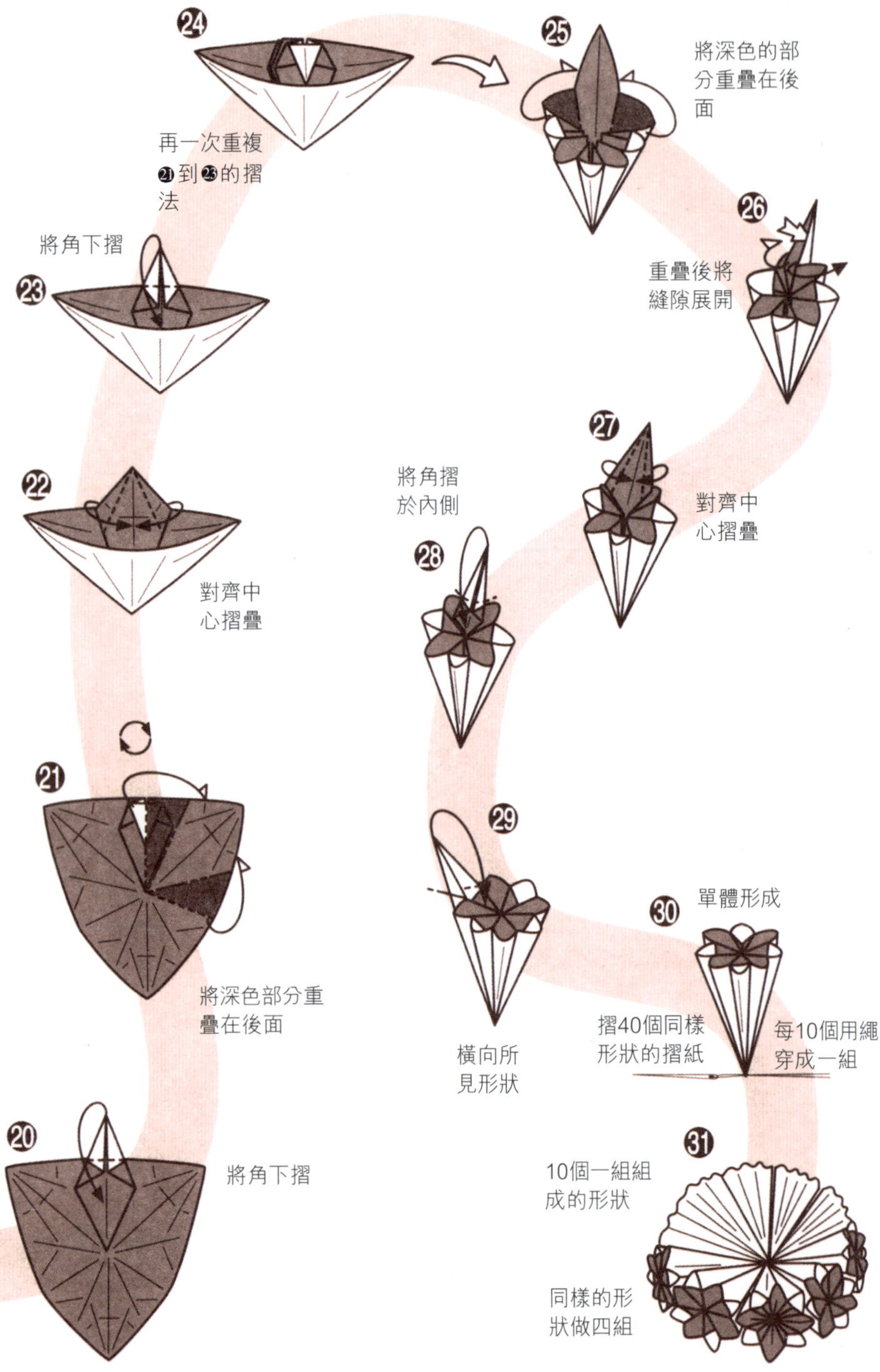

20
將角下摺
21
將深色部分重疊在後面
22
對齊中心摺疊
23
將角下摺
24
再一次重複㉑到㉓的摺法
25
將深色的部分重疊在後面
26
重疊後將縫隙展開
27
對齊中心摺疊
28
將角摺於內側
29
橫向所見形狀
30
單體形成
摺40個同樣形狀的摺紙
每10個用繩穿成一組
31
10個一組組成的形狀
同樣的形狀做四組

·組合方法·

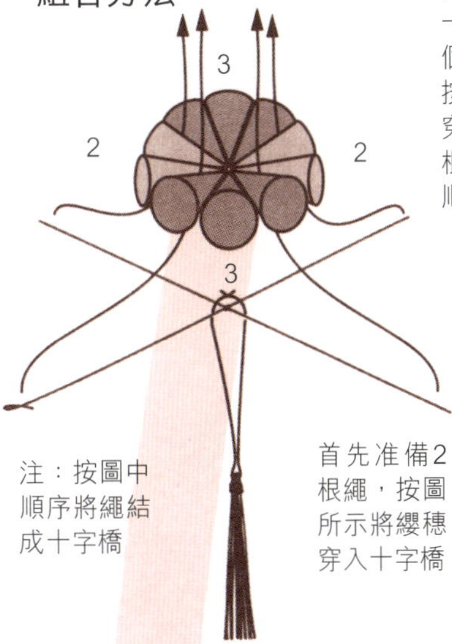

注：按圖中順序將繩結成十字橋

首先准備2根繩，按圖所示將纓穗穿入十字橋

先將結成十字橋中的一根繩通過花組的一個間隙，剩下的三根按順時針依次隔2朵穿一根，隔3朵穿一根，隔2朵穿一根的順序穿上來

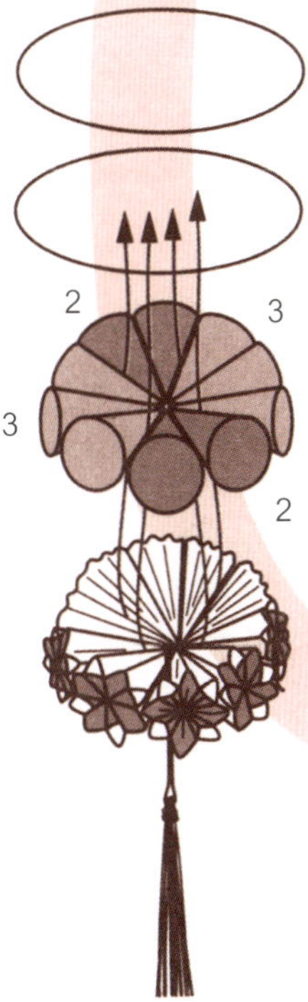

用同樣方法將第三層第四層花組放在前一層花組上面，按在前2朵上放3朵，3朵上放2朵的順序將繩穿上來

將十字橋的一根繩穿過第2層花組的一個間隙，其餘的三根按順時針方向隔3朵一根、隔2朵一根，隔3朵一根的順序依次穿上來

將繩一根一根地拉緊，調整到它們不鬆弛為止

將繩挽成吊扣形繩套

將繩套穿進去

將穿上來的繩合成2股並繫起來

兩手慢慢將繩抽緊，在繩結到達中心部位時再抽緊，並將香荷包整理到完全成圓為止

將打好的繩結盡可能地塞到球中去

完成品

·纓穗的製作·

按照纓穗的所需長度紮成一束

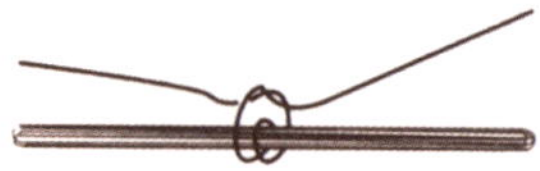

紮住中心部位

紮成束後將紮繩作成環形

紮住繩束的根部

分別修剪整齊

完成品

KUSVDAMA 2

41 香荷包 2

這是一個誰都想做的漂亮的香荷包。在顏色搭配上下點工夫，可以用它來創造一個優雅的氣氛。

女孩　男孩　媽媽　爸爸

◆摺紙60張

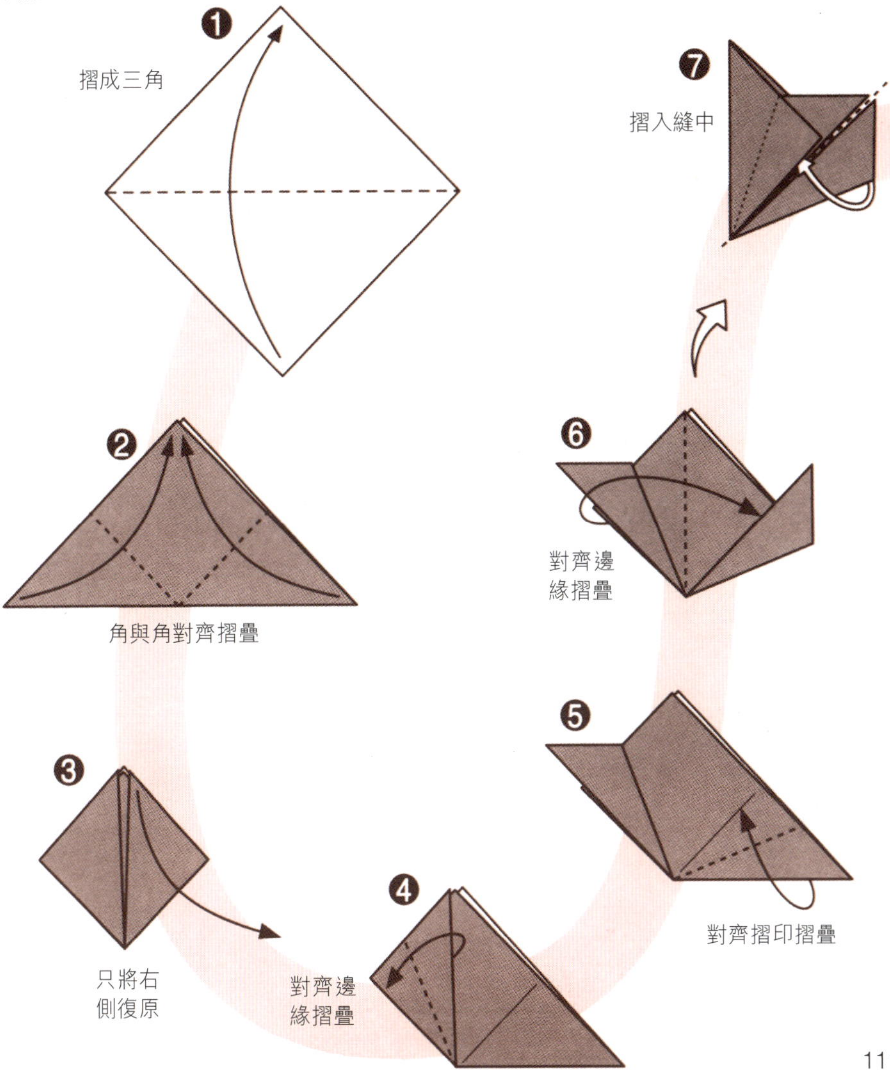

⑧

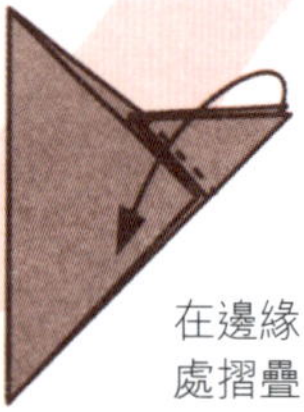

在邊緣
處摺疊

⑨

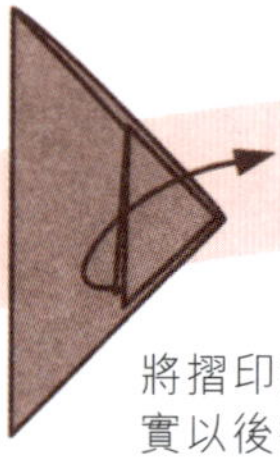

將摺印摺
實以後復
原

⑩

將兩個角
摺入縫中

⑪

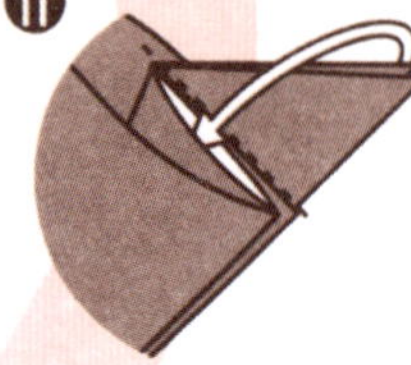

⑫

⑬

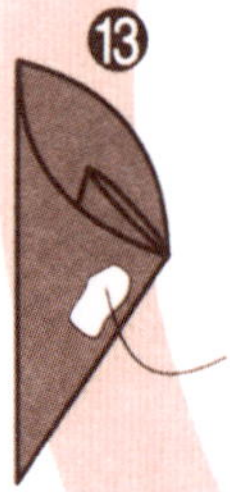

同樣的形
狀做五個

黏上膠水

⑭

分別黏住

·摺得漂亮些·

①

在摺圖❻形
狀時，不摺
摺印直接
摺，可摺出
很好的弧度

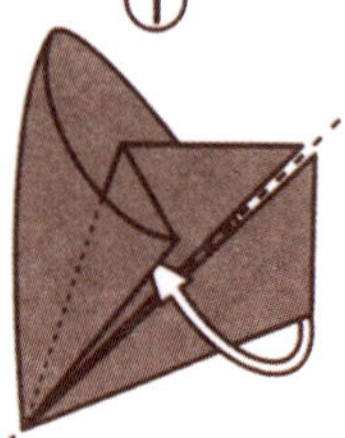

②

③

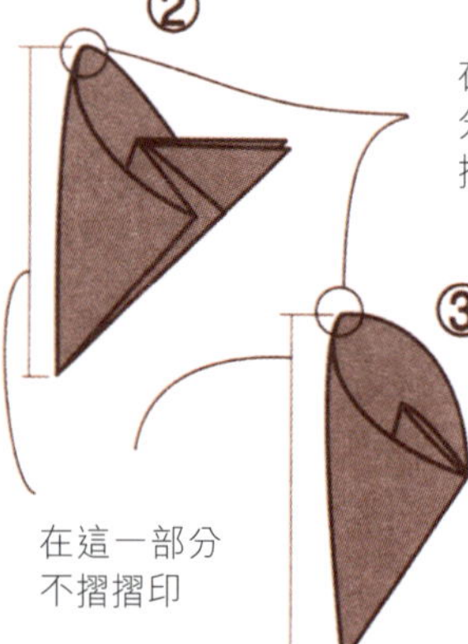

在這部
分不摺
摺印

在這一部分
不摺摺印

完成品
19
將一組的吊
繩夾在中間
黏住
18
將它們黏
在一起
把用絲線做
成的穗子夾
在中間
17
做4組三個
為一組的形
狀的摺紙
同樣形狀
的摺紙做
12個
16
15
將它們分
別黏上

CRANE

42 紙鶴

說到摺紙就令人想起紙鶴……它是摺紙的代名詞，也是在許多作品的基礎上形成的。

◆摺紙1張

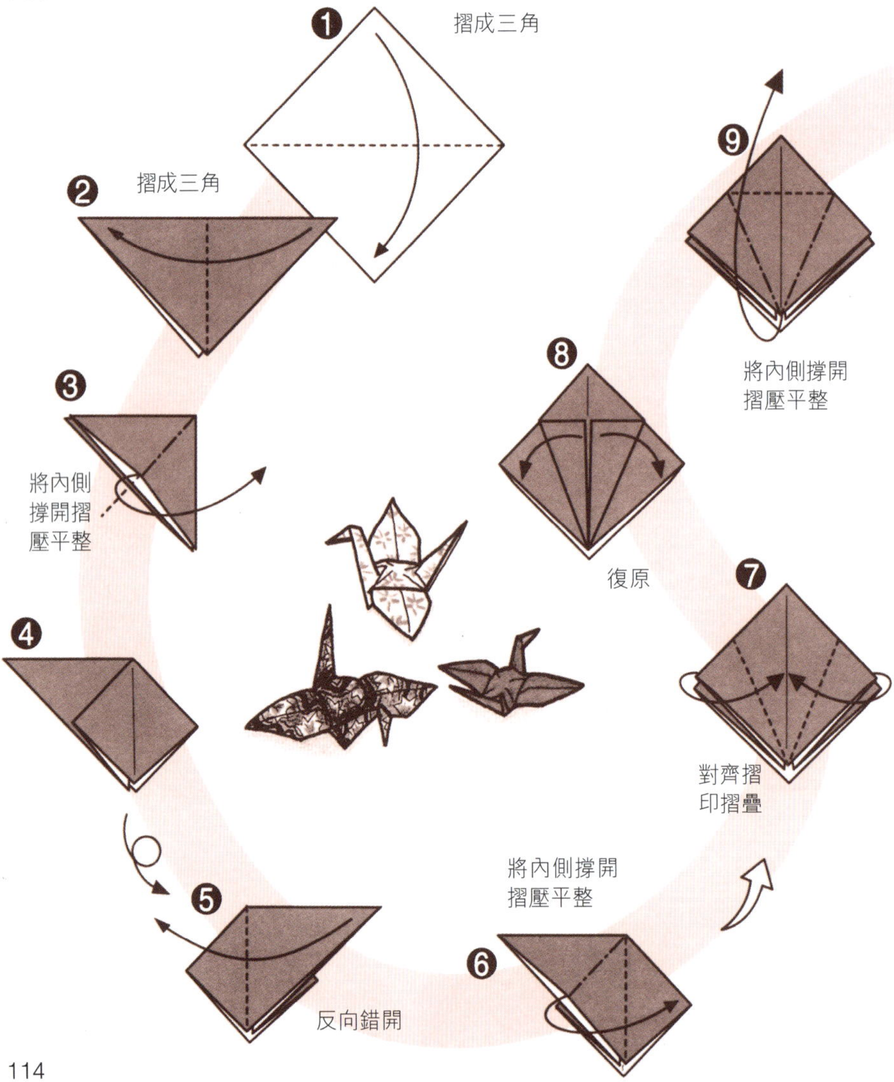

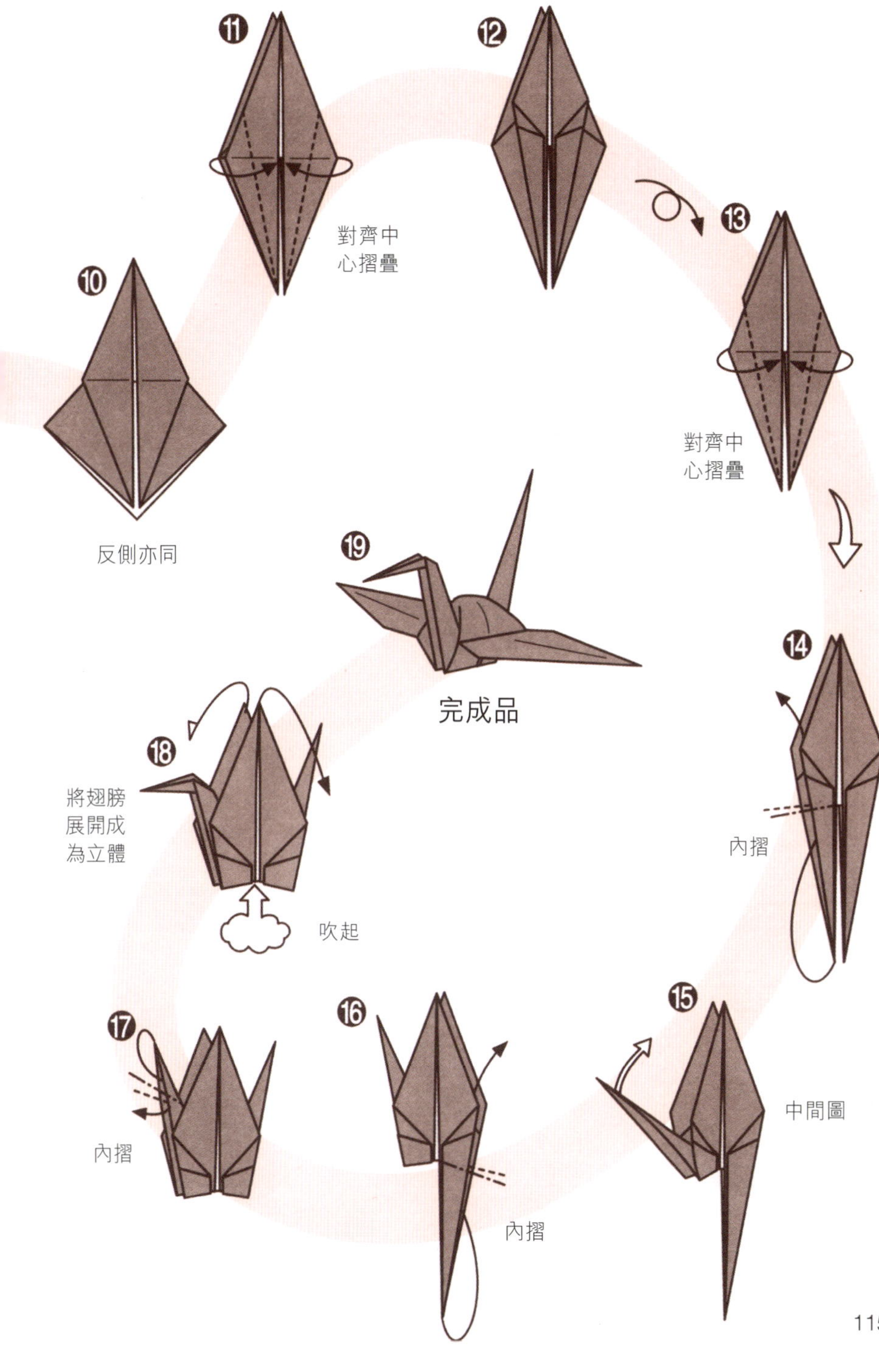
10
反側亦同
11
對齊中
心摺疊
12
13
對齊中
心摺疊
14
內摺
15
中間圖
16
內摺
17
內摺
18
將翅膀
展開成
為立體
吹起
19
完成品

CRANE FOLDING WINGS

43 展翅的紙鶴

這是一件要在仙鶴的翅膀上下工夫摺疊的作品。作為裝飾品，它可以烘托出優雅的氣氛。同時可做慶祝席上的名簽。

◆摺紙1張

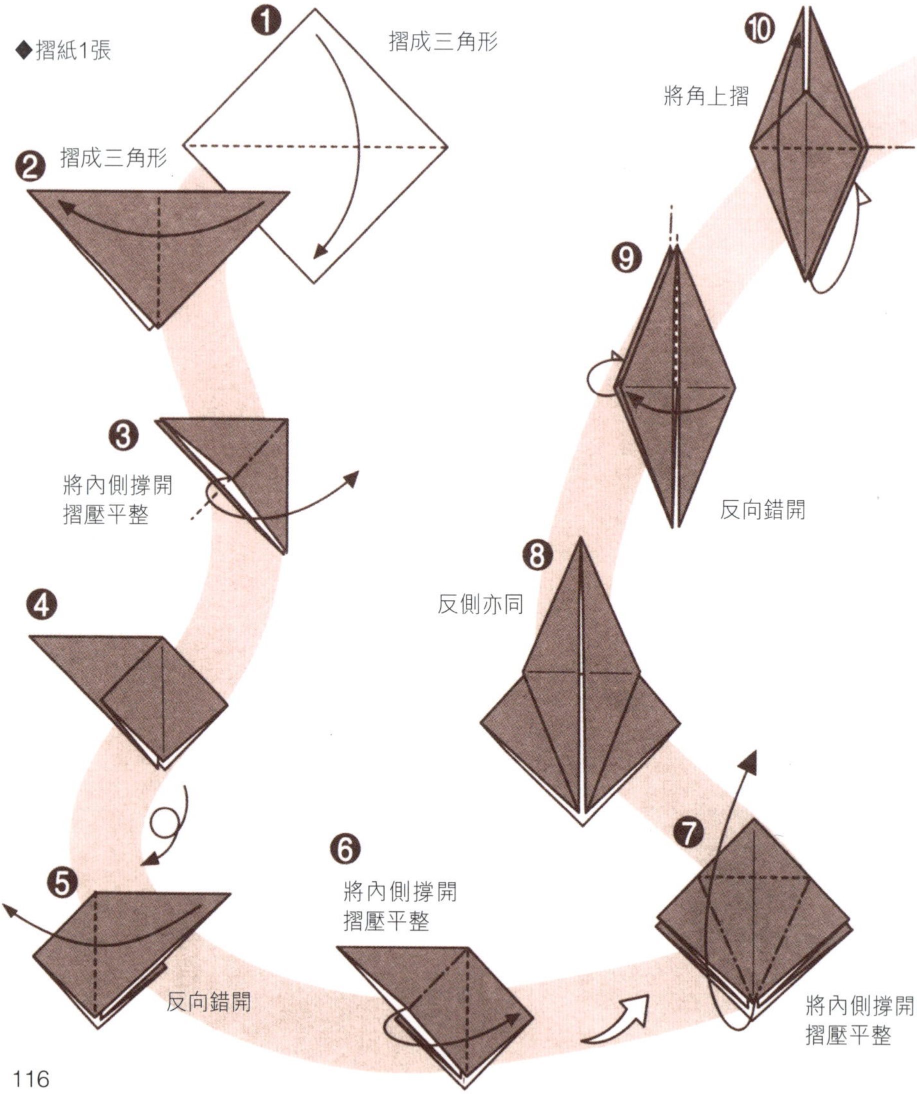

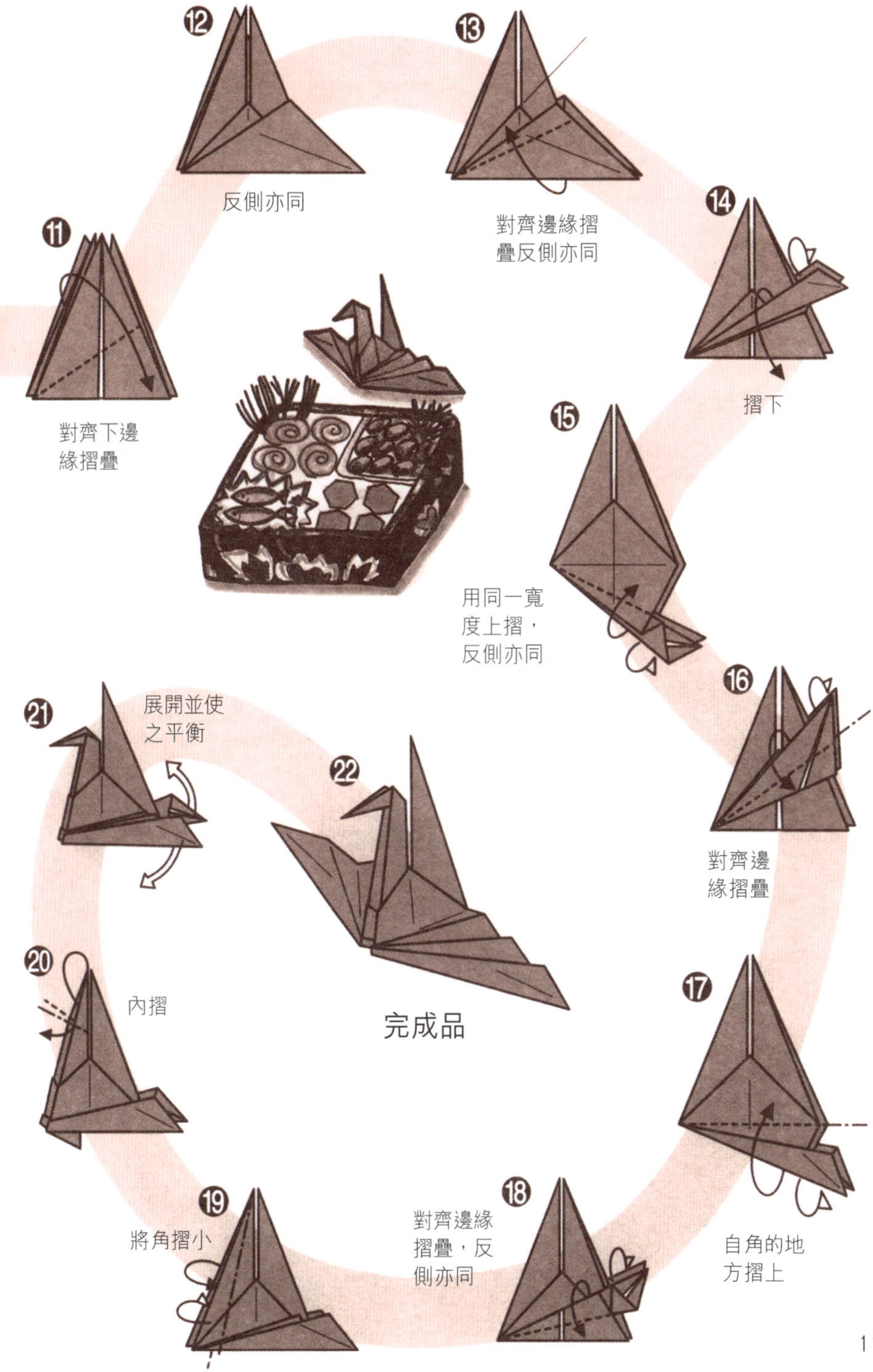
11
對齊下邊
緣摺疊
12
反側亦同
13
對齊邊緣摺
疊反側亦同
14
摺下
15
用同一寬
度上摺，
反側亦同
16
對齊邊
緣摺疊
17
自角的地
方摺上
18
對齊邊緣
摺疊，反
側亦同
19
將角摺小
20
內摺
21
展開並使
之平衡
22
完成品

IMOSEYAMA

44 雙鶴

這是在“千鶴摺法”中最受歡迎的一個作品，就像和諧的夫妻並立像，又像山峰似的，所以也叫做“姐妹山”。

◆摺紙1張

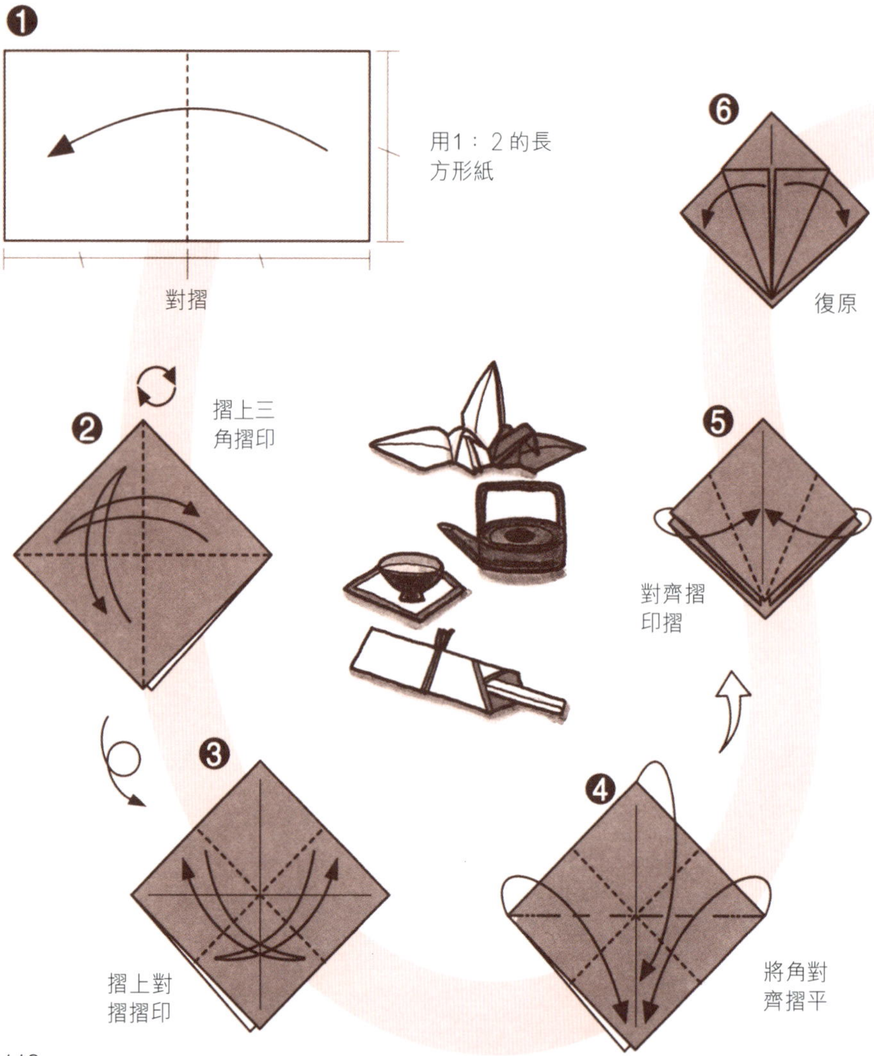

7

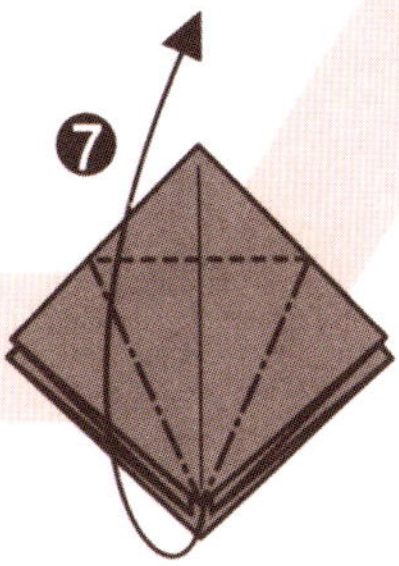

將內側撐開
摺壓平整，
反側亦同

8

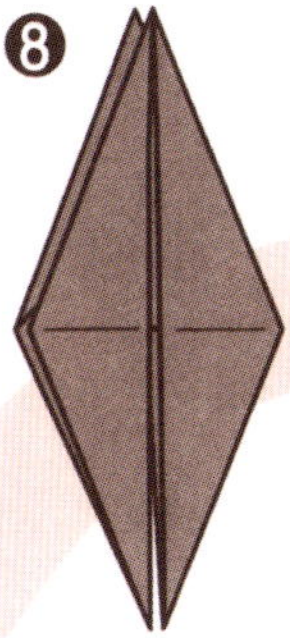

將摺印摺
實後，全
部展開

9

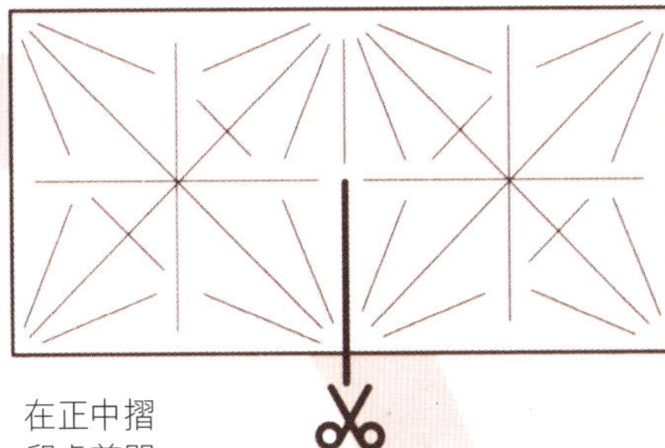

在正中摺
印處剪開

10

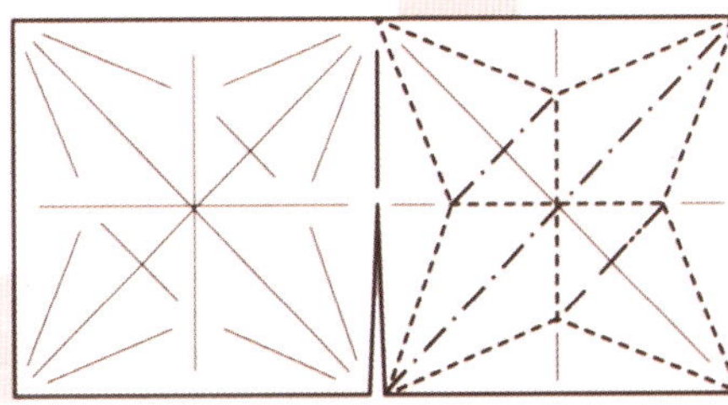

剪開後首先將右側
的部分按摺印摺出
紙鶴的基本形態

11

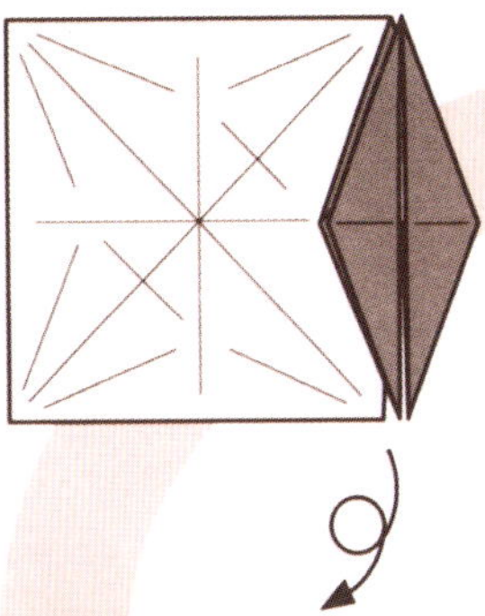

12

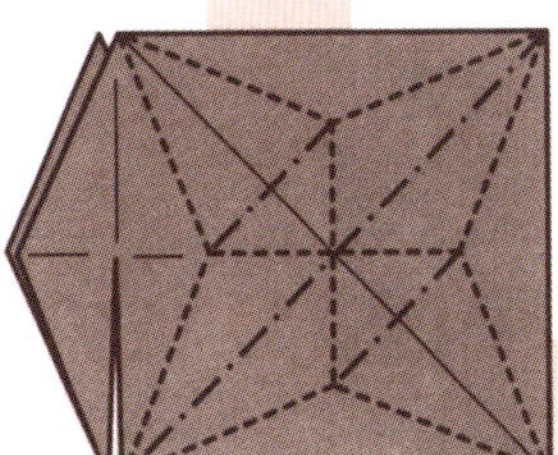

將另一側也按照摺印
摺出紙鶴的基本形態

這樣就出現了
兩個並列的紙
鶴的基本形態

13

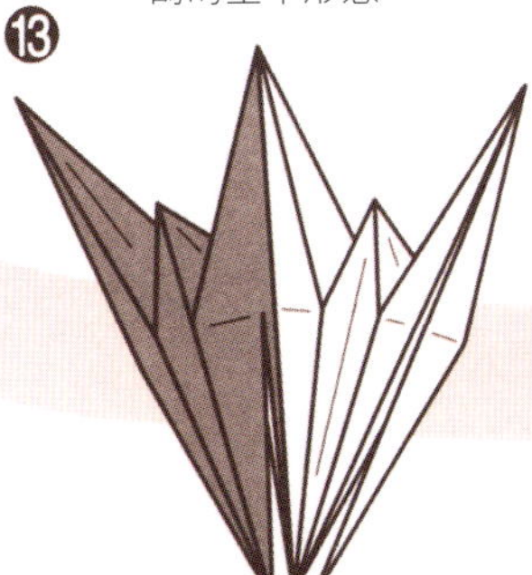

對齊中心摺疊

14

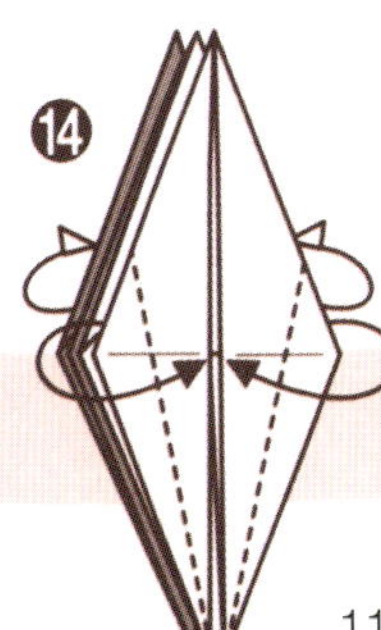

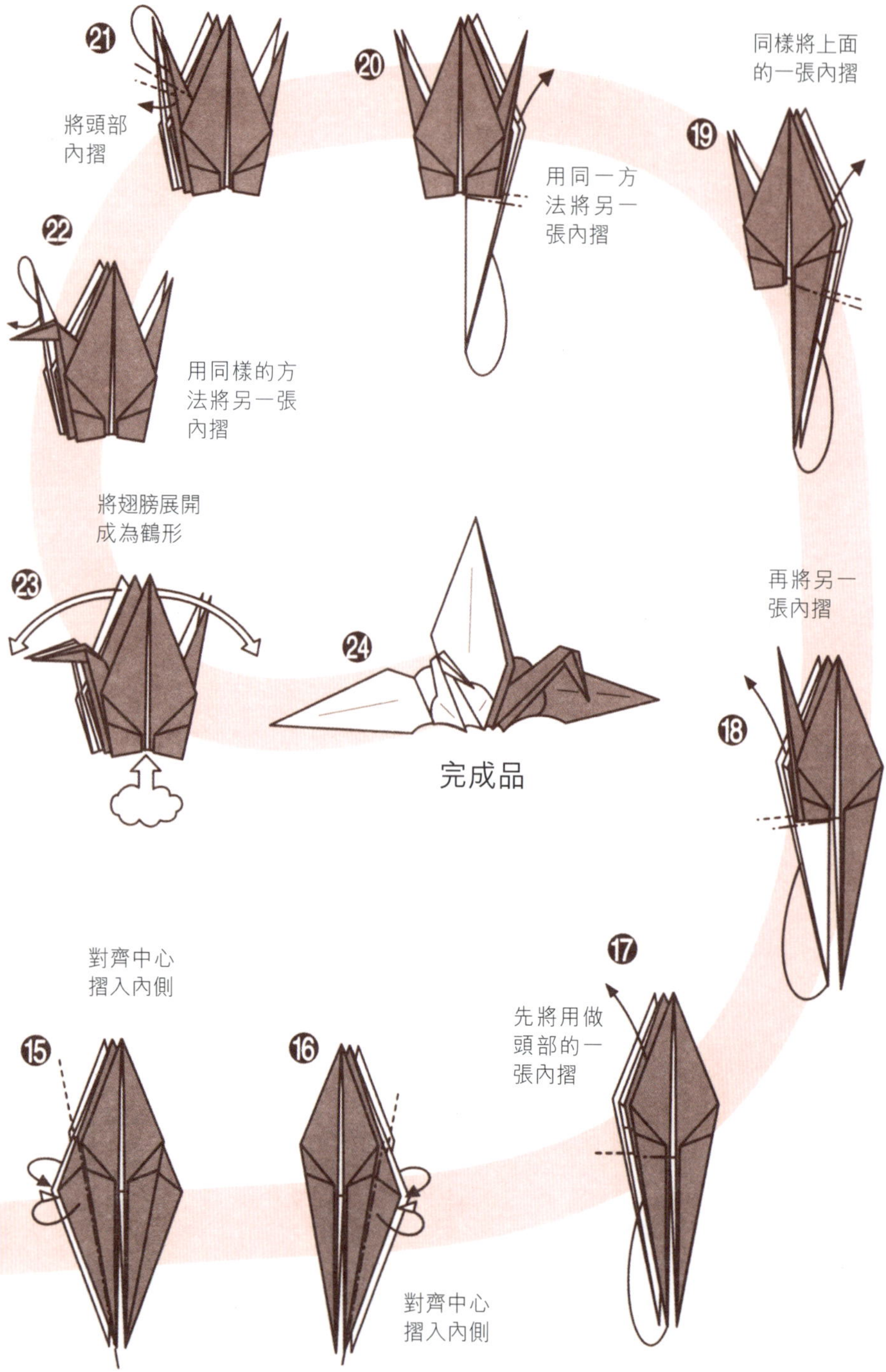
15
對齊中心
摺入內側
16
對齊中心
摺入內側
17
先將用做
頭部的一
張內摺
18
再將另一
張內摺
19
同樣將上面
的一張內摺
20
用同一方
法將另一
張內摺
21
將頭部
內摺
22
用同樣的方
法將另一張
內摺
23
將翅膀展開
成為鶴形
24
完成品

HANAMUIG RUMA

45 母子仙鶴（賞花車）

這種摺法也出自“千鶴摺法”。像漂亮的小姐，悠閑地坐在牛車上，去賞花。

◆摺紙1張

“千鶴摺法”作者原本不希望將多餘的部分剪下來，而希望摺入內側。

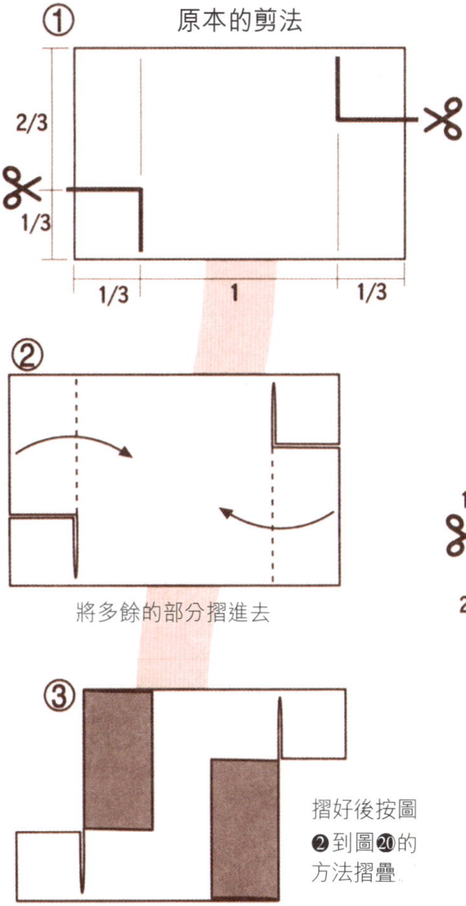

摺好後按圖❷到圖⓴的方法摺疊

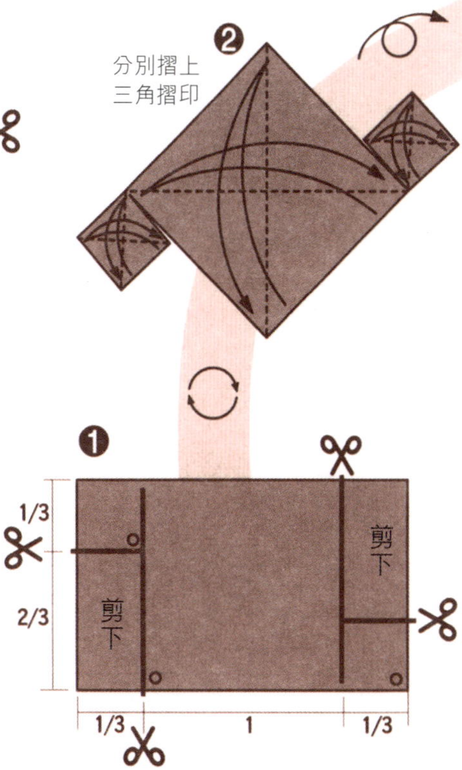

※母子鶴的摺法在“賞花車”中有詳細解釋。本章所介紹的母子鶴也請按其要領製作。另外，在此對剪掉後的摺法加以說明。剪掉後摺紙的重疊減少，可以摺得更漂亮。

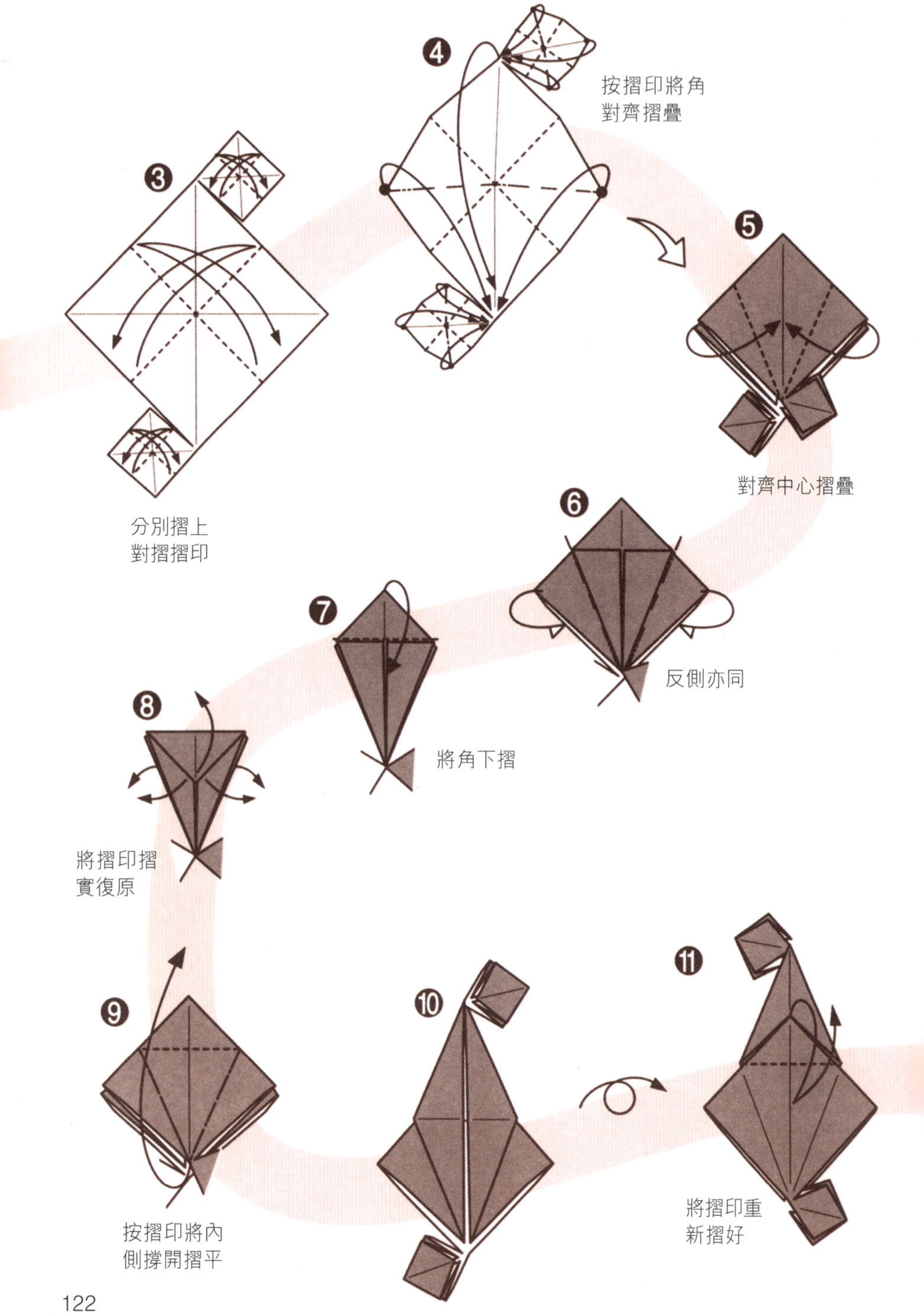
3
分別摺上
對摺摺印
4
按摺印將角
對齊摺疊
5
對齊中心摺疊
6
反側亦同
7
將角下摺
8
將摺印摺
實復原
9
按摺印將內
側撐開摺平
10
11
將摺印重
新摺好

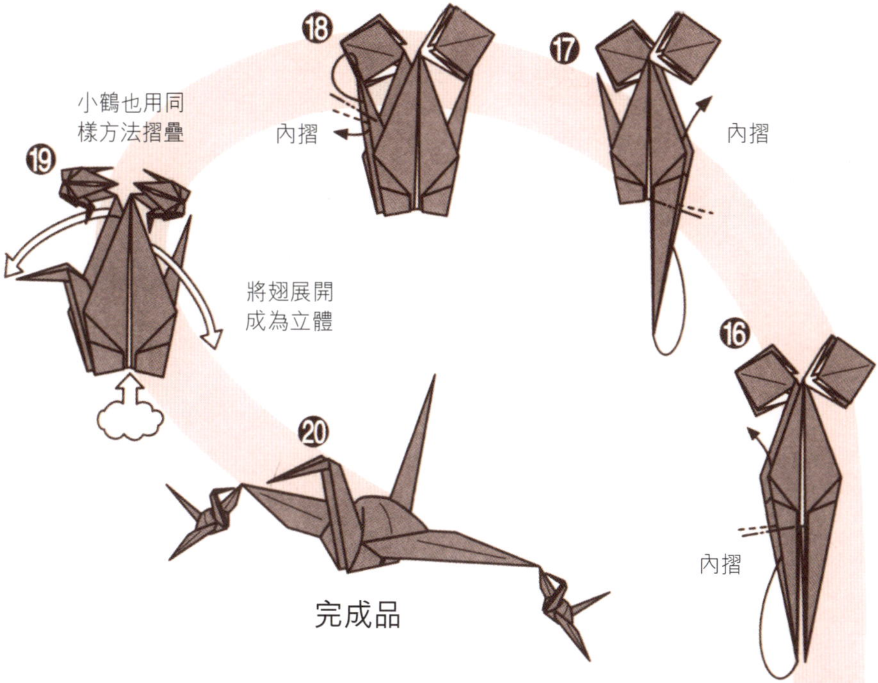

·千鶴摺法·

「千鶴摺法」這本書，於1797年在京都出版。是一位叫秋星籬島的人，以法名魯縞庵義道，和尚作的"連摺"的紙鶴為素材而編成的一本書，書中有許多優秀的作品。

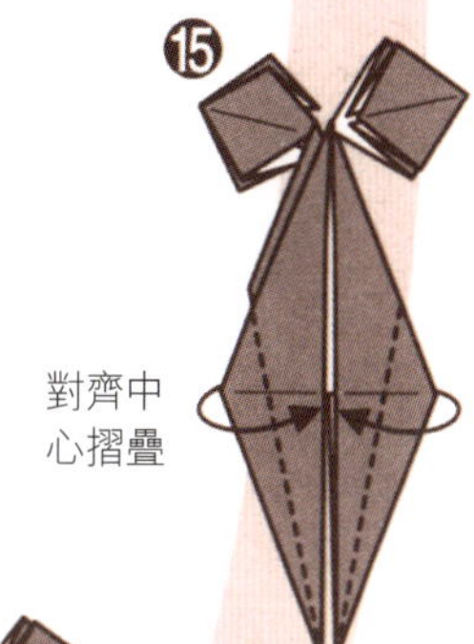

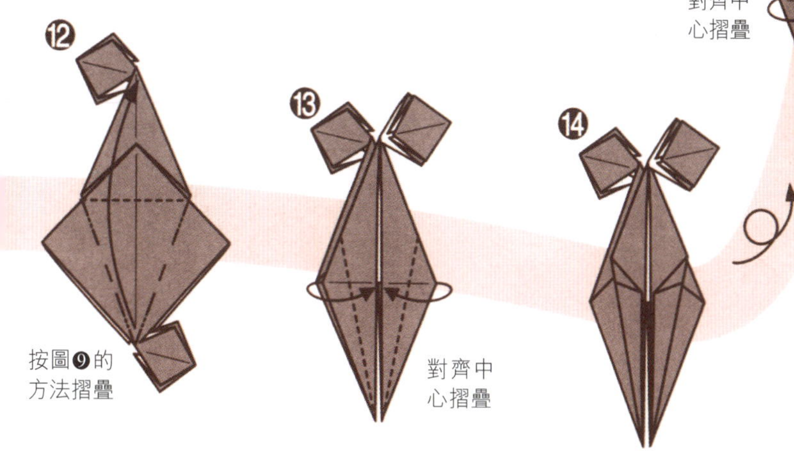

EHIR01

46 飼餵仙鶴

「千鶴摺法」中的作品之一。朦朧之中給人以母鶴正在給子鶴餵食的感覺。

◆摺紙1張

❶

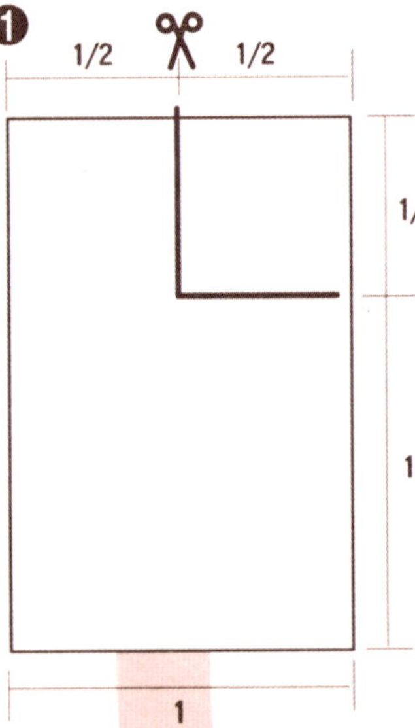

按圖示剪開

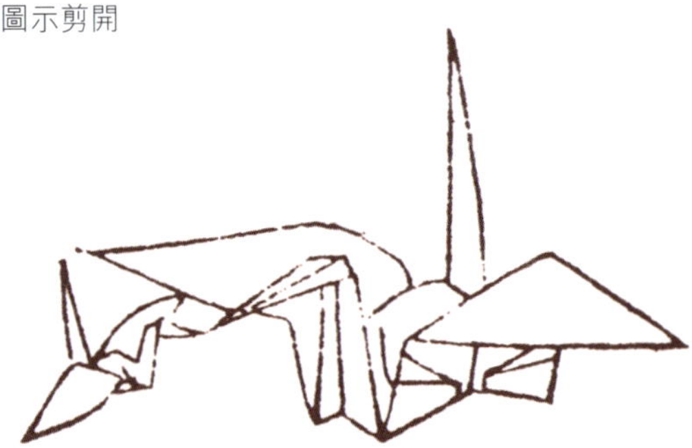

取自「千鶴摺法」原本

將有●的部分作開口處的連橋

將深色部分摺好後開始摺仙鶴

❷

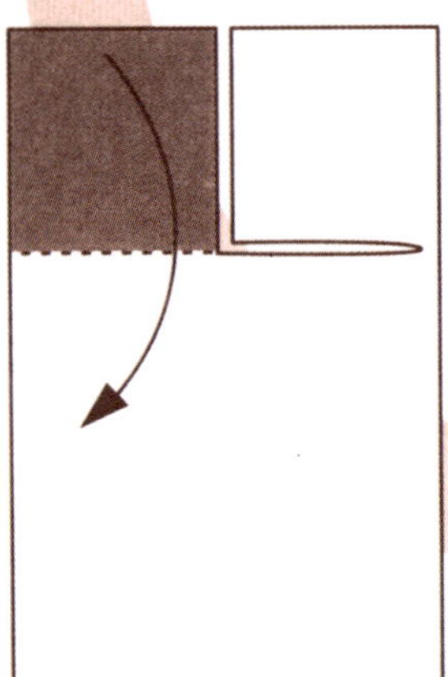

❸

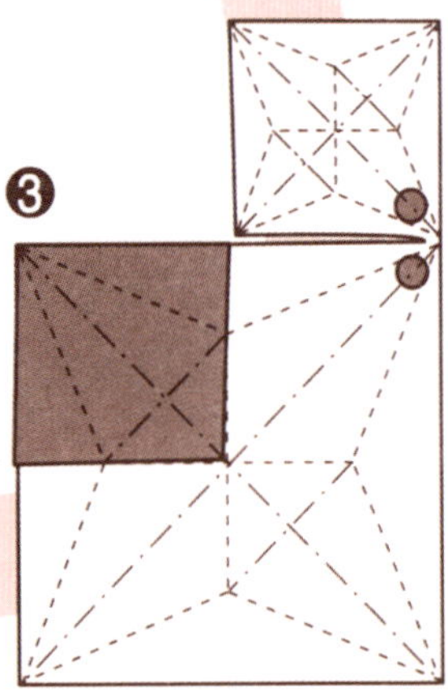

ASACAO

47 牽牛花

「千鶴摺法」中的作品之一。在中心仙鶴的周圍連着五隻仙鶴，形成了牽牛花的形狀。

◆摺紙1張

❶

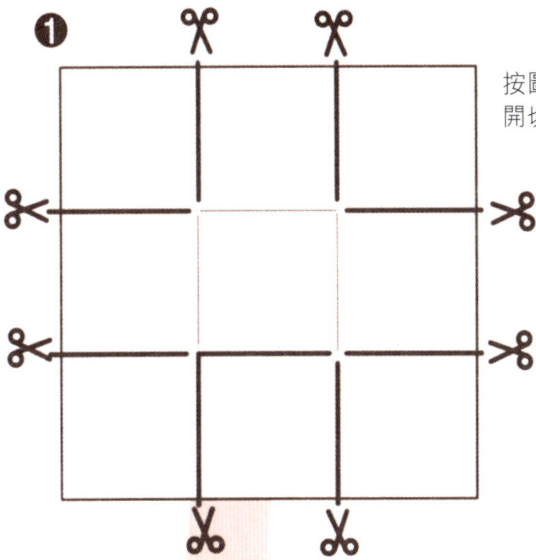

取自「千鶴摺法」

❷

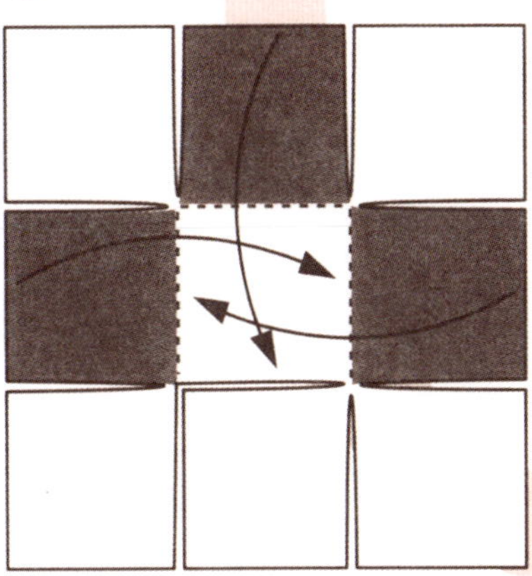

將有○和●記號的部分作為開口處的連橋

❸

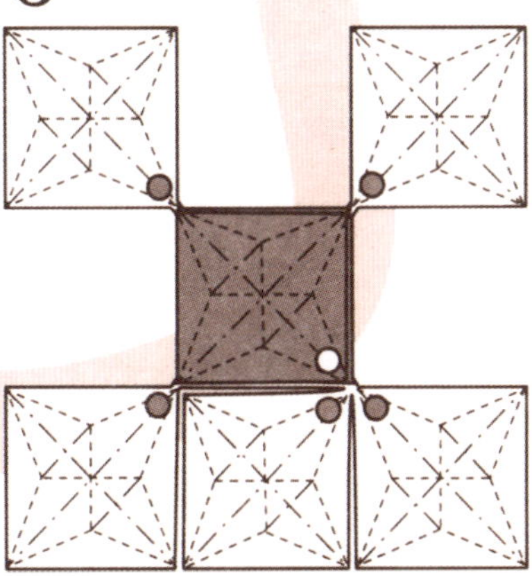

MUKASHIOTOKO

48 昔日男子漢

「千鶴摺法」中的作品之一。所謂的昔日男子漢是指日本平安時代深受人們喜愛的美男子的故事。

女孩 男孩 媽媽 爸爸

◆摺紙1張

❶

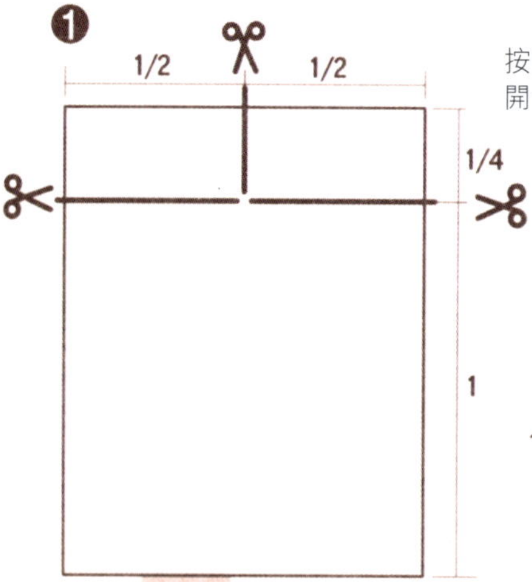

按圖示剪開切口

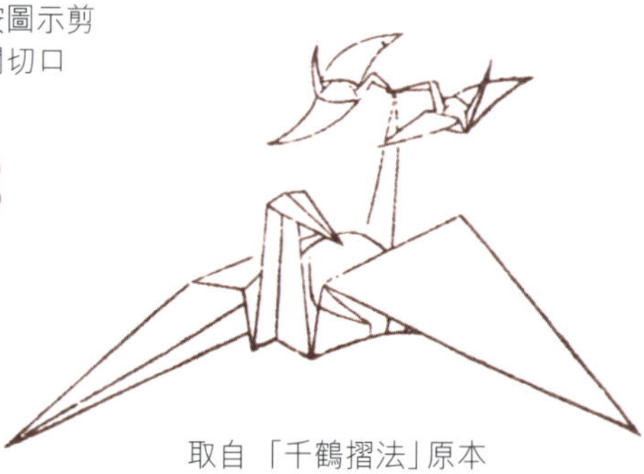

取自「千鶴摺法」原本

❷

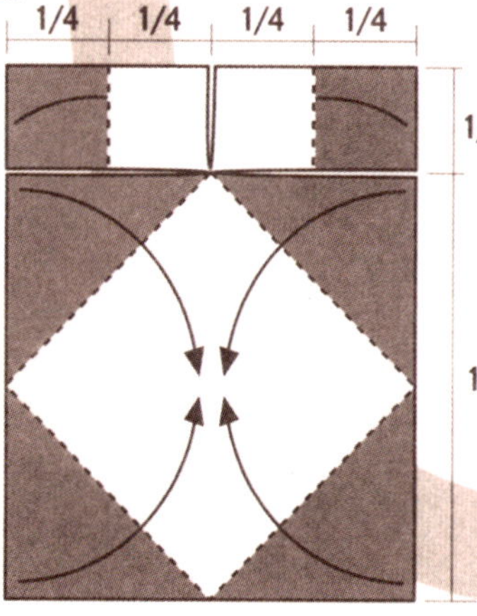

將深色部分摺好後開始摺仙鶴

將有○記號的作為切口處的連橋

❸

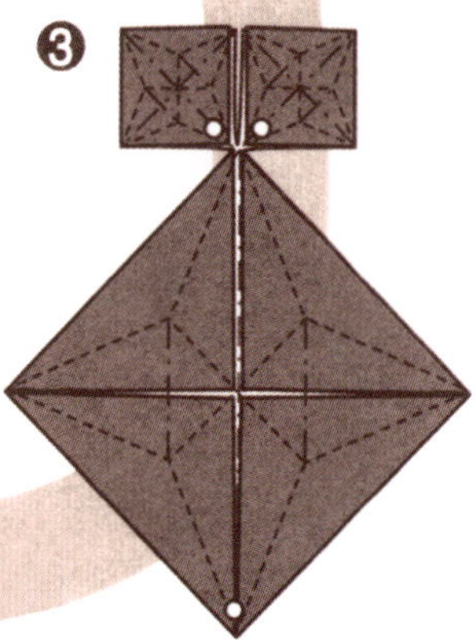

NUNOSARASH1

49 曬布

這款作品也是出自《千鶴摺法》。舊時代，在河水裏洗織好了的布匹，那是婦女們的工作。

◆摺紙1張

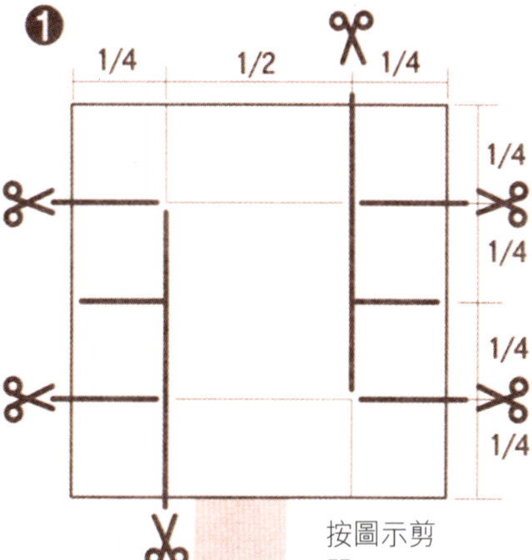

按圖示剪開切口

取自「千鶴摺法」原本

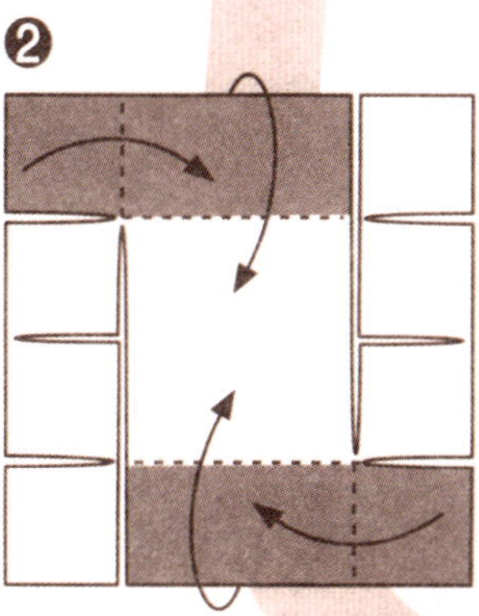

將深色部分摺好後開始摺仙鶴

將有○和●記號的部分作為切口處的連橋

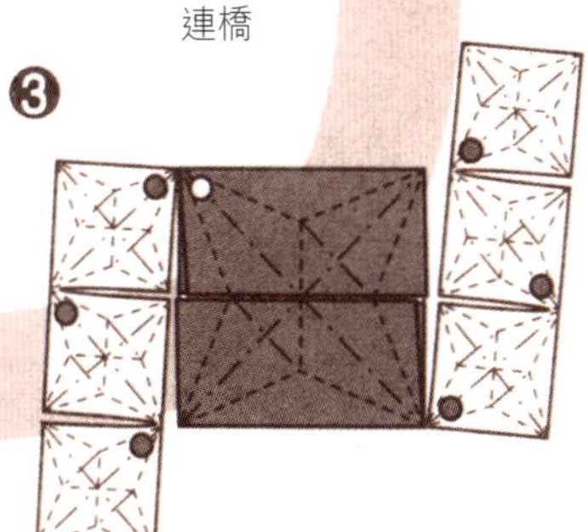

CRANE MEMO STAND

50 紙鶴留言台

在慶祝會上用此做名簽，很雅緻，桌子上顯現出仙鶴的姿態，真是別有丰姿。

◆摺紙1張

❶

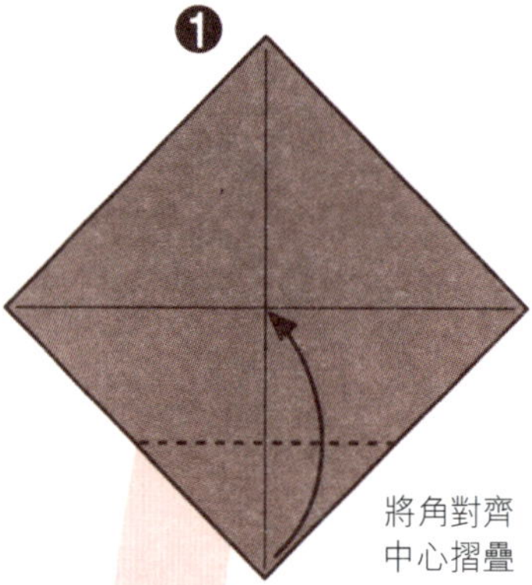

將角對齊中心摺疊

❷

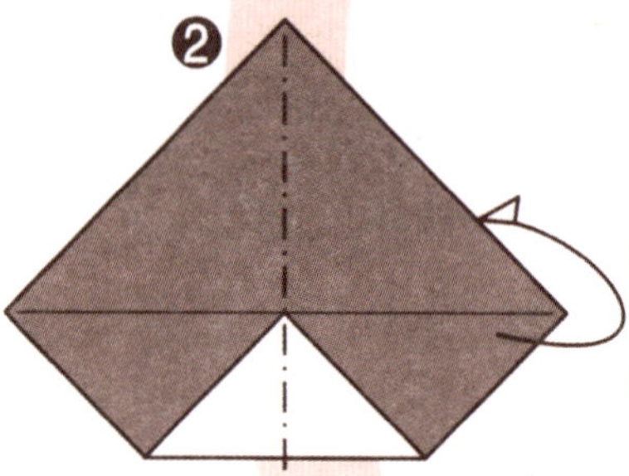

向後對摺

❸

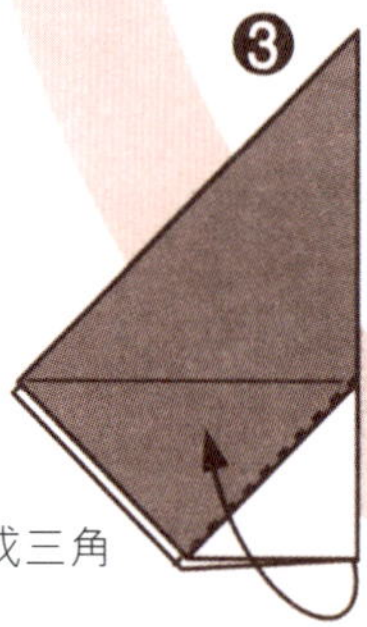

摺成三角

❹

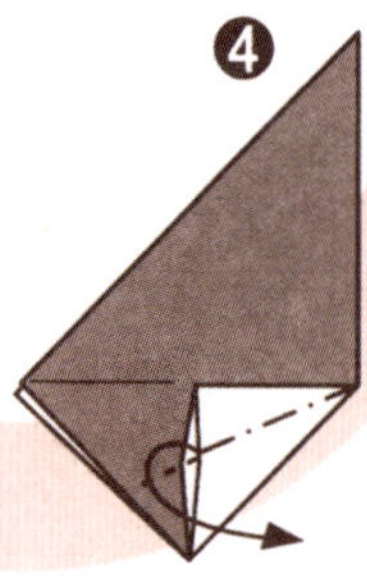

將內側撐開摺壓平整

❺

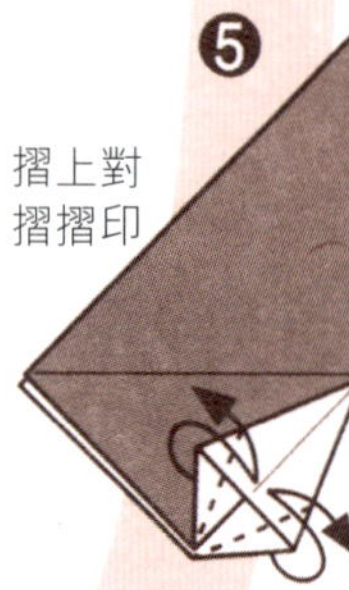

摺上對摺摺印

❻

將內側撐開摺壓平整

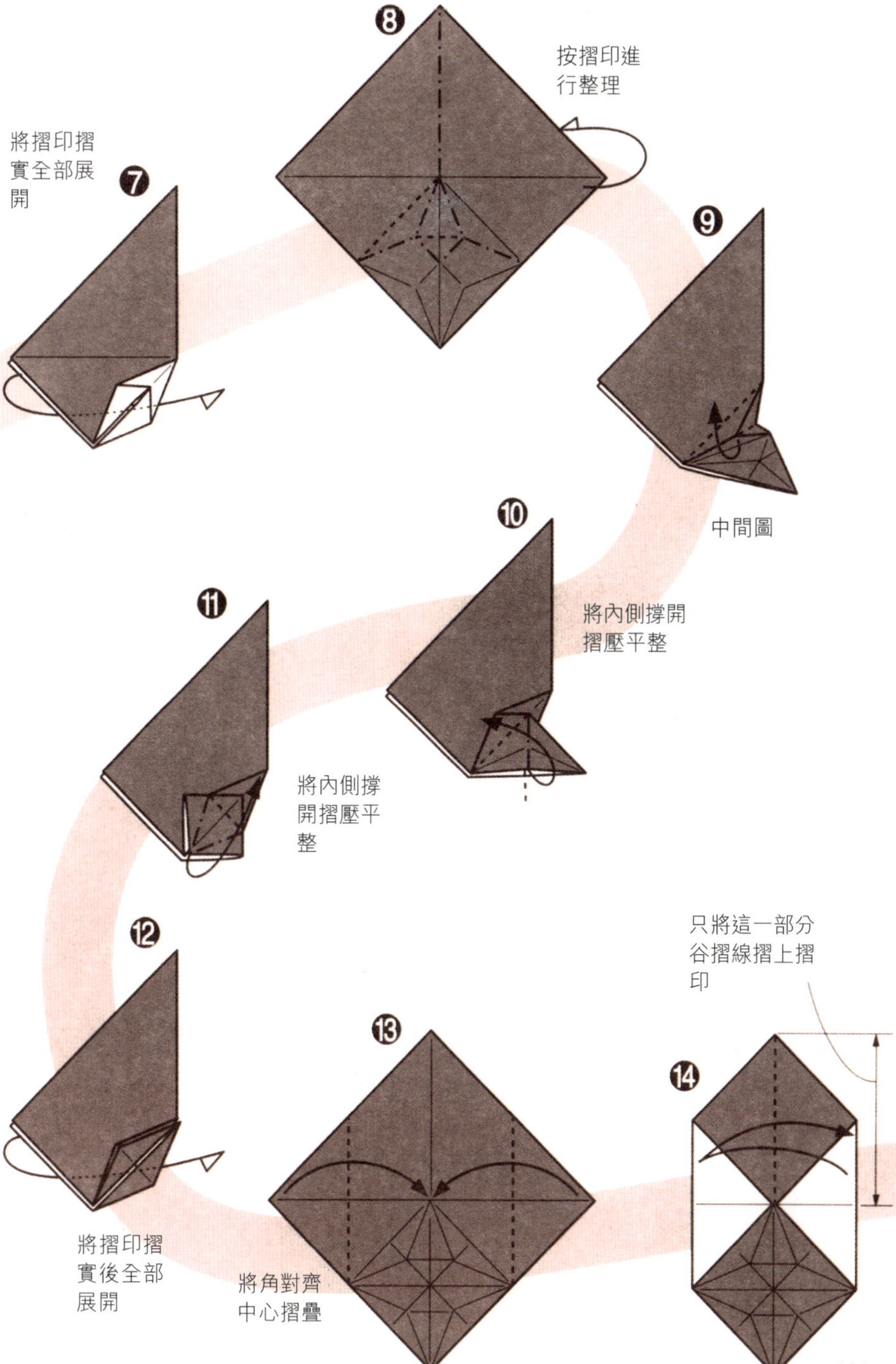
7
將摺印摺
實全部展
開
8
按摺印進
行整理
9
中間圖
10
將內側撐開
摺壓平整
11
將內側撐
開摺壓平
整
12
將摺印摺
實後全部
展開
13
將角對齊
中心摺疊
14
只將這一部分
谷摺線摺上摺
印

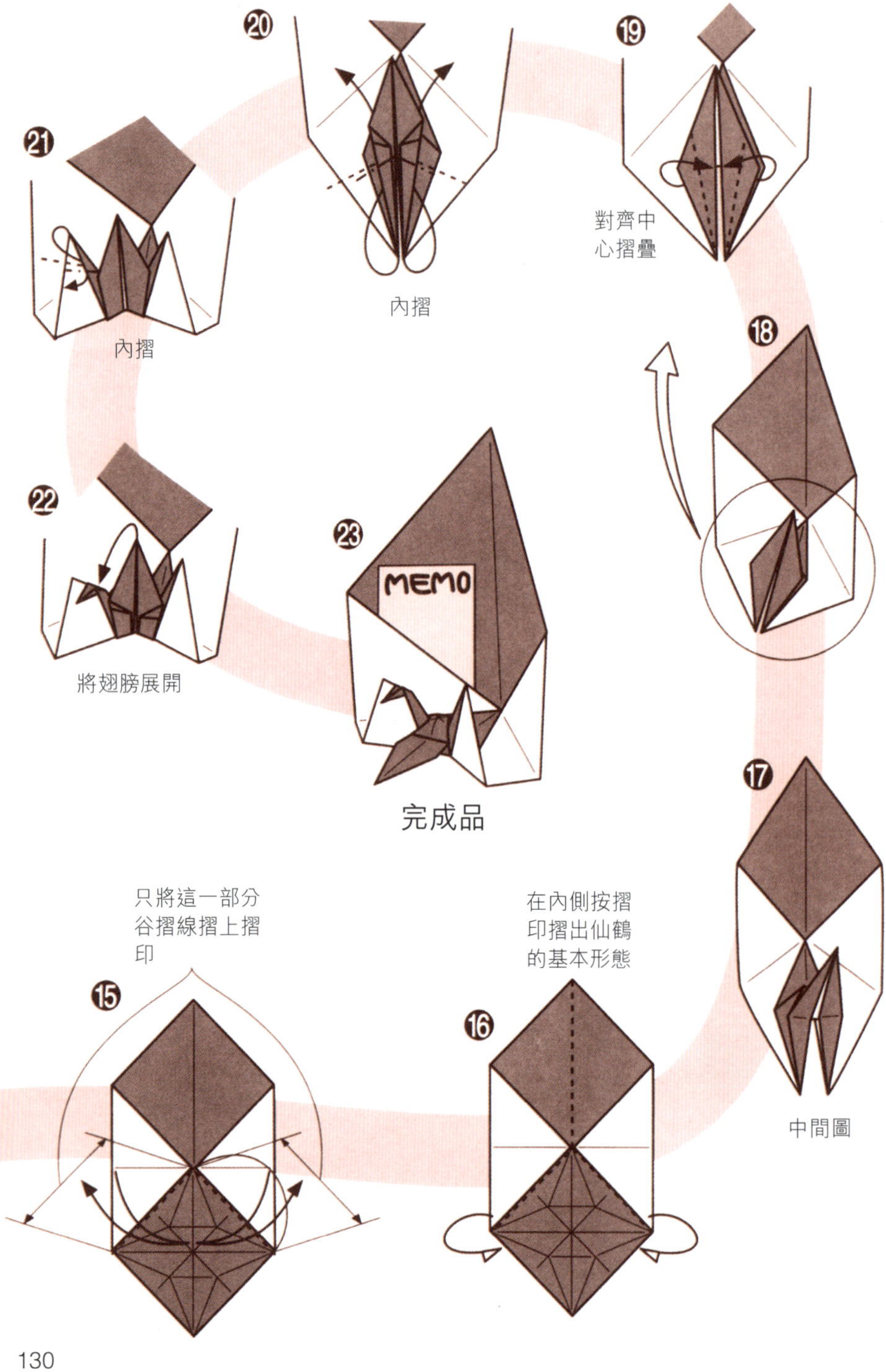
15
只將這一部分谷摺線摺上摺印
16
在內側按摺印摺出仙鶴的基本形態
17
中間圖
18
19
對齊中心摺疊
20
內摺
21
內摺
22
將翅膀展開
23
MEMO
完成品

字母摺紙

可以摺出從A、B、C到X、Y、Z的26個字母。也可在摺疊字母的同時組合單詞，作羅馬字的遊戲。本書11～130頁中所有作品的英文單詞、羅馬字拼音，全都是摺紙文字。字母摺紙的實物照片，刊於本書的封底上。

基礎摺法

這種摺法是滕本修三先生利用神奇的等份分割法漸近法創作的幾何學摺紙方法。可以簡單地將摺紙分為5等份。

⑦

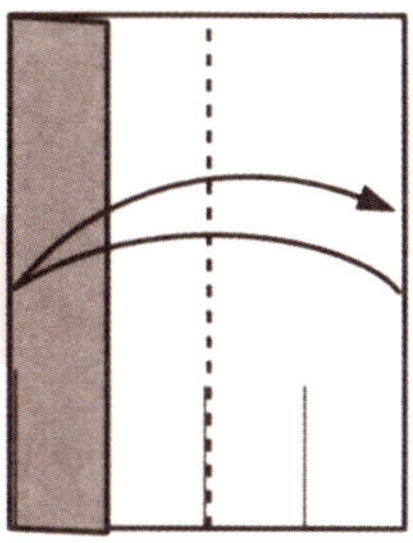

對齊圖⑤摺出的摺印摺疊

對齊邊緣摺上摺印

⑧

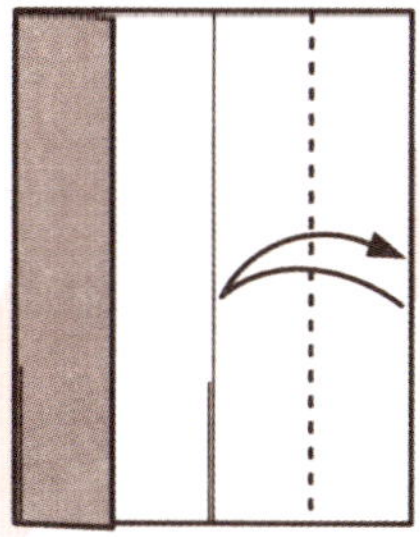

對齊圖⑦摺出的摺印，摺上摺印

⑨

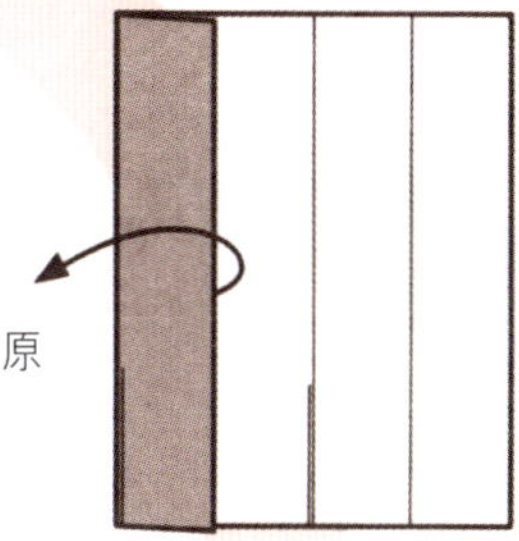

復原

⑩

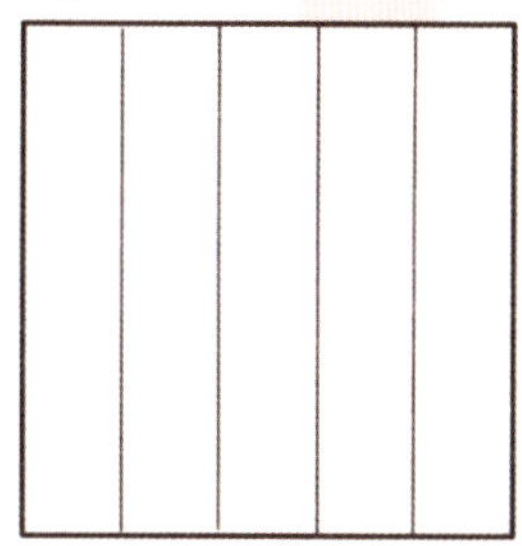

縱向五等份已完成

基本摺法1的摺印

·基本摺法2·

❶

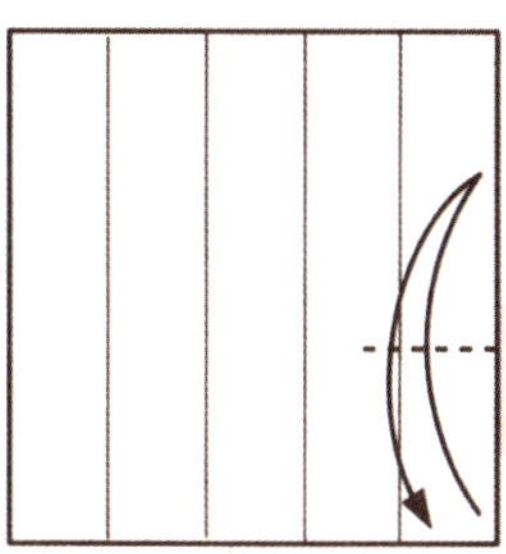

按基本摺法1圖①～⑨的摺法摺出橫向5等份摺印

❷

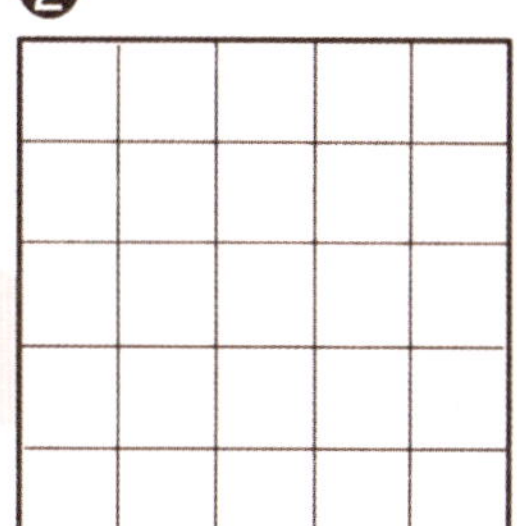

基本摺法2的摺印

字母摺紙●A

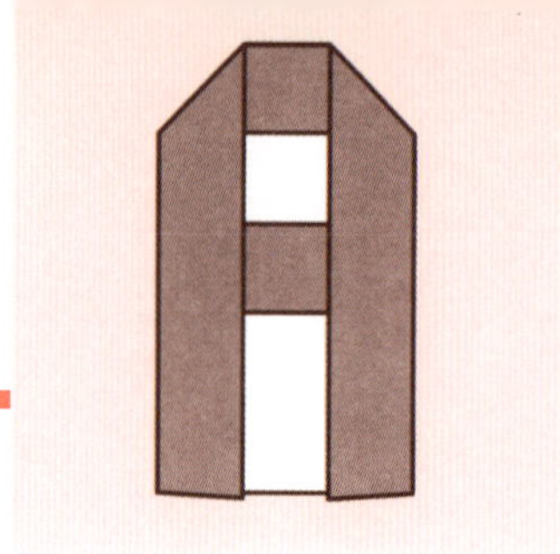

◆摺紙2張

①

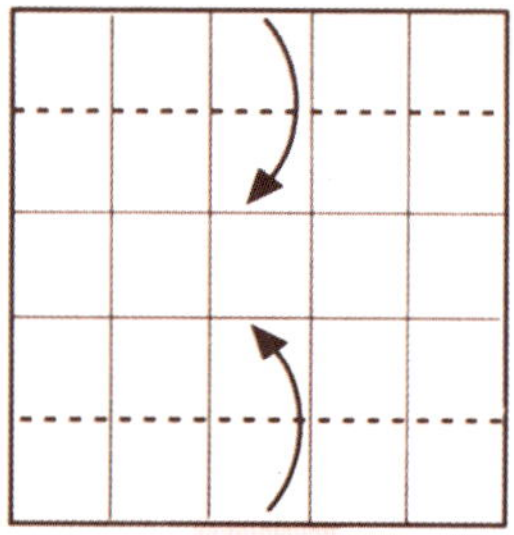

· A—1 ·
從基本摺法2開始

按上下第一
道摺印摺疊

②

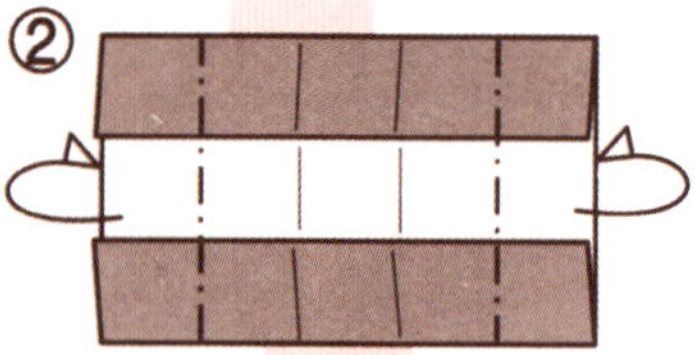

按左右第一道
摺印向後摺

③

插入縫隙

❷

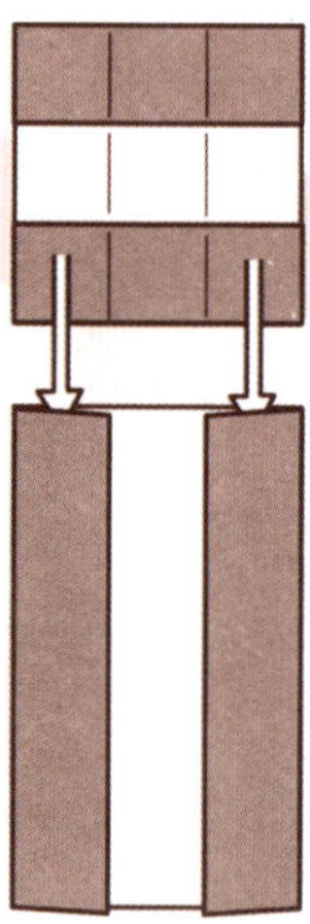

④

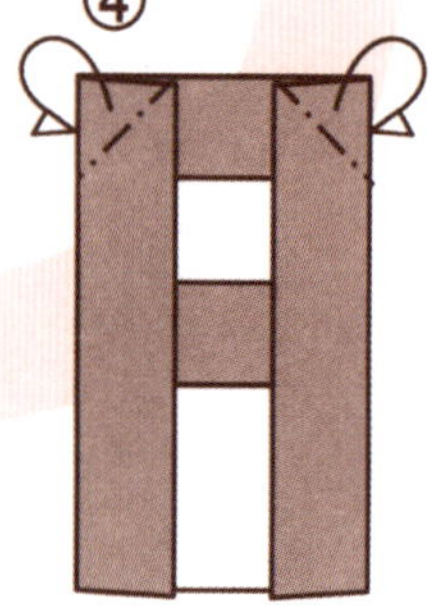

將角後摺

⑤

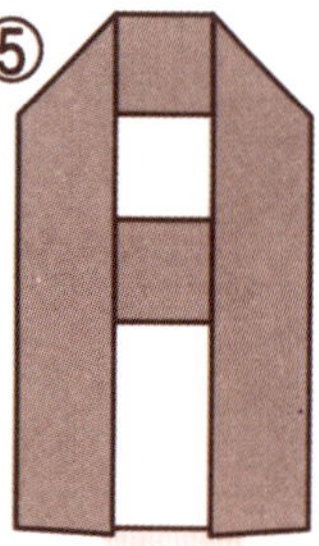

完成品

· A—2 ·

從基本摺法1開始

❶

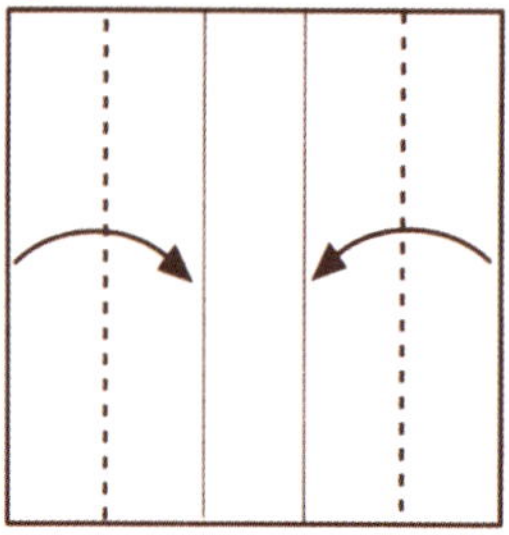

按左右第一
道摺印摺疊

字母摺紙 • B

◆摺紙2張

①

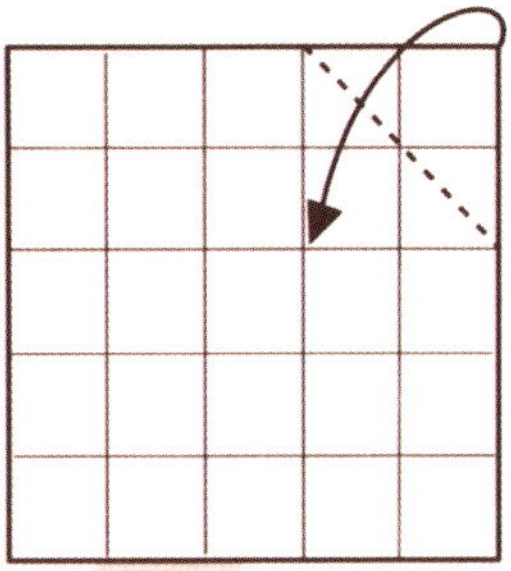

對齊邊緣摺成三角

· B—1 ·
從基本摺法2 · 開始

②

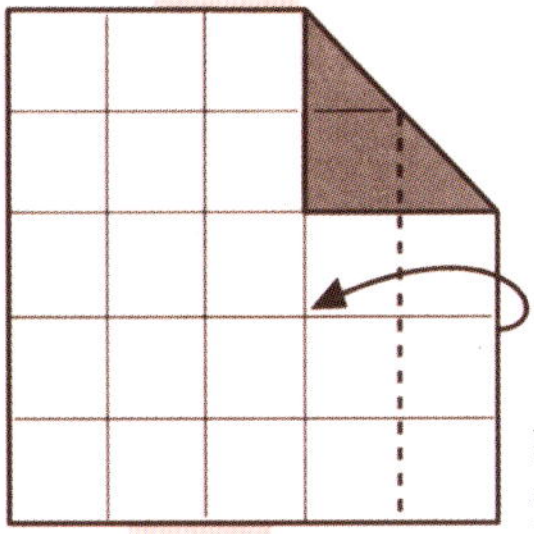

按第一道
摺印摺疊

③

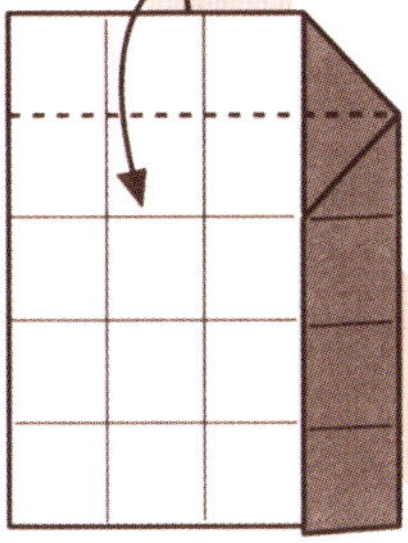

按第一道
摺印摺疊

④ 摺成三角

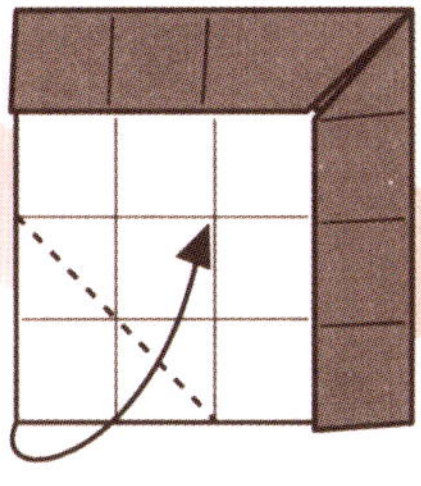

⑤

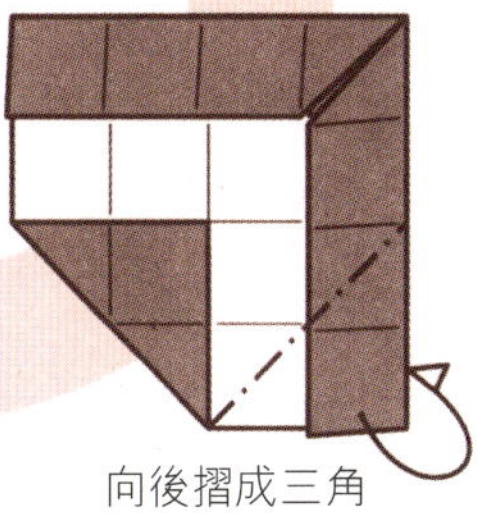

向後摺成三角

⑥

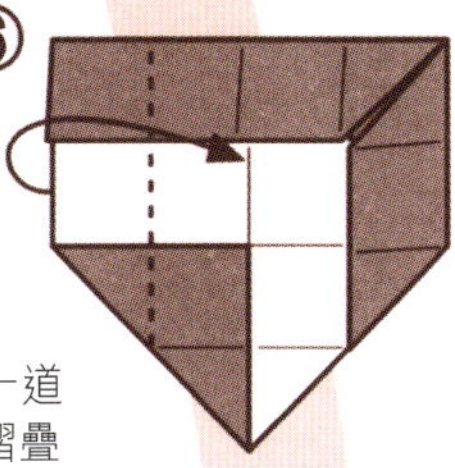

按第一道
摺印摺疊

⑦

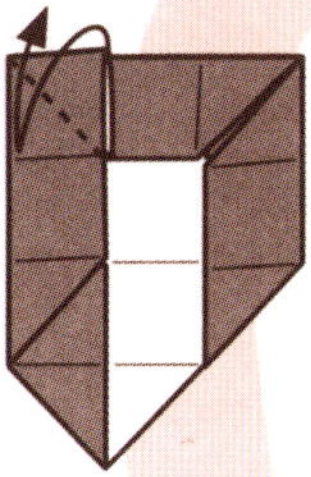

摺上三
角摺印

⑧

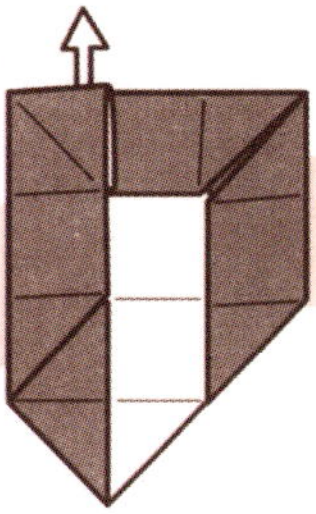

將角拉
出捏摺

· B—2 ·
從基本摺法
2開始

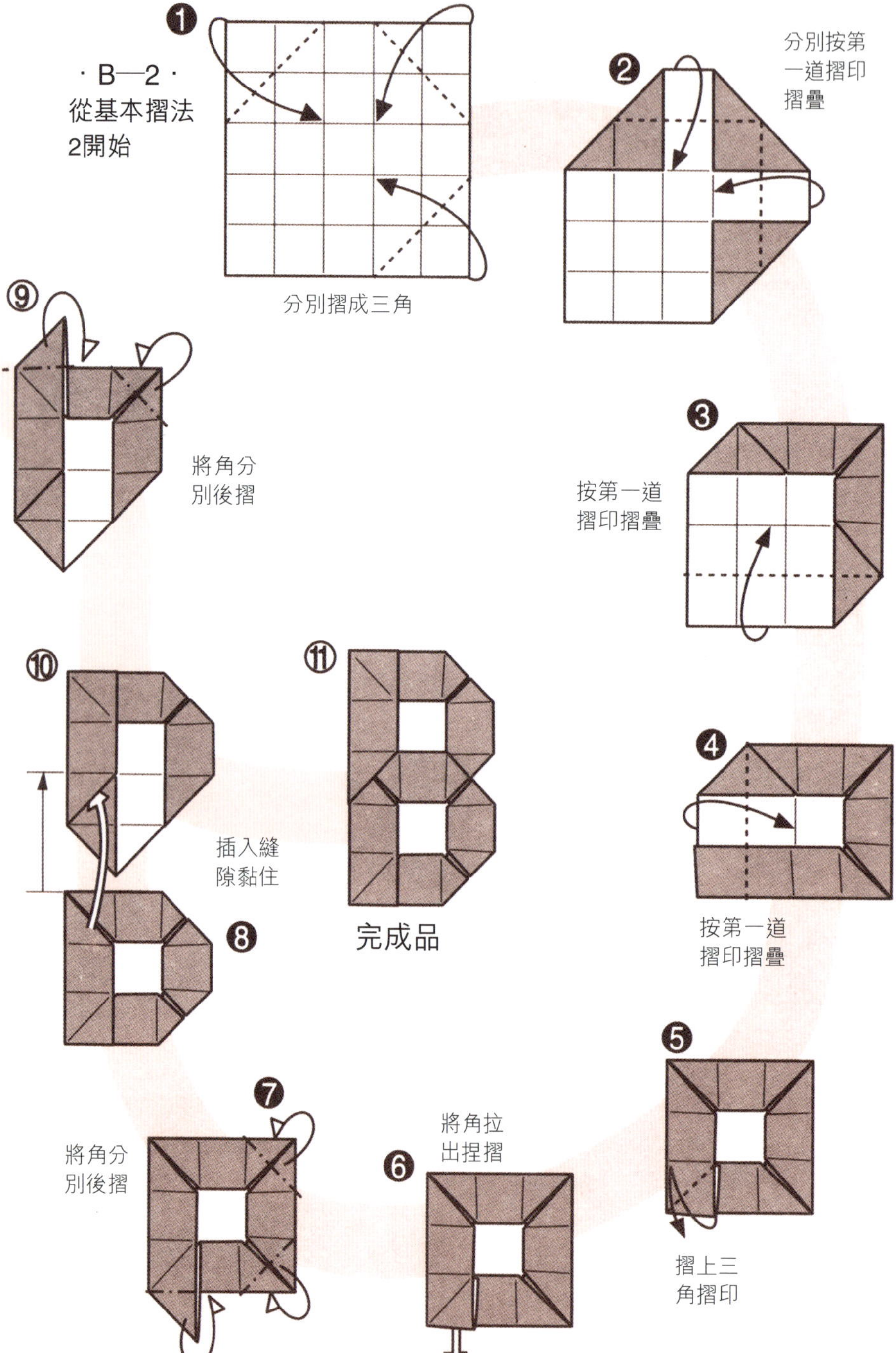
1
分別摺成三角
2
分別按第一道摺印摺疊
3
按第一道摺印摺疊
4
按第一道摺印摺疊
5
摺上三角摺印
6
將角拉出捏摺
7
將角分別後摺
8
9
將角分別後摺
10
插入縫隙黏住
11
完成品

字母摺紙 • C

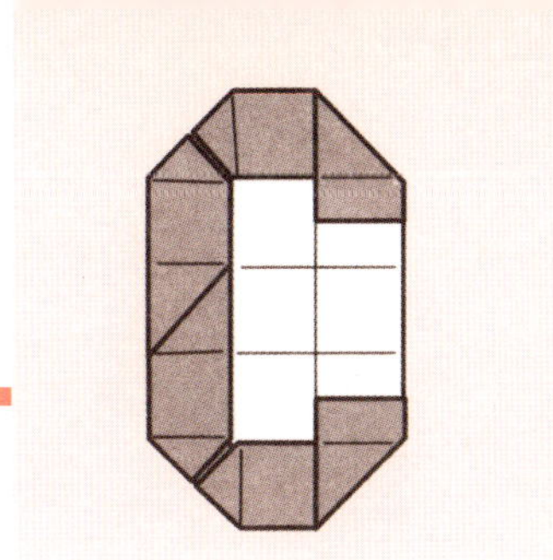

◆摺紙2張

· C—1 ·

① 從基本摺法2開始

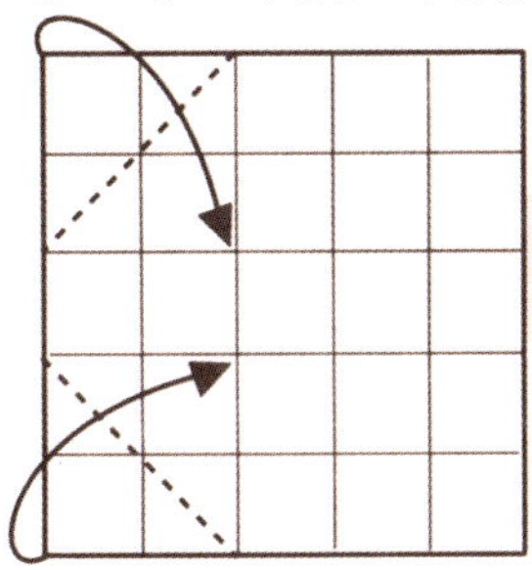

按摺印摺成三角

②

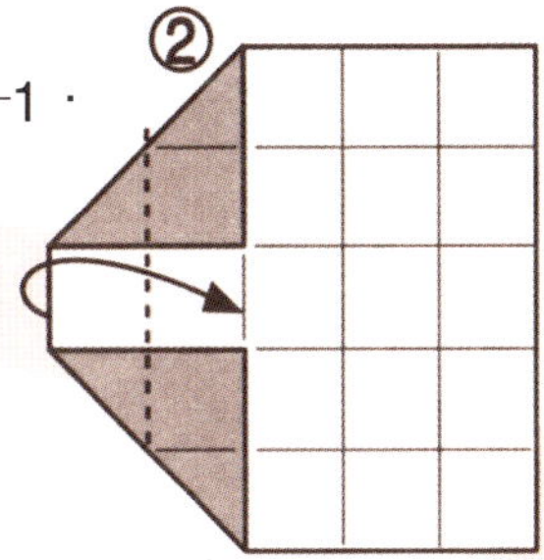

按第一道
摺印摺疊

③ 按第一道
摺印摺疊

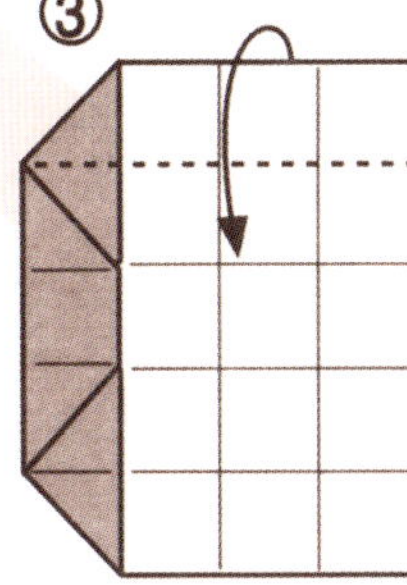

· C—2 ·

❶ 從基本摺法2開始

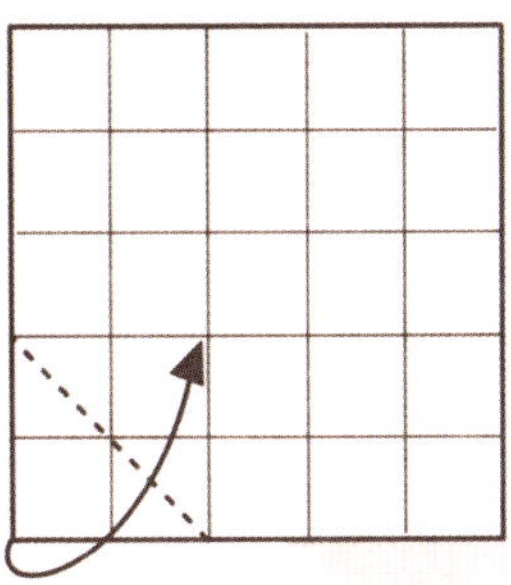

按摺印摺
成三角

❷

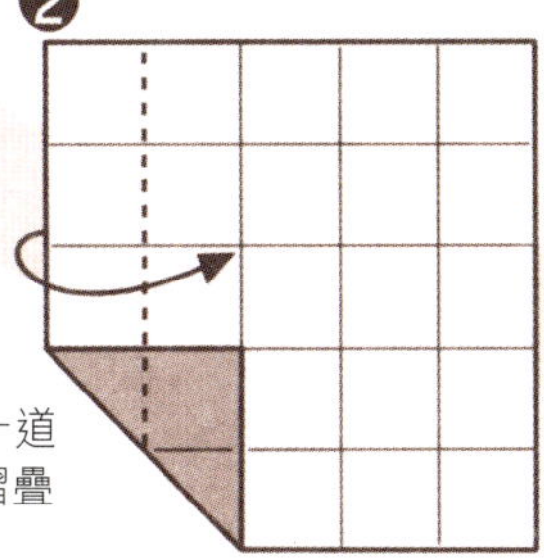

按第一道
摺印摺疊

❸ 按第一道
摺印摺疊

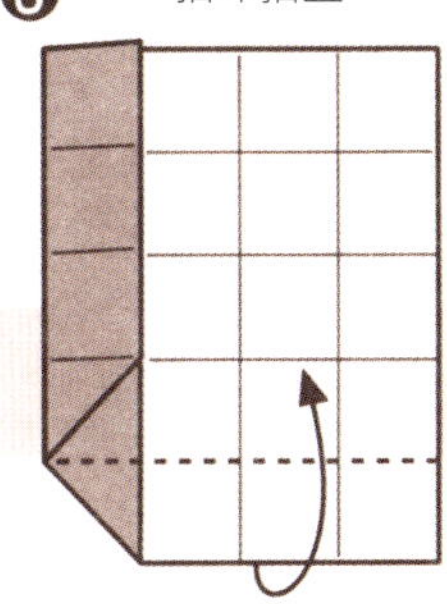

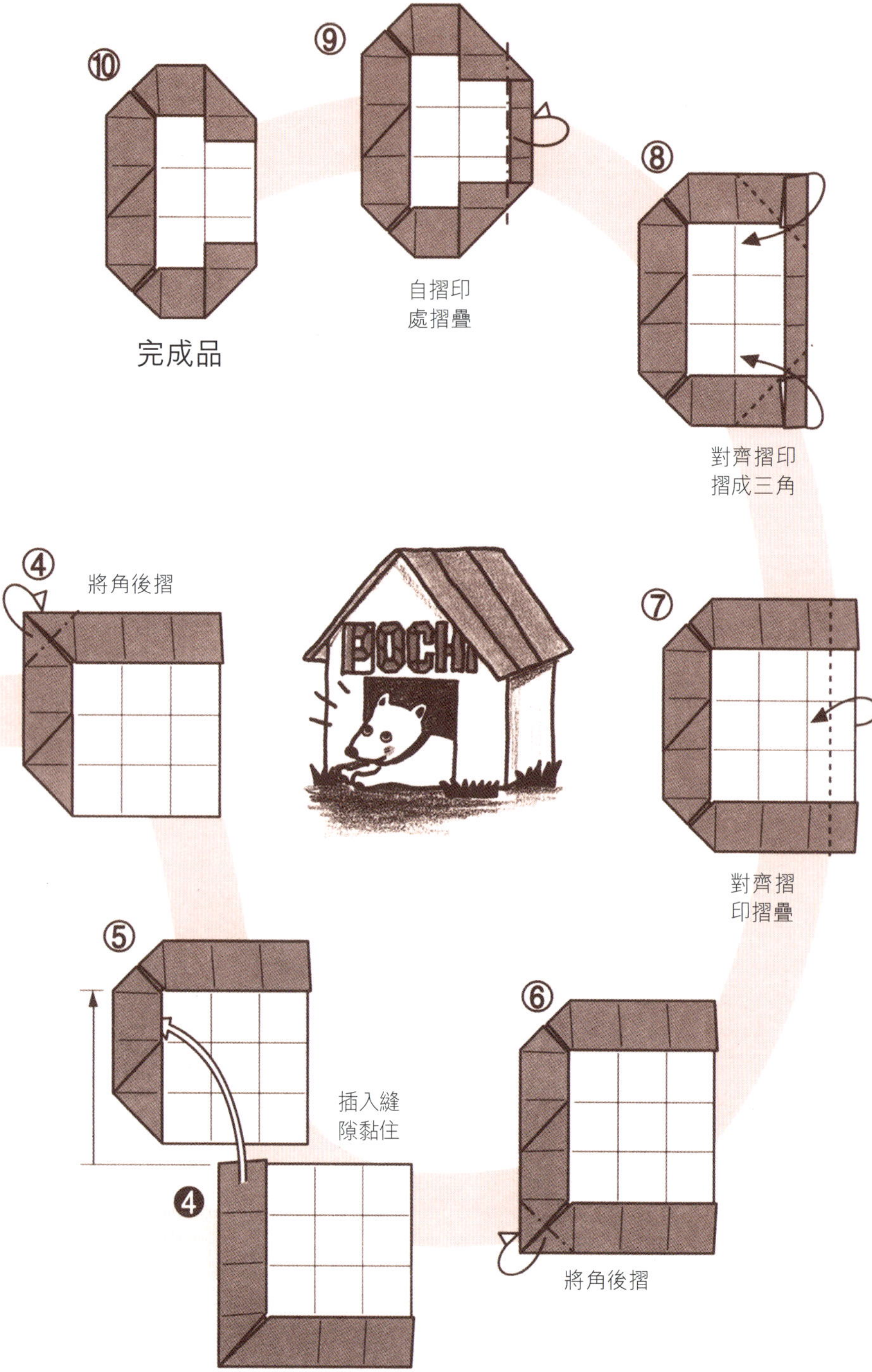
④
將角後摺
⑤
插入縫
隙黏住
❹
⑥
將角後摺
⑦
對齊摺
印摺疊
⑧
對齊摺印
摺成三角
⑨
自摺印
處摺疊
⑩
完成品
POCHI

字母摺紙 • D

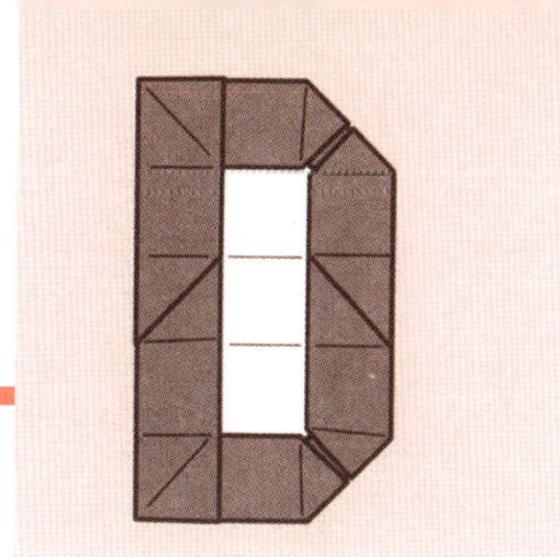

◆摺紙2張

· D—1 ·

從基本摺法2開始

①

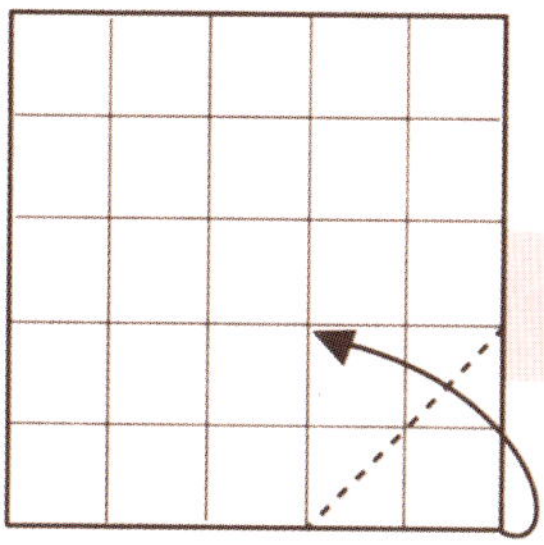

對齊摺線摺成三角

②

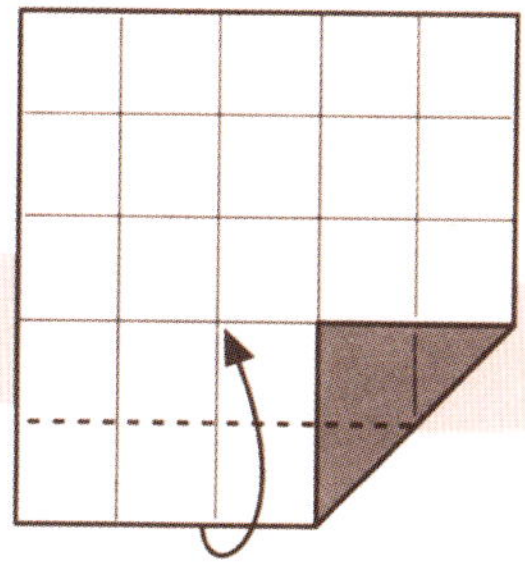

按第一道
摺印摺疊

· D—2 ·

從基本摺法2開始

❶

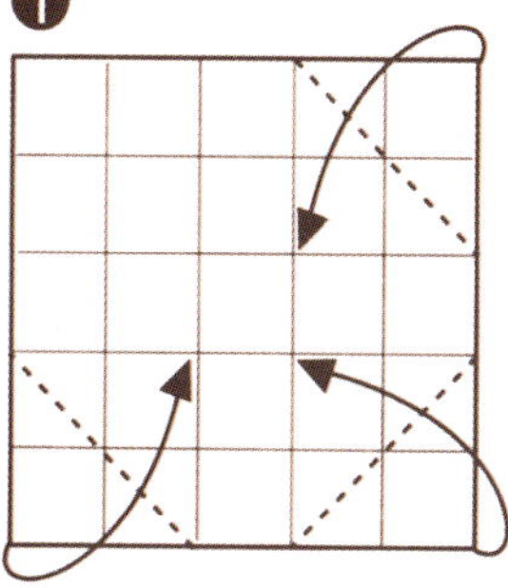

對齊摺印分
別摺成三角

❹

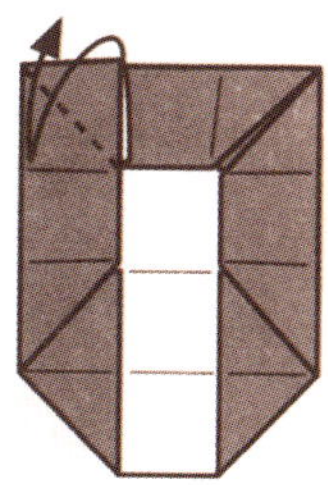

摺上三
角摺印

❷

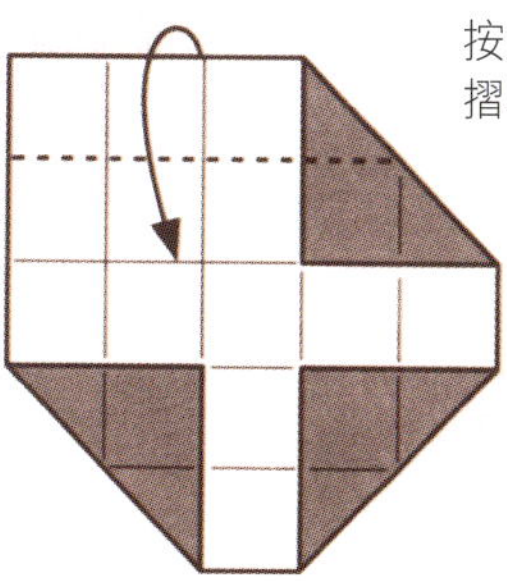

按第一道
摺印摺疊

❸

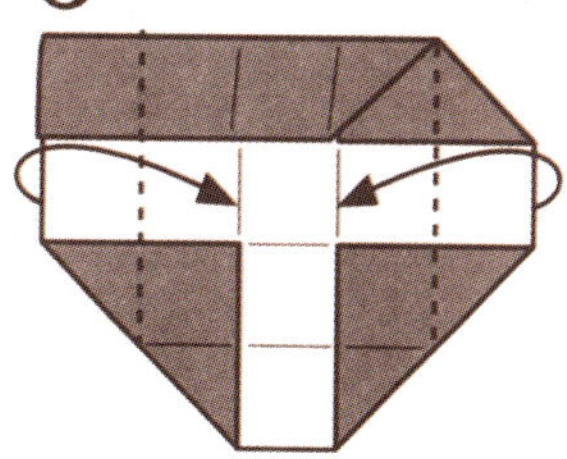

按左右第一
道摺印摺疊

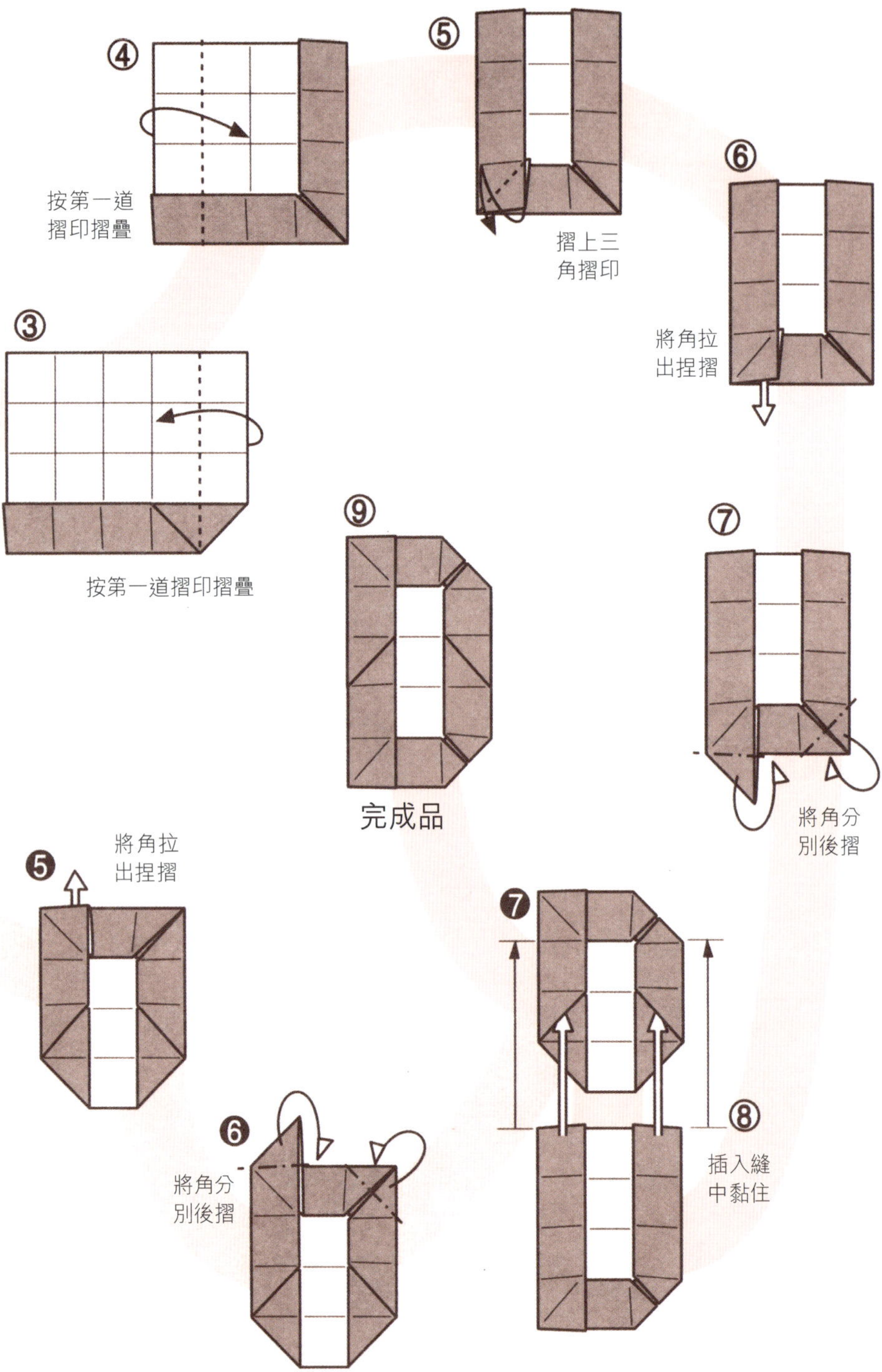
③
按第一道摺印摺疊
④
按第一道
摺印摺疊
⑤
摺上三
角摺印
⑥
將角拉
出捏摺
⑦
將角分
別後摺
⑨
完成品
❺
將角拉
出捏摺
❻
將角分
別後摺
❼
⑧
插入縫
中黏住

字母摺紙 • E

◆摺紙2張

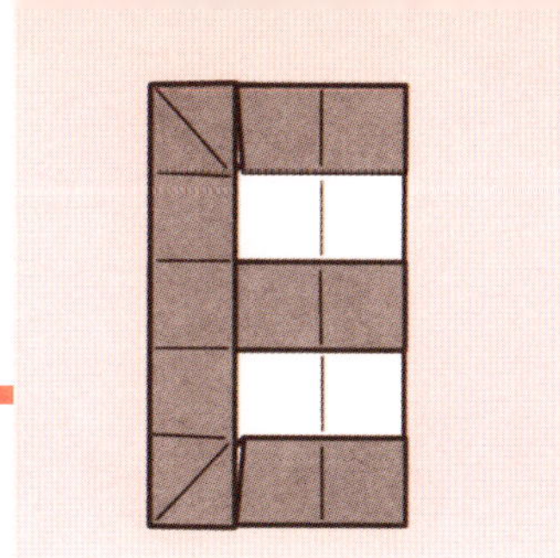

· E—1 ·

① 從基本摺法2開始

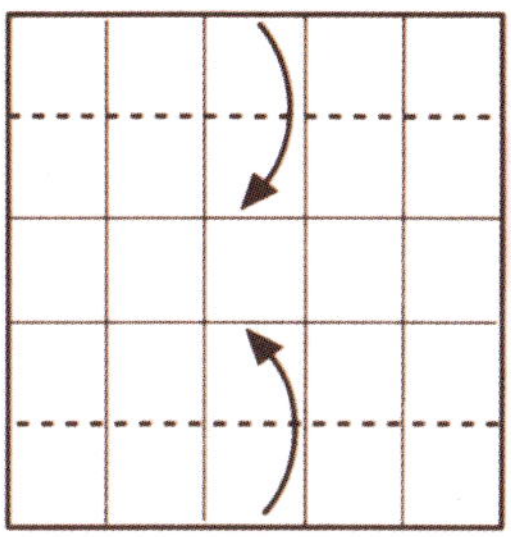

按上下第一
道摺印摺疊

②

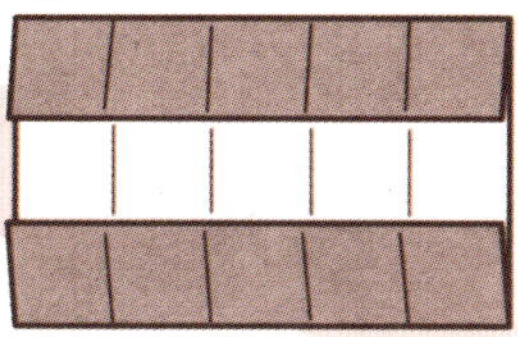

同類形狀摺2張

③ 將摺好的部分重合

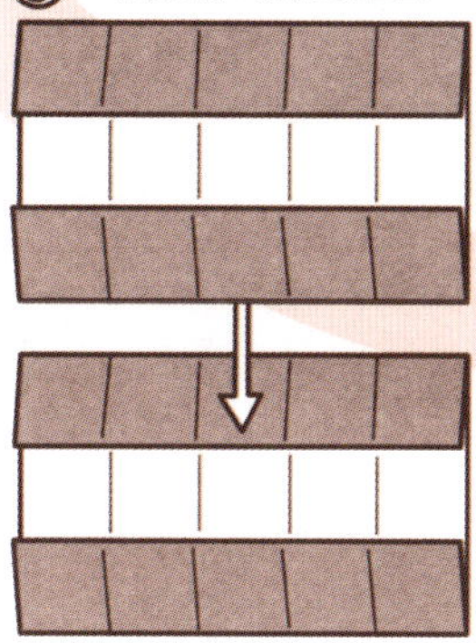

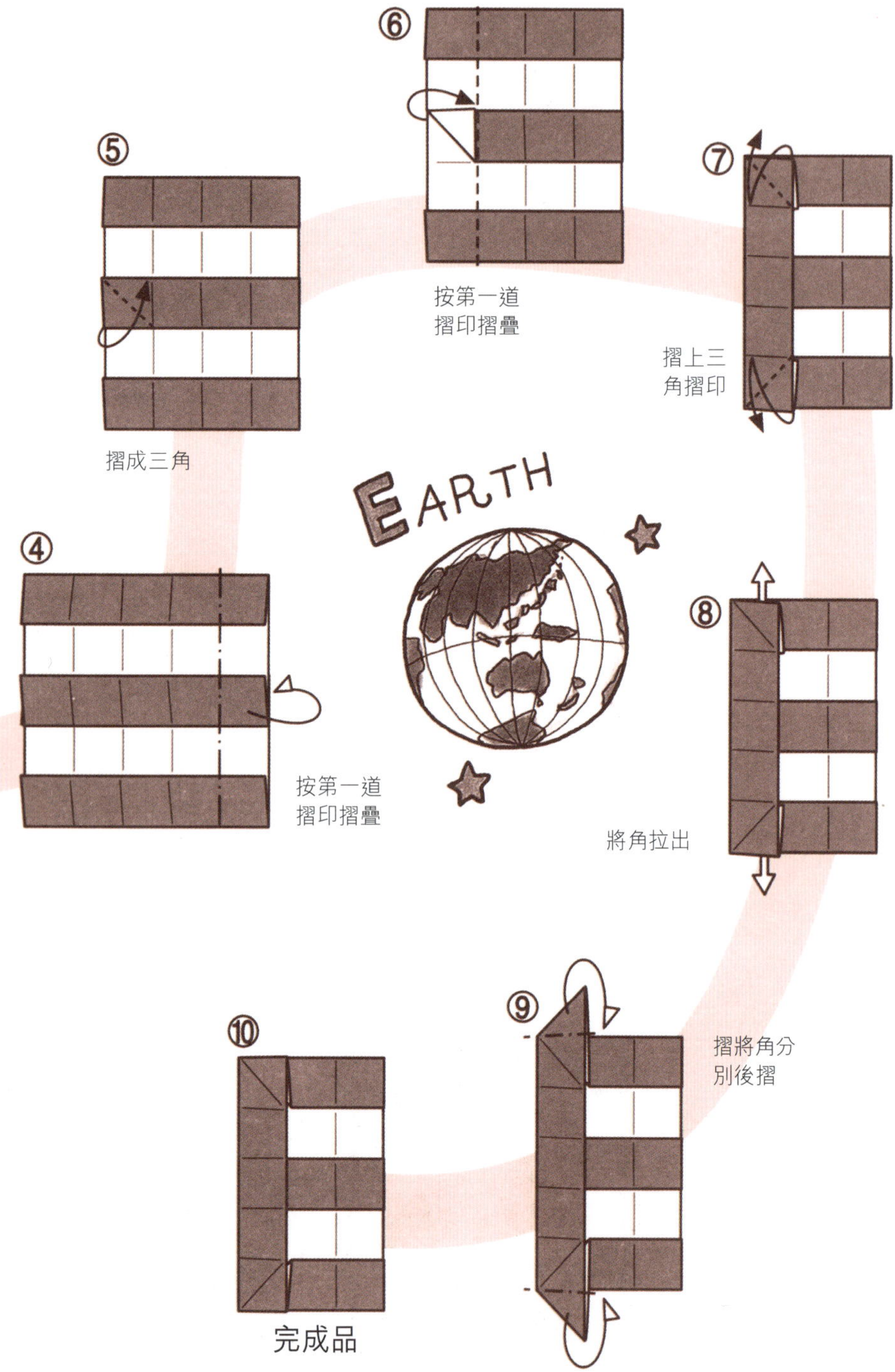

EARTH
④
按第一道
摺印摺疊
⑤
摺成三角
⑥
按第一道
摺印摺疊
⑦
摺上三
角摺印
⑧
將角拉出
⑨
摺將角分
別後摺
⑩
完成品

字母摺紙 • F

◆摺紙2張

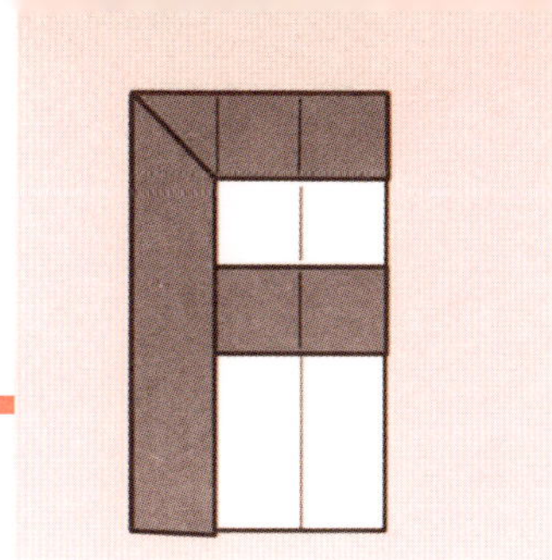

摺成三角

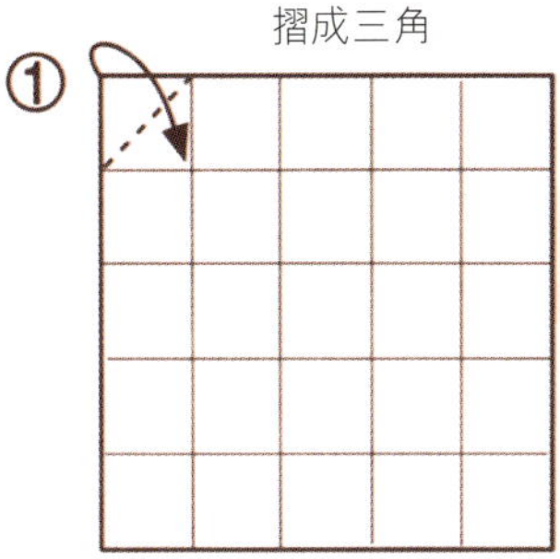

· F—1 · 從基本摺法2開始

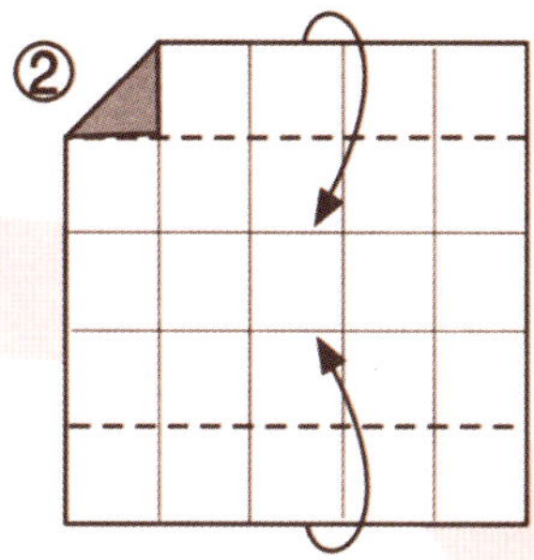

按上下第一道摺線摺疊

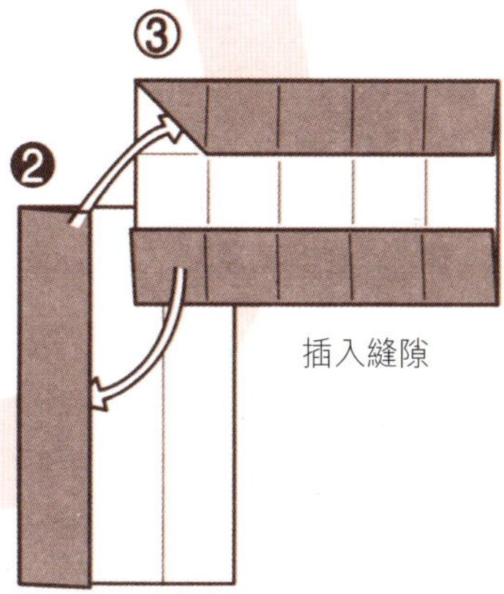

插入縫隙

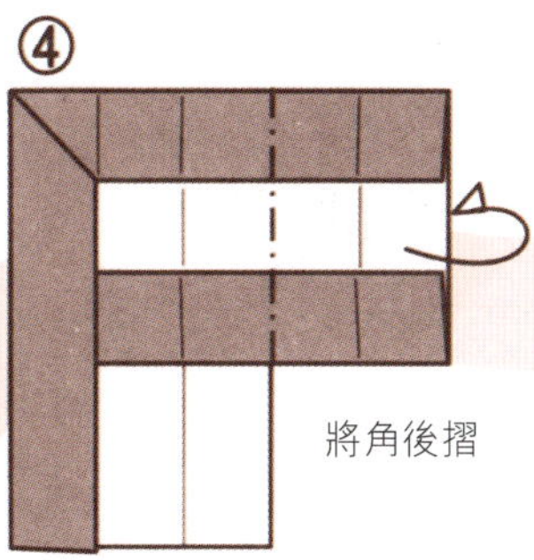

將角後摺

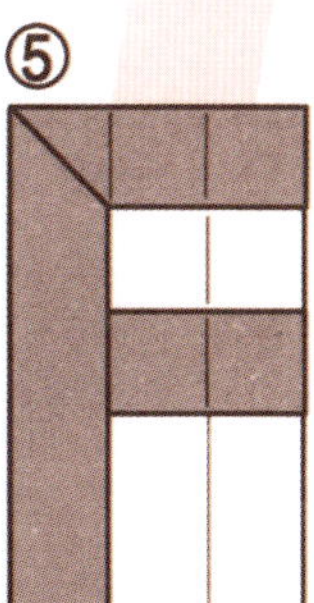

完成品

· F—2 · 從基本摺法1開始

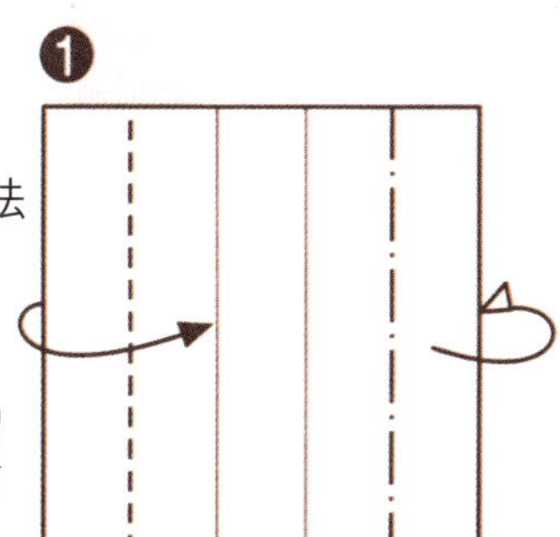

按第一道摺印摺疊，右側向後摺

字母摺紙 • G

◆摺紙2張

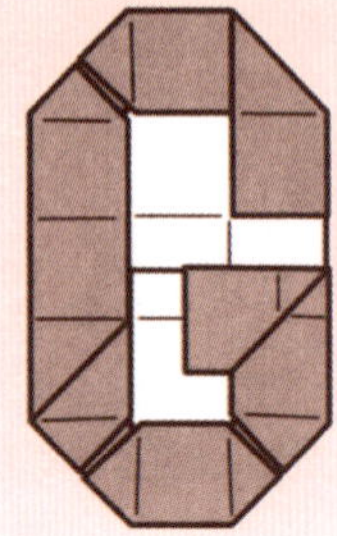

· G—1 ·

①

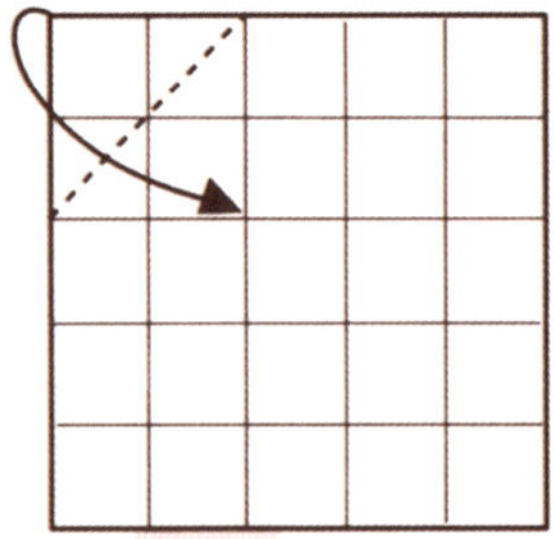

按摺印摺成三角

· G—2 ·

從基本摺法2開始

❶

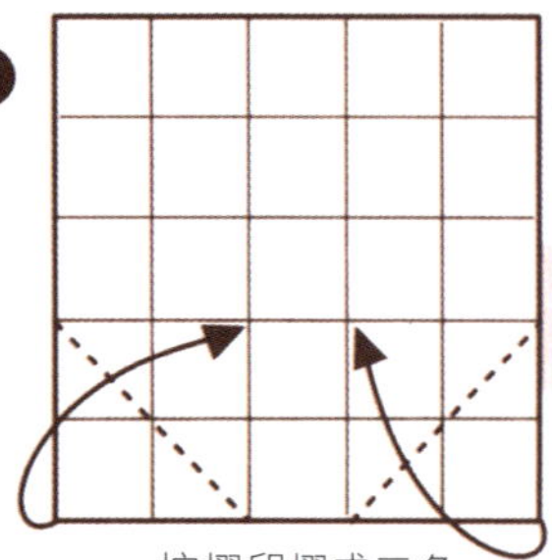

按摺印摺成三角

②

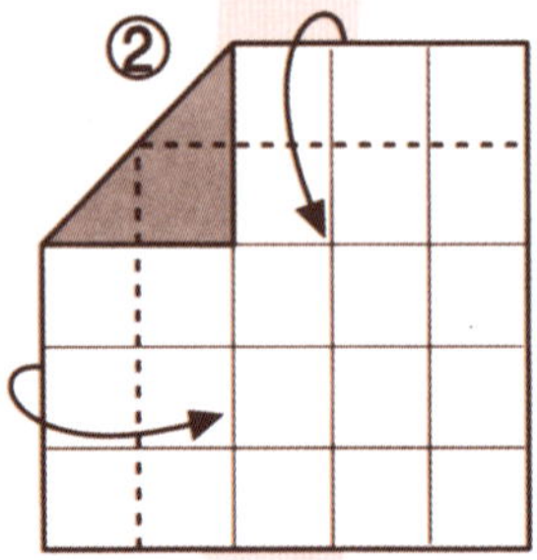

按第一道
摺印摺疊

③

向後摺成三角

④

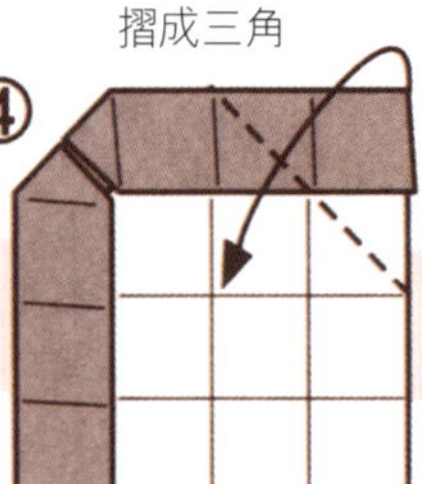

對齊摺印
摺成三角

⑤

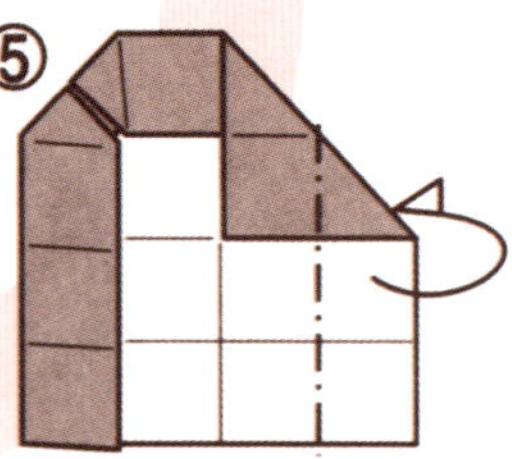

按第一道摺
印向後摺

⑥

將角後摺

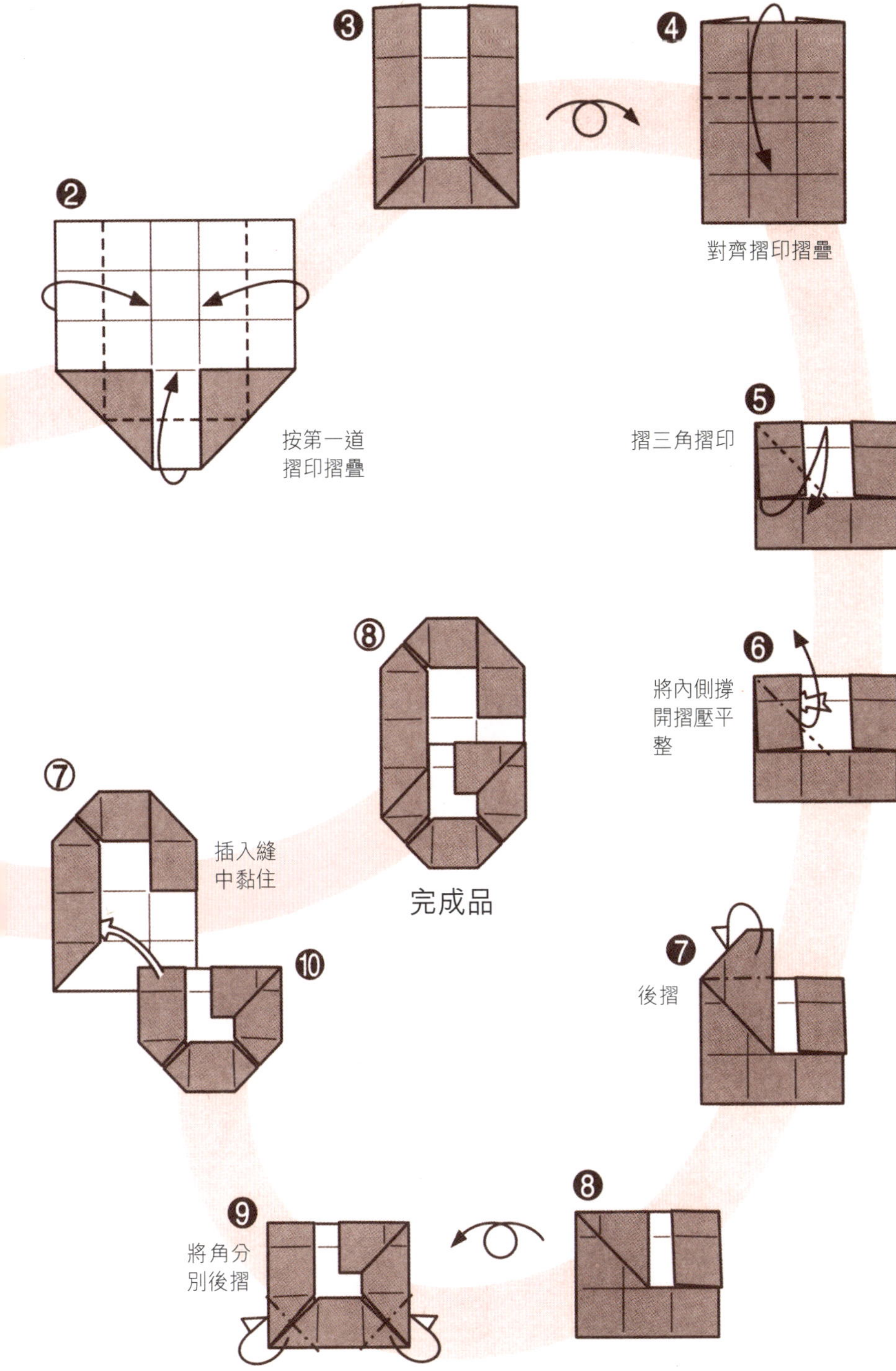

2
按第一道
摺印摺疊
3
4
對齊摺印摺疊
5
摺三角摺印
6
將內側撐
開摺壓平
整
7
後摺
8
9
將角分
別後摺
10
7
插入縫
中黏住
8
完成品

字母摺紙 • H

◆摺紙2張

· H—1 ·

從基本摺法2開始

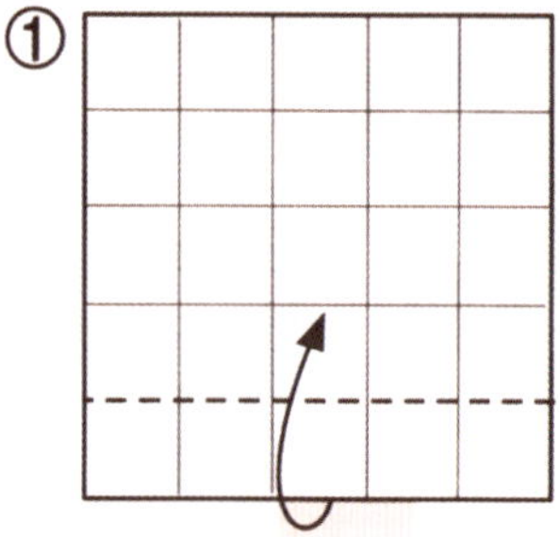

按第一道摺印摺疊

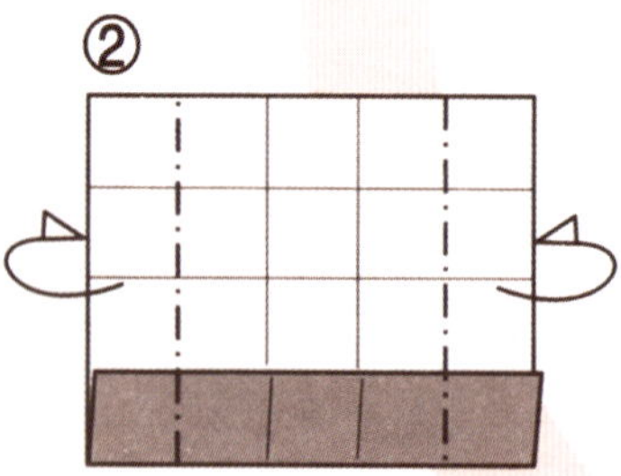

按左右第一道摺印向後摺疊

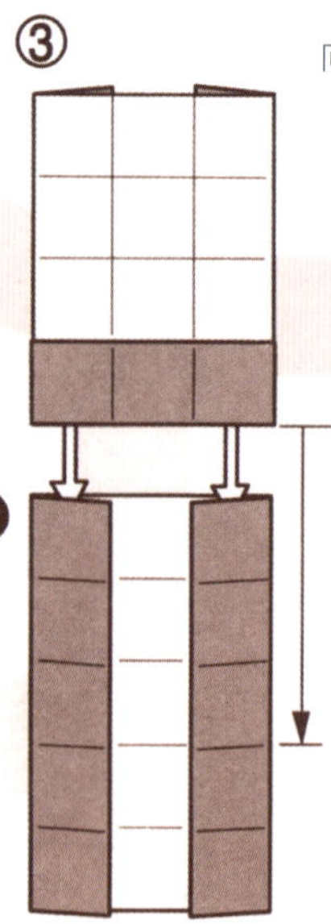

插入縫隙

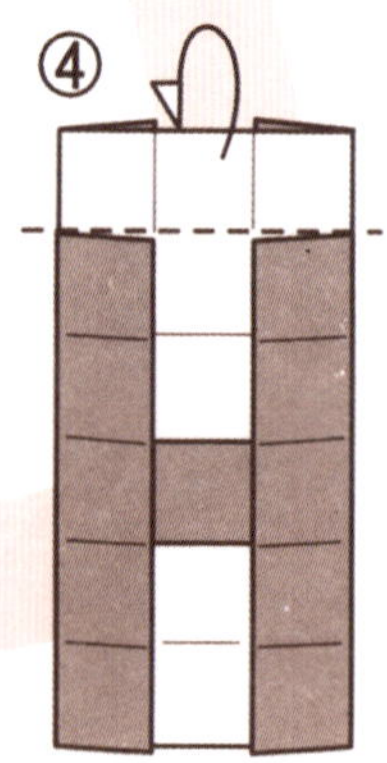

向後摺

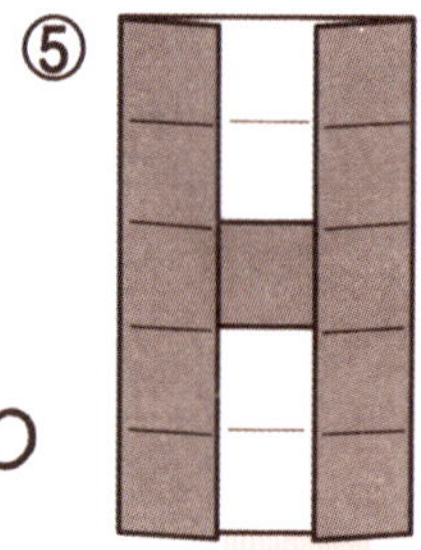

完成品

· H—2 ·

❶ 從基本摺法2開始

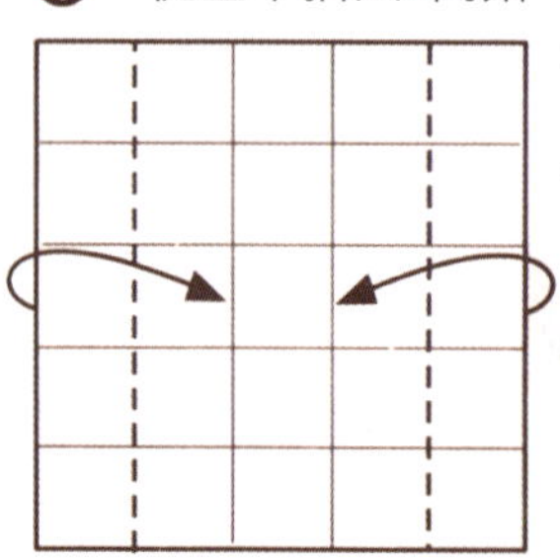

按左右第一道摺印摺疊

字母摺紙‧I

◆摺紙1張

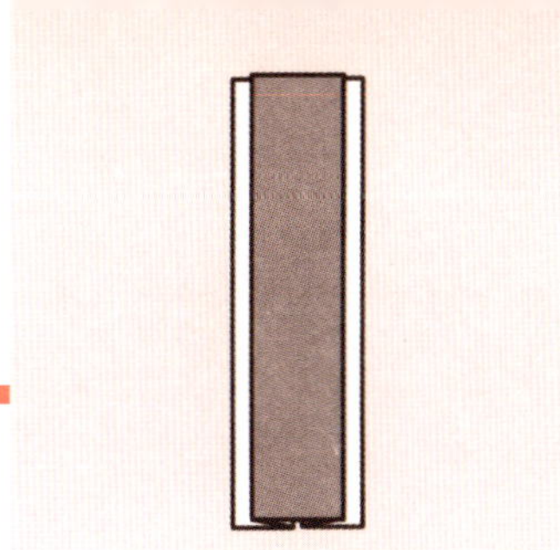

①

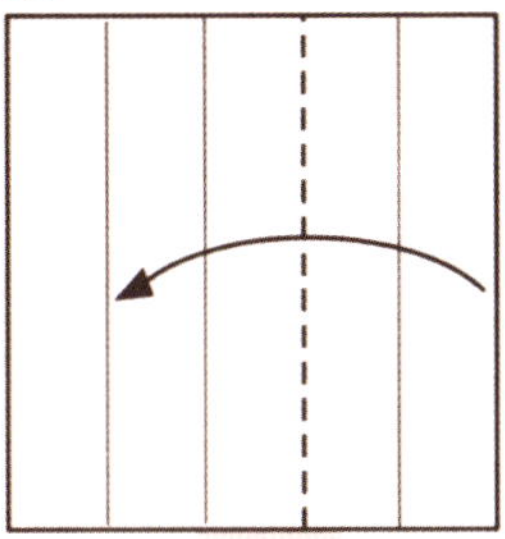

從基本摺法1
開始

按第二道
摺印摺疊

②

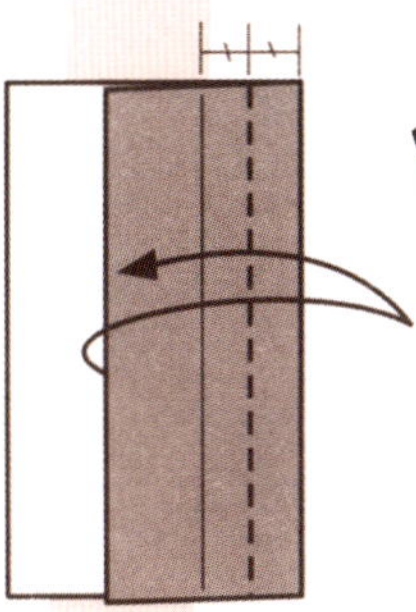

在一半之處
摺上摺印

③

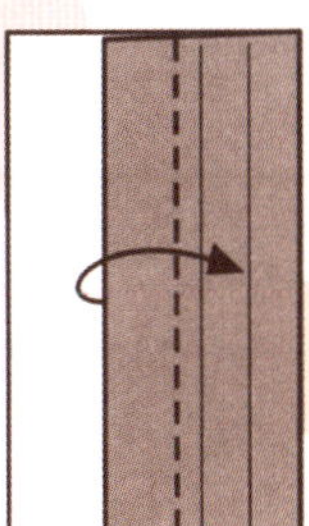

對齊摺
印摺疊

④

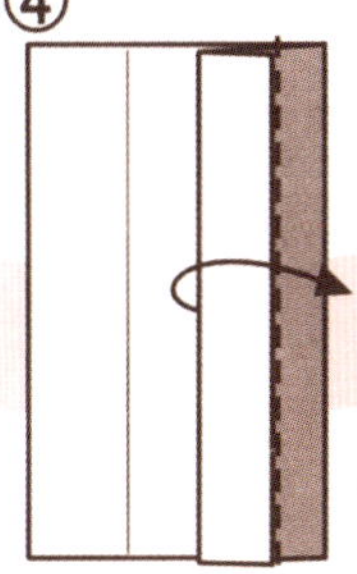

自邊緣
處摺疊

⑤

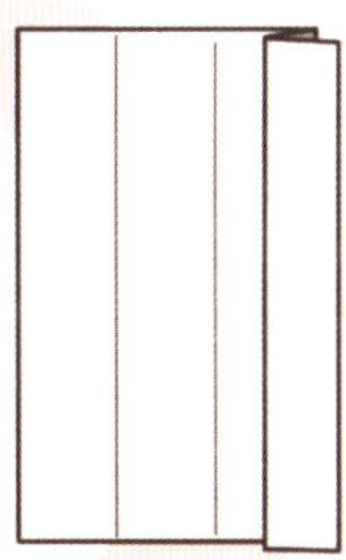

反側亦同

⑥

⑦

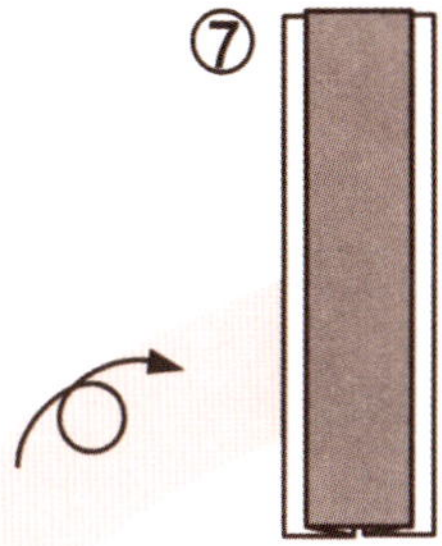

完成品

字母摺紙●J

◆摺紙2張

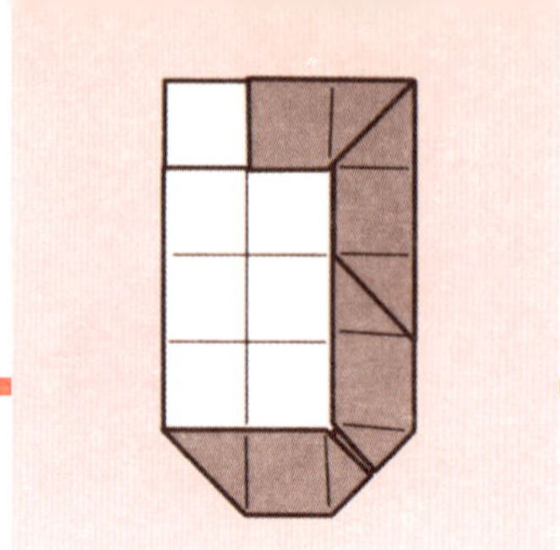

·J—1·

從基本摺法2
開始

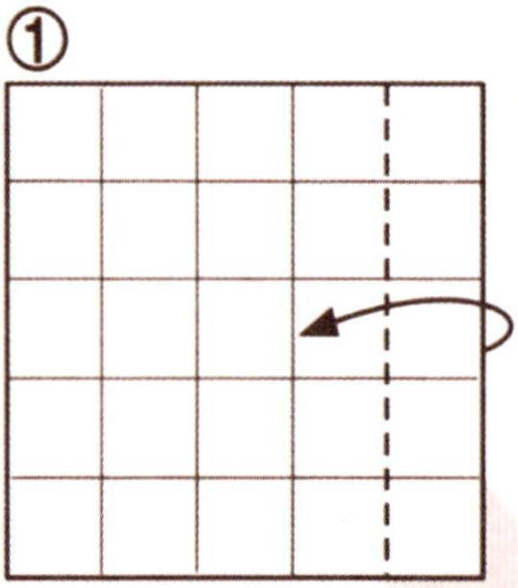

按第一道
摺印摺疊

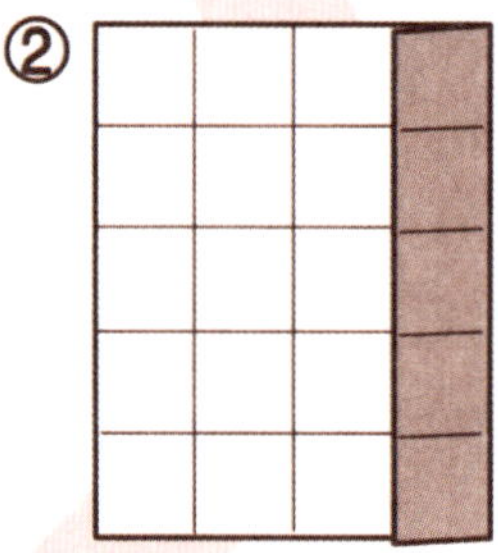

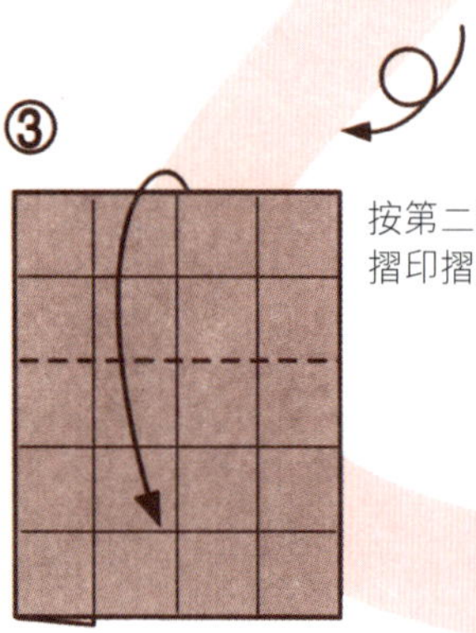

按第二道
摺印摺疊

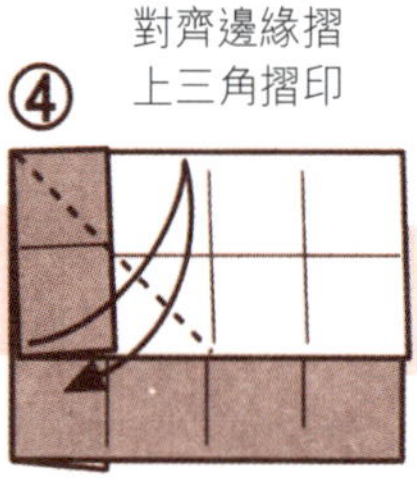

對齊邊緣摺
上三角摺印

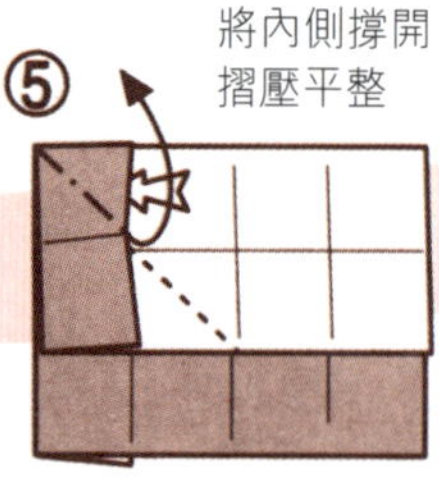

將內側撐開
摺壓平整

·J—2·

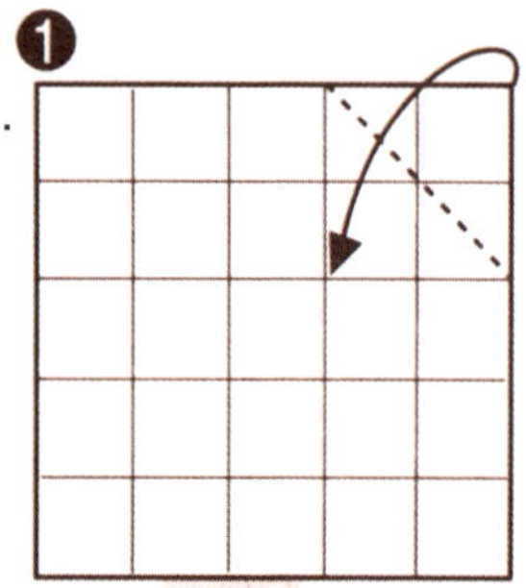

對齊邊緣摺成三角

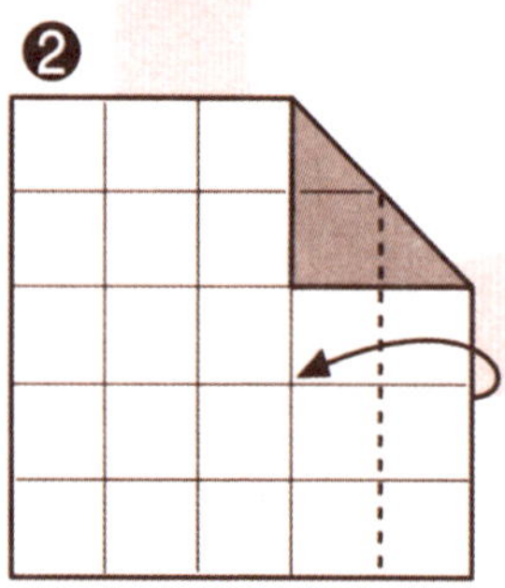

按第一道摺印摺疊

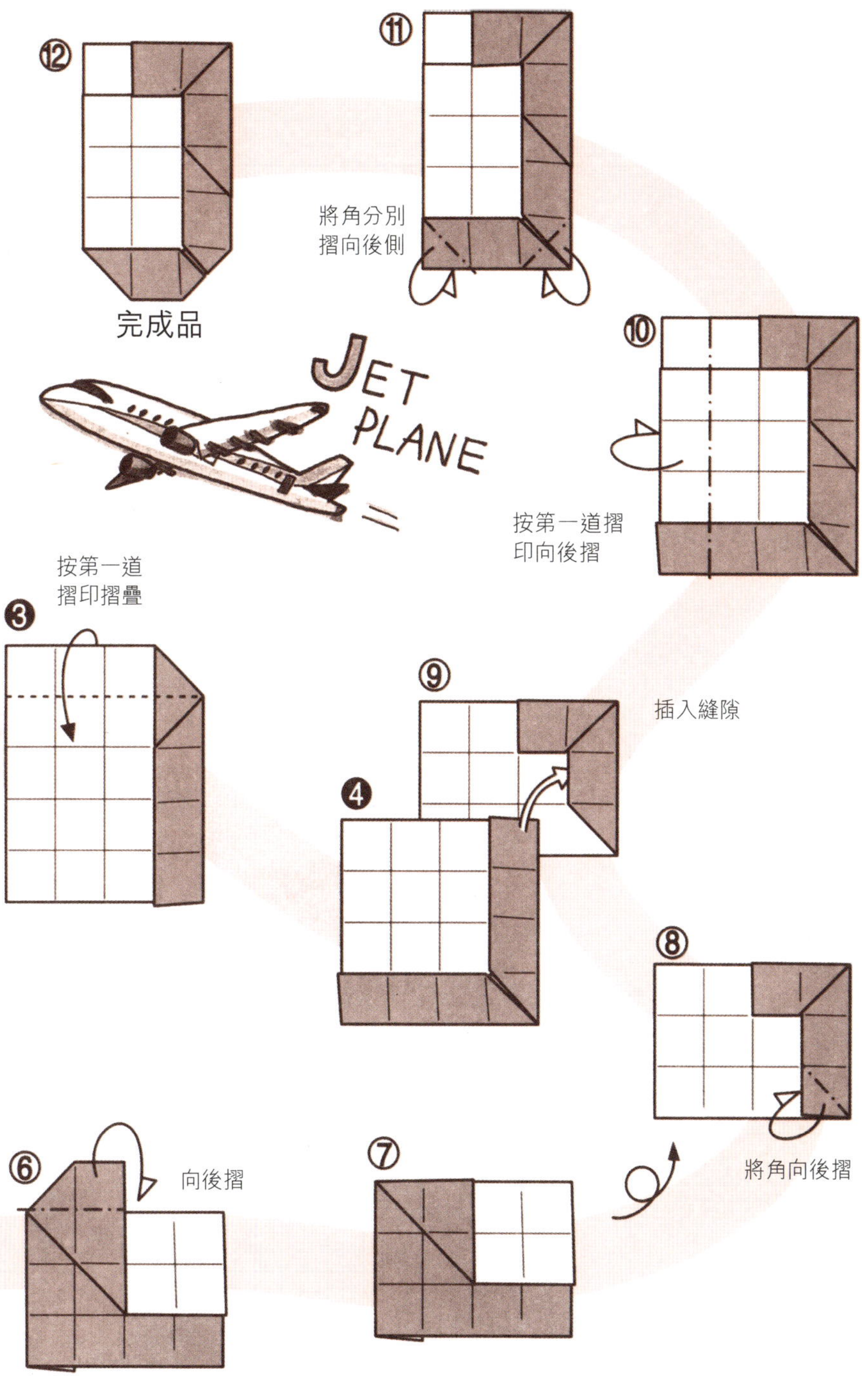
完成品
JET PLANE
將角分別
摺向後側
按第一道摺
印向後摺
按第一道
摺印摺疊
插入縫隙
將角向後摺
向後摺

字母摺紙 • K

◆摺紙2張

①

· K—1 ·

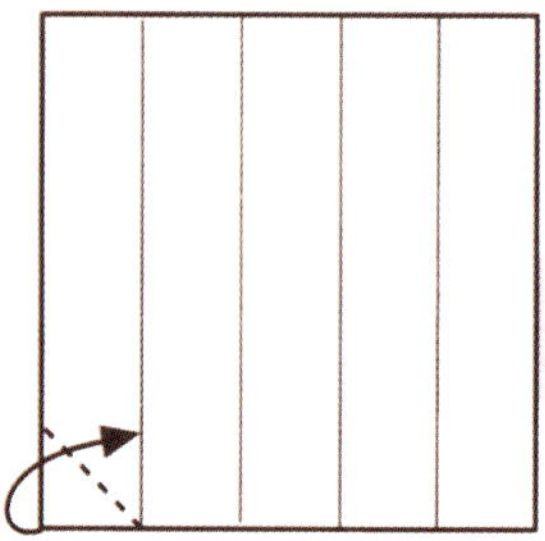

對齊摺印摺成三角

②

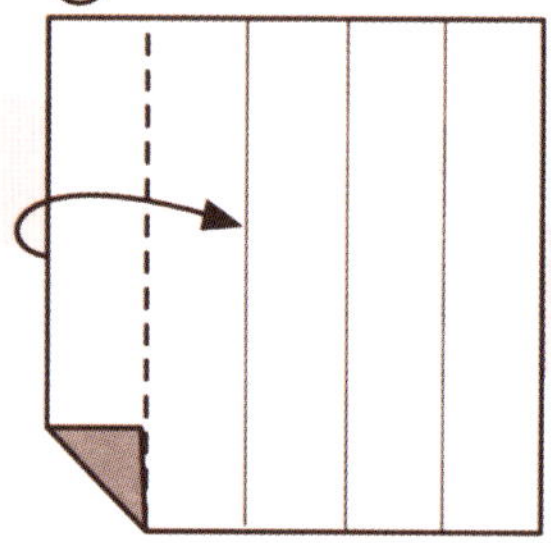

按第一道
摺印摺疊

③

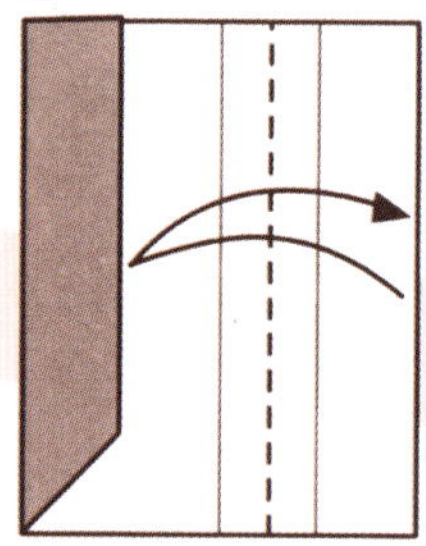

對齊邊緣
摺上摺印

從基本摺法2
開始

· K—2 ·

❶

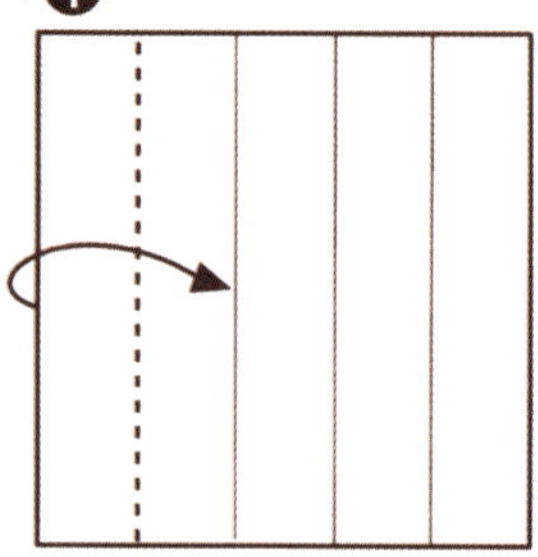

按第一道
摺印摺疊

❷

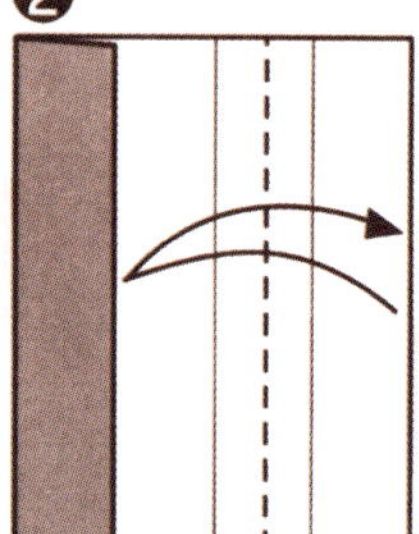

對齊邊緣
摺上摺印

對齊邊緣摺
上三角摺印

❸

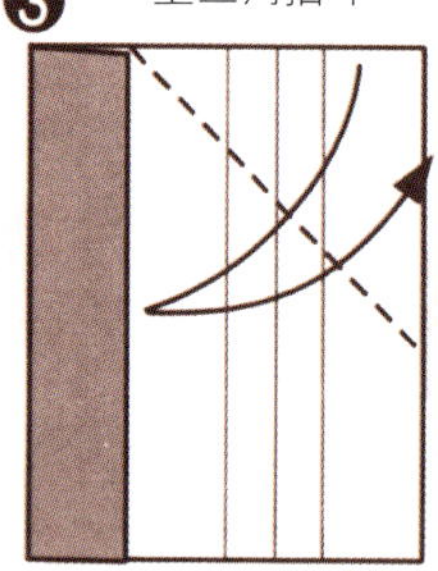

④

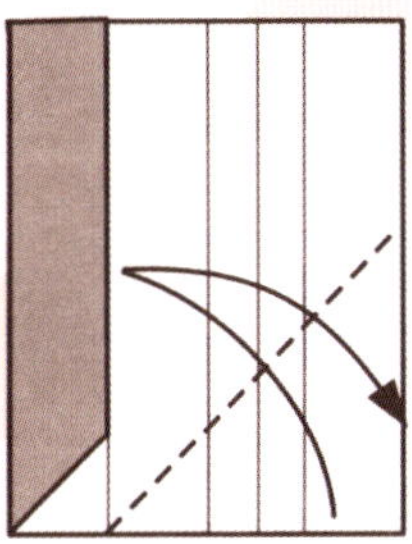

對齊邊緣摺
上三角摺印

⑤

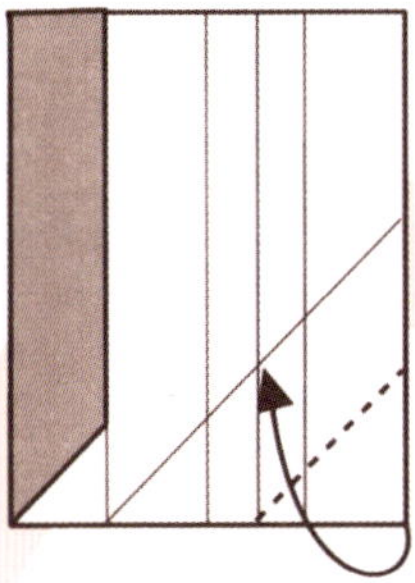

對齊做好的
記號摺疊

⑥

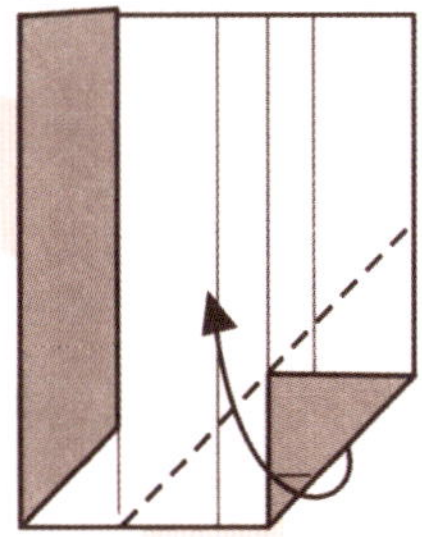

按圖④中
的摺印摺
疊

⑦

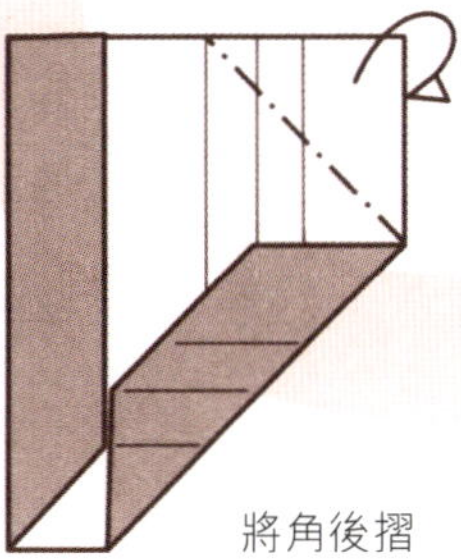

將角後摺

對齊做好
的記號摺
疊

❹

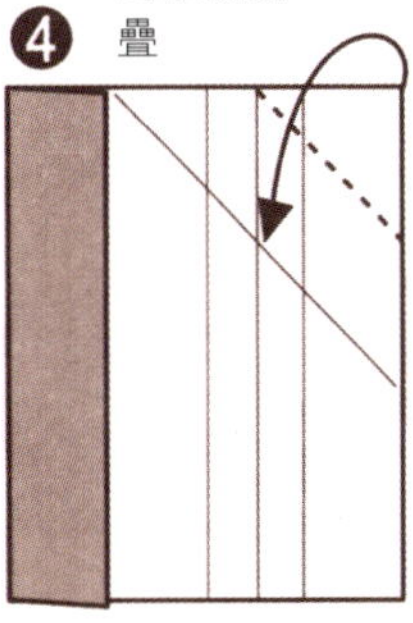

按圖❸的
摺印摺疊

❺

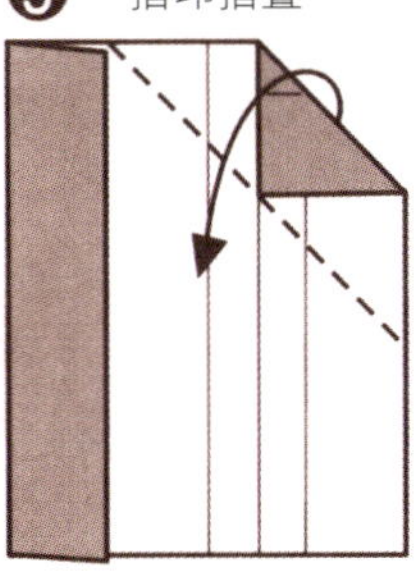

❻

將角後摺

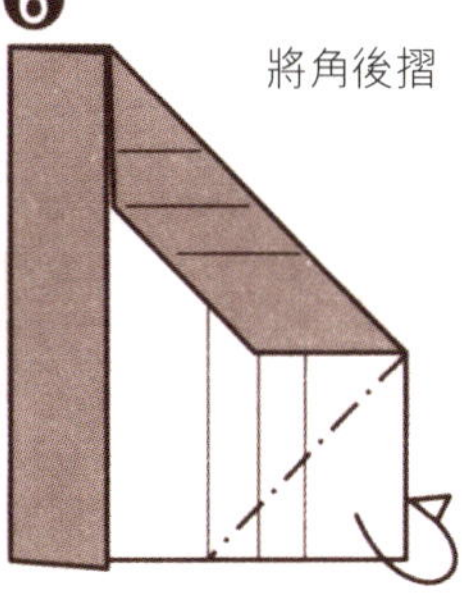

⑦

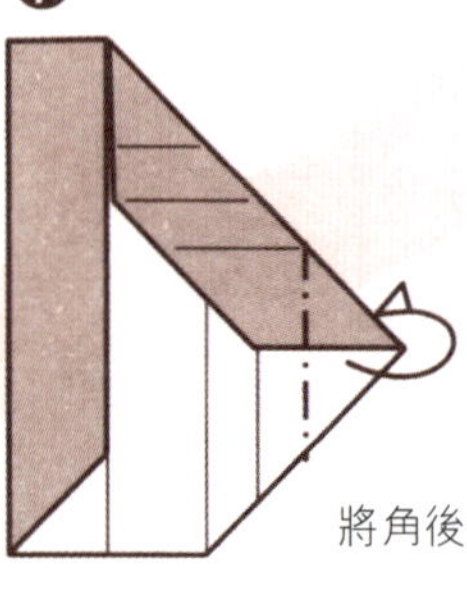

將角後摺

❽

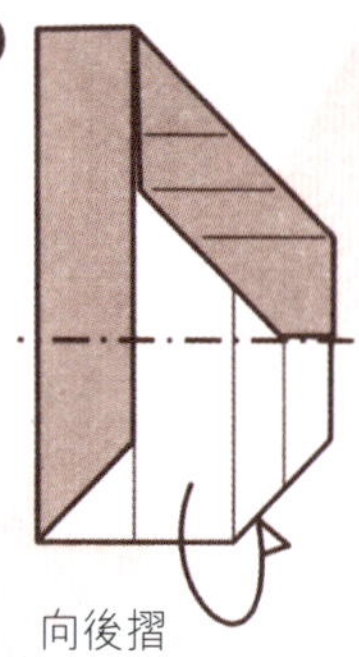

向後摺

⑧

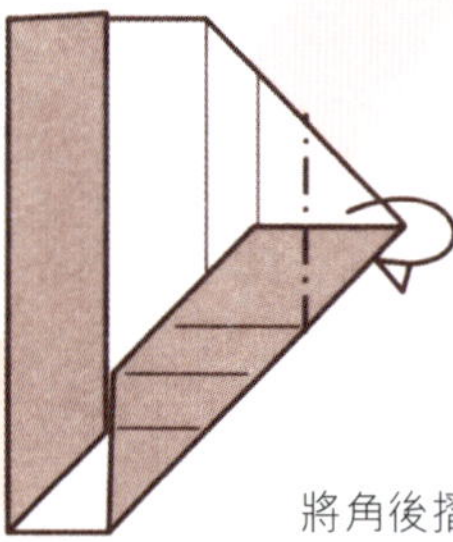

將角後摺

⑨

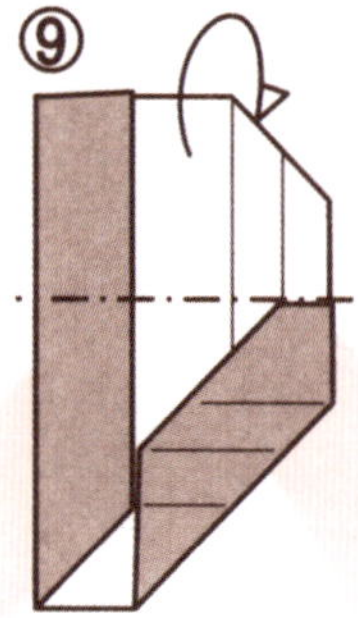

向後摺

⑩

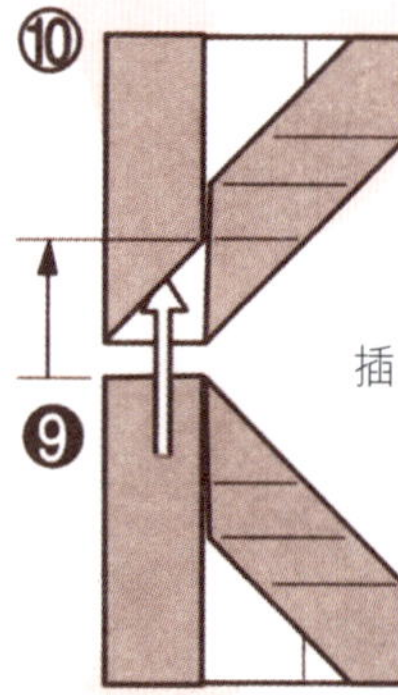

插入縫隙黏住

⑪

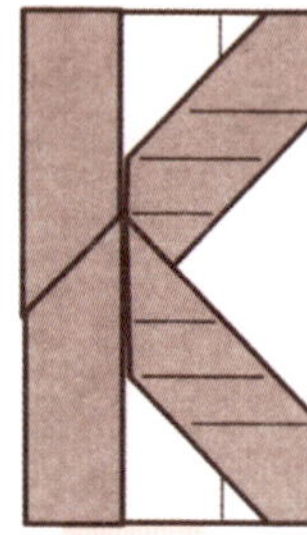

完成品

字母摺紙 ● L

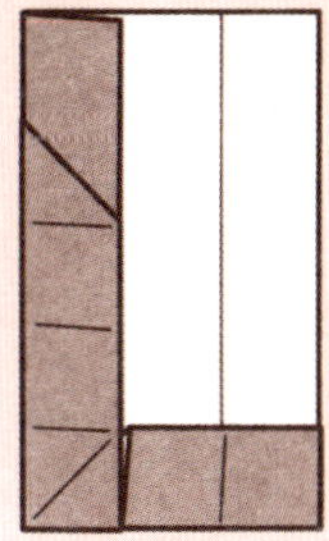

◆摺紙2張

· L—1 ·

從基本摺法2
開始

①

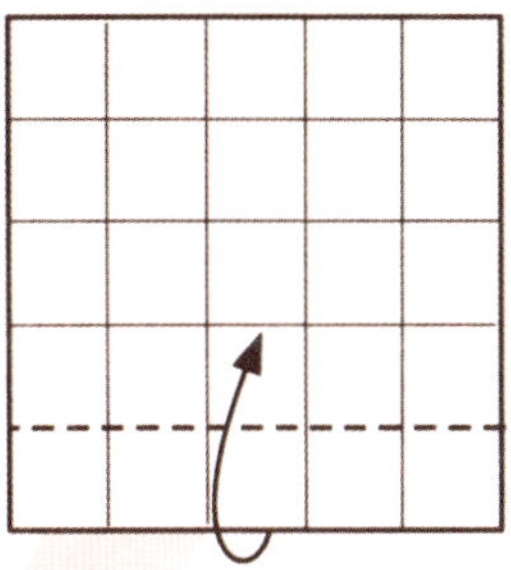

按第一道
摺印摺疊

②

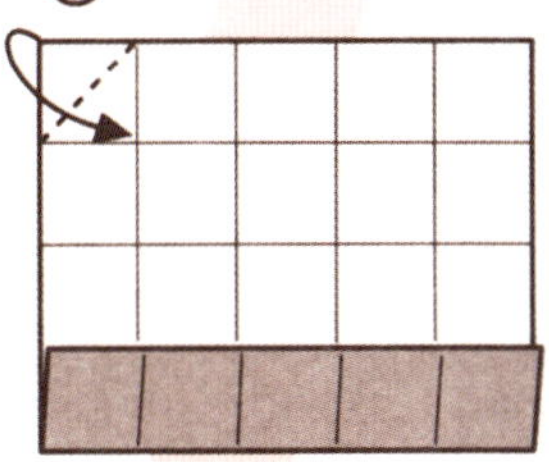

下摺成三角

③

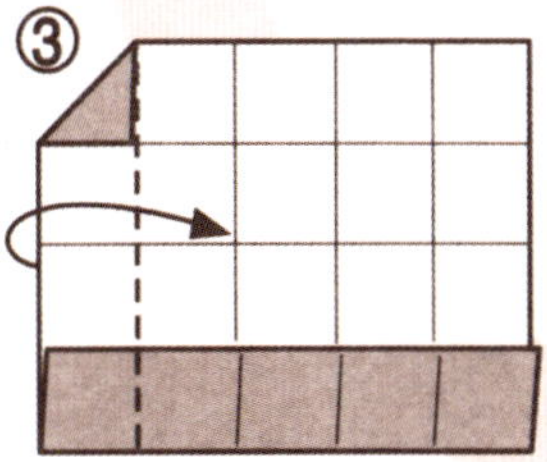

按第一道
摺印摺疊

④

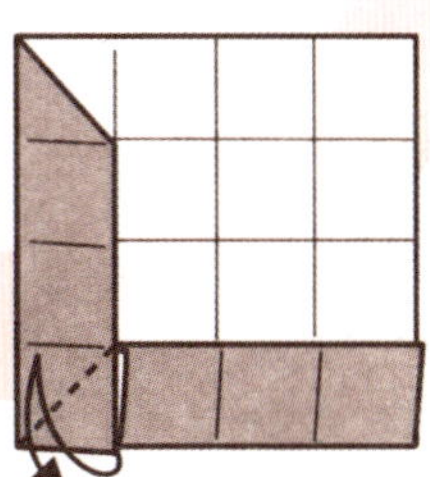

摺上三角摺印

⑤

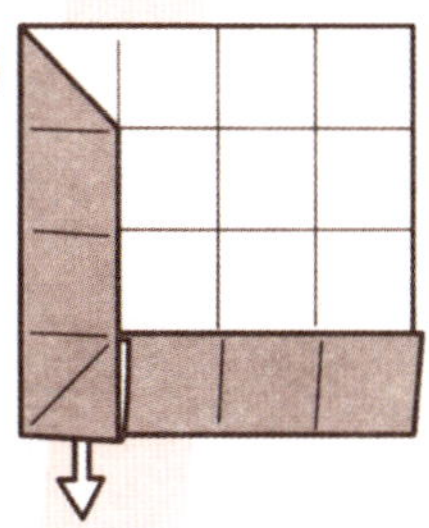

將角拉
出捏摺

⑥

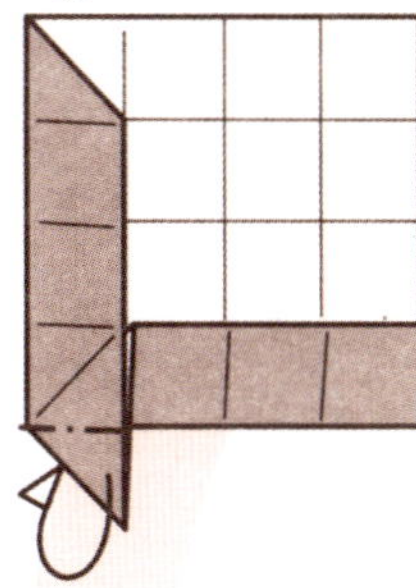

將角後摺

· L—2 ·

從基本摺法1開始

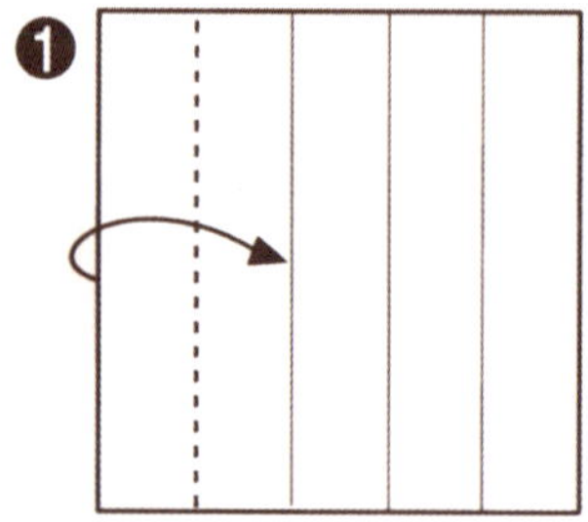

按第一道摺印摺疊

插入縫隙

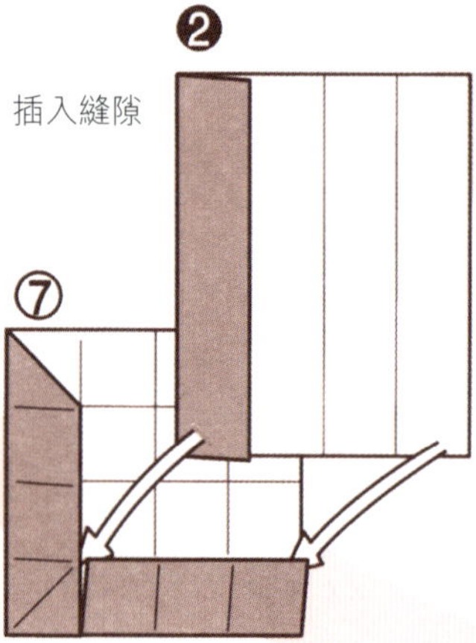

按第一道摺印向後摺

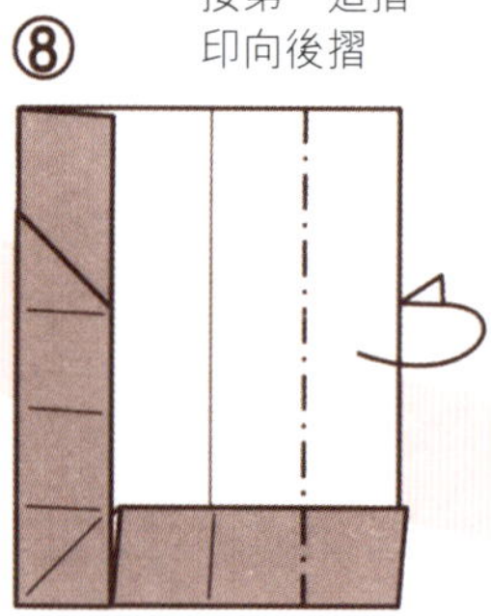

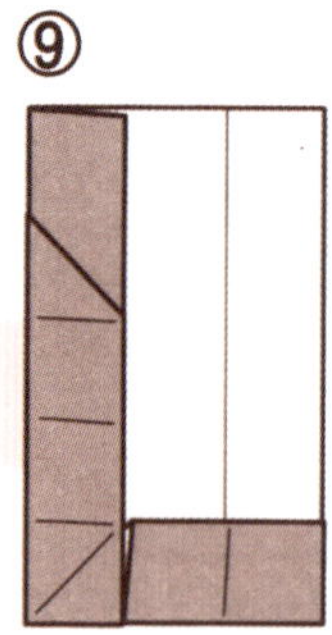

完成品

字母摺紙 • M

◆摺紙2張

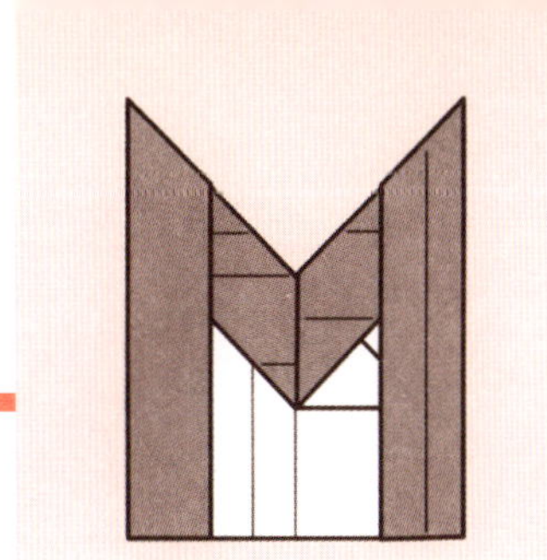

從基本摺法1
開始

①

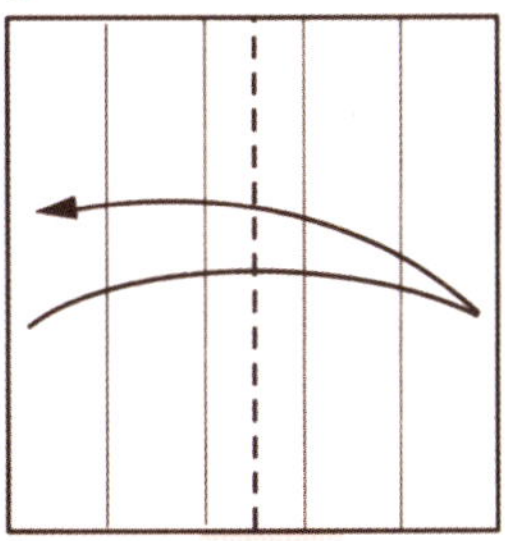

摺上對
摺摺印

❷

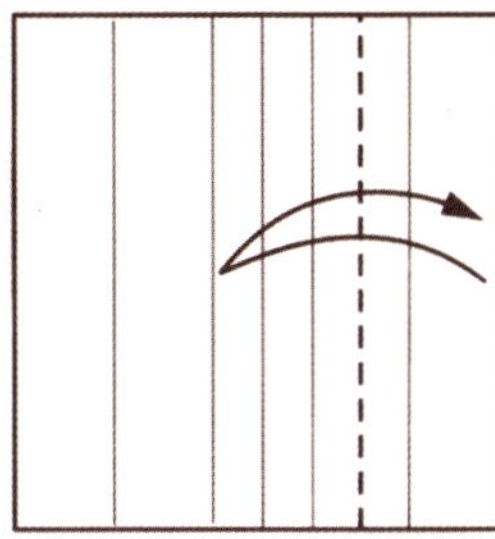

· M—2 ·

對齊左第
二道摺印
摺上摺印

②

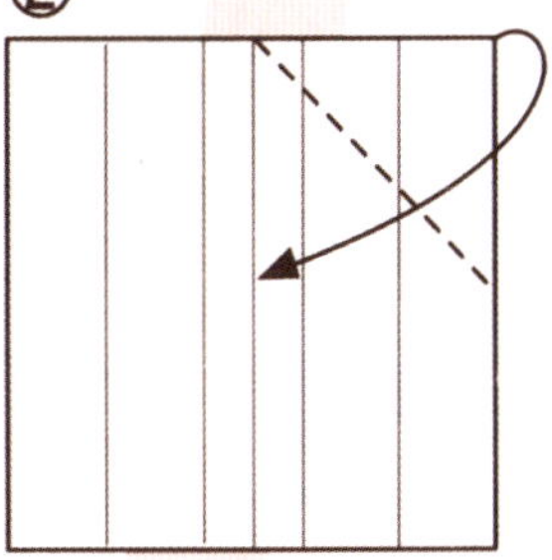

· M—1 ·

對齊摺印
摺成三角

❸

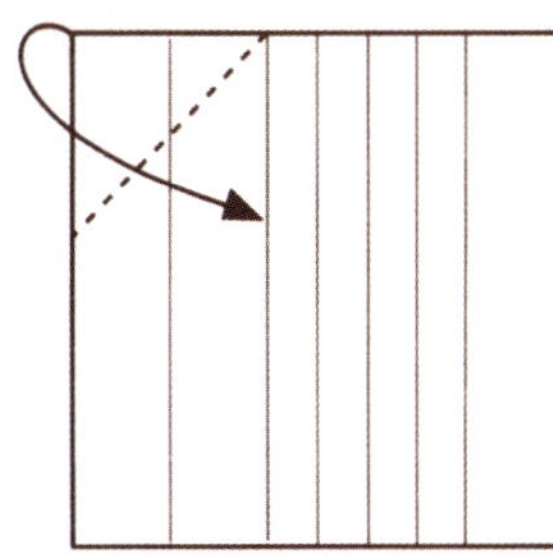

將邊緣對齊第
二道摺印摺疊

③

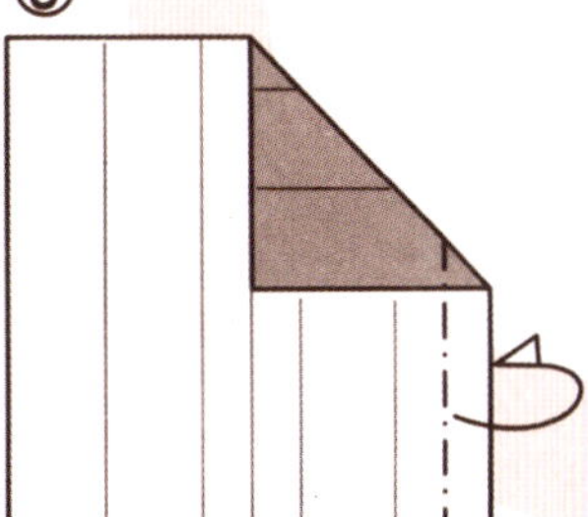

按第一道摺印向後摺

將邊緣對齊第
一道摺印摺疊

④

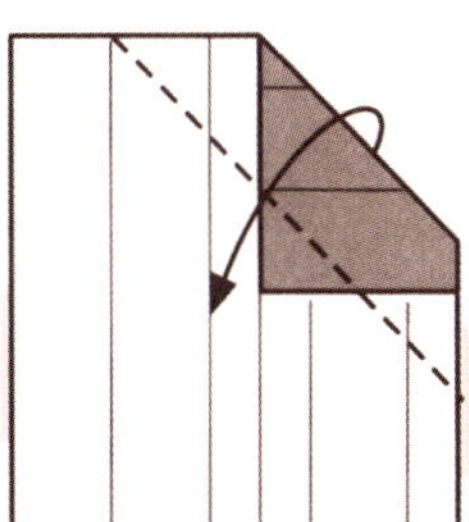

⑤

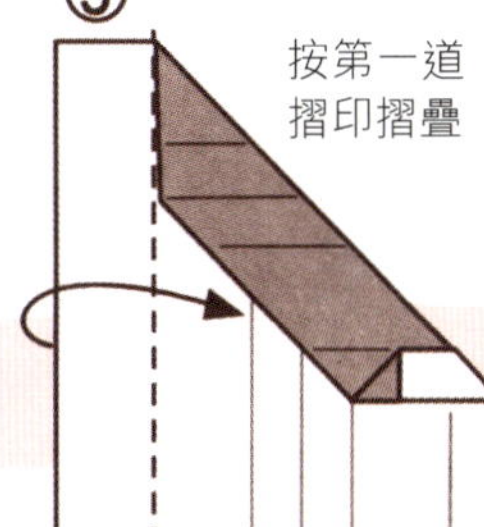

按第一道
摺印摺疊

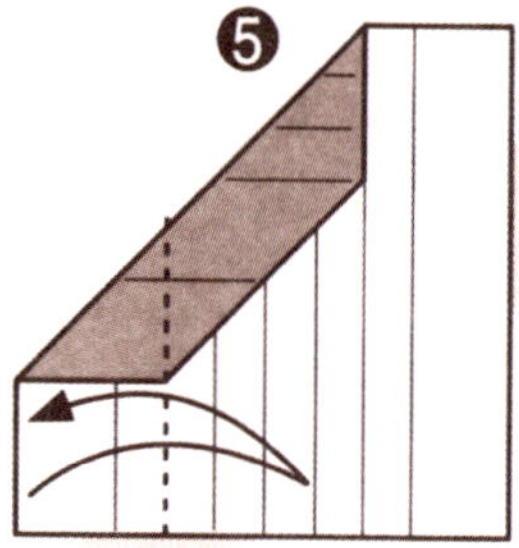

對齊左第
三道摺印
摺上摺印

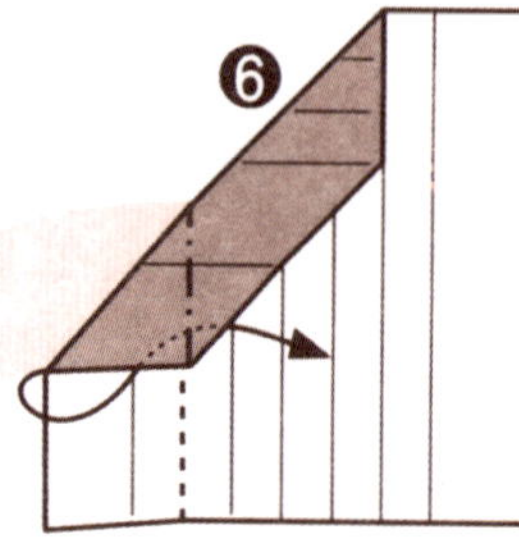

用內摺將
角摺出來

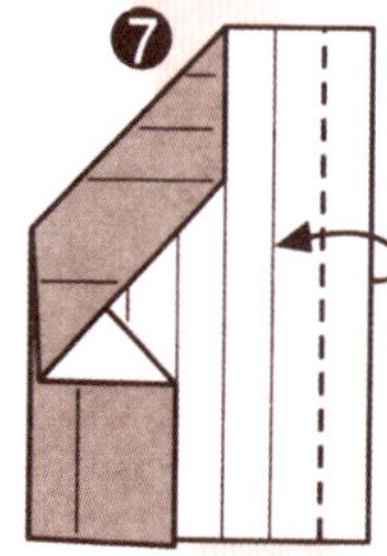

對齊第一
道摺印摺
疊

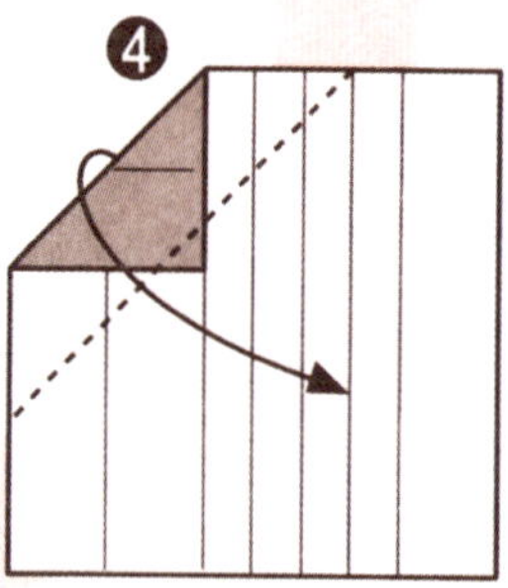

將邊緣對齊右
第二道摺印摺
疊

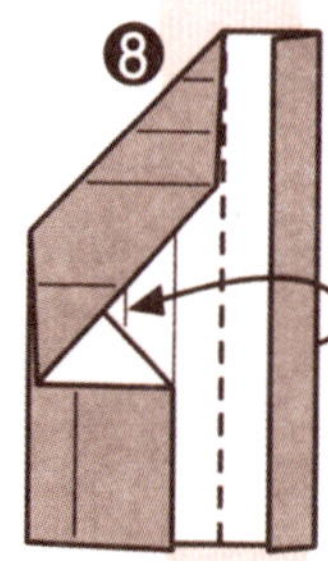

在邊緣處摺疊

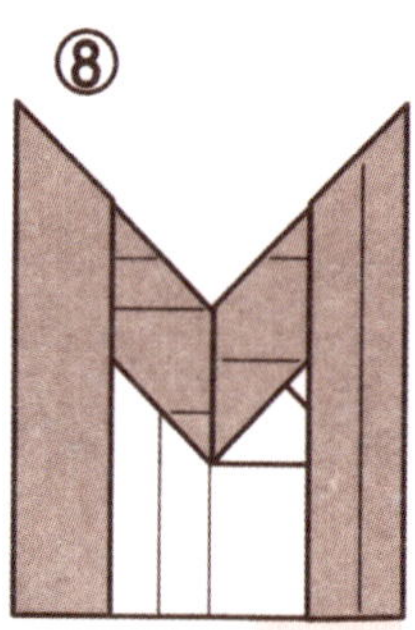

完成品

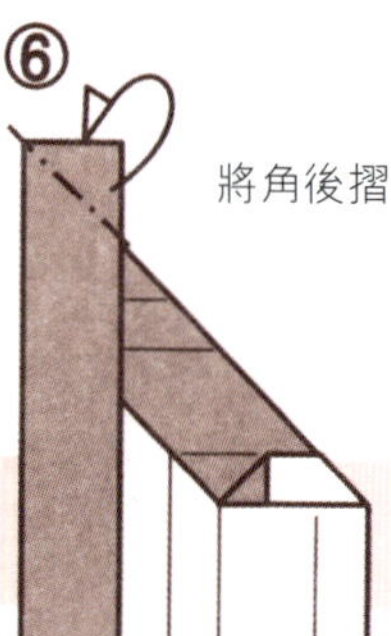

將角後摺

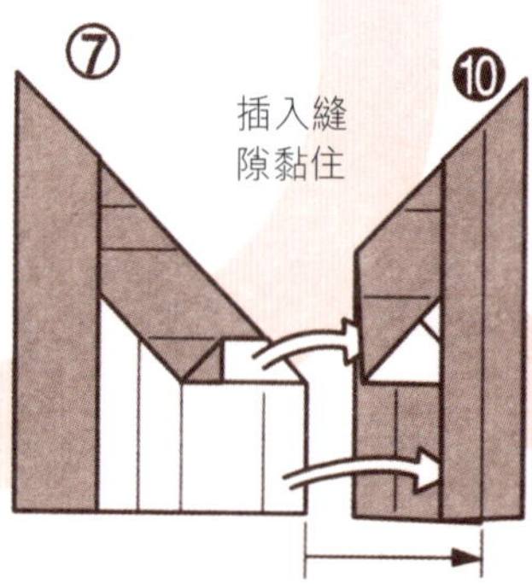

插入縫
隙黏住

將角後摺

字母摺紙 • N

◆摺紙2張

· N—1 ·

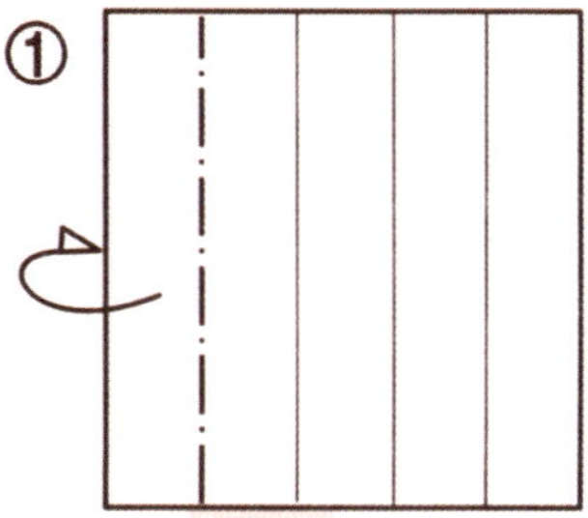

按第一道摺
印向後摺疊

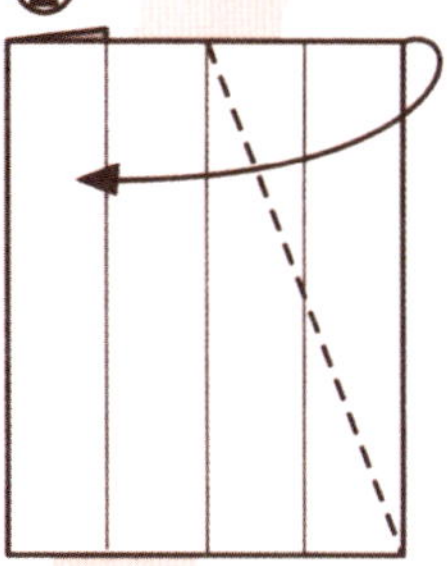

將第2道摺印的
角和下面的角按
連接線摺疊

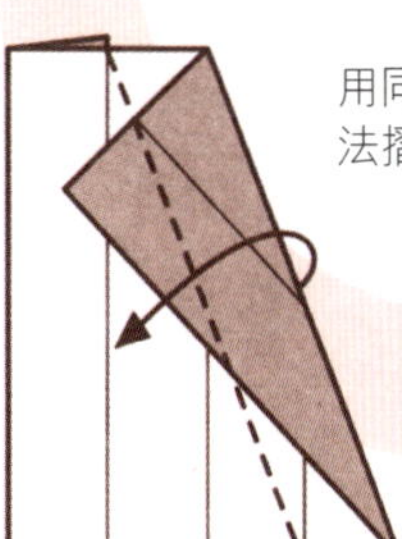

用同樣方
法摺疊

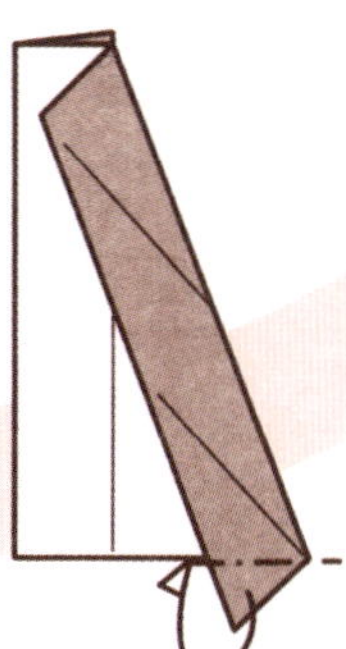

將角後摺

· N—2 ·

從基本摺法1
開始

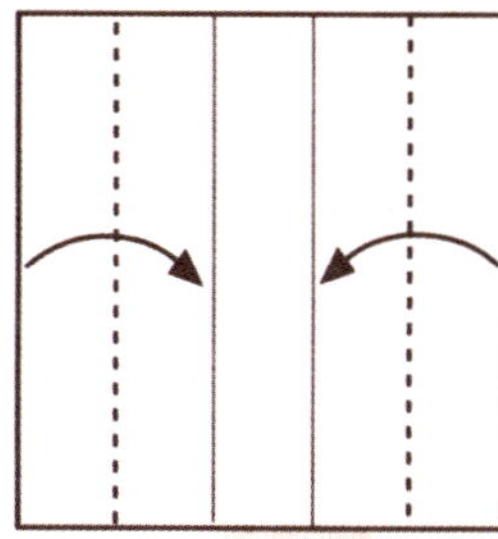

分別按左右第
一道摺印摺疊

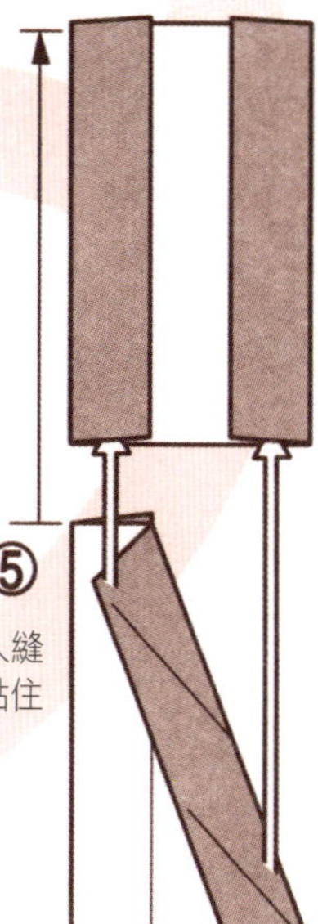

插入縫
隙黏住

字母摺紙 • O

◆摺紙2張

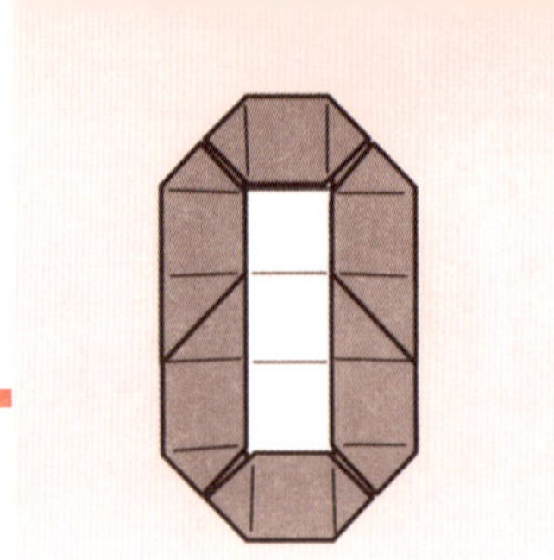

· O—1 · 從基本摺法2開始

①

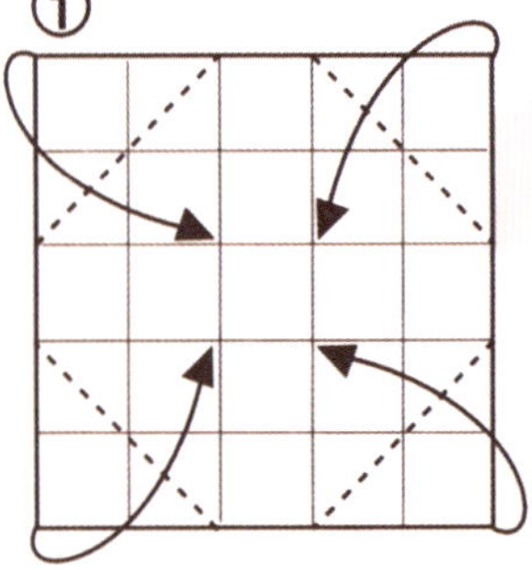

將各角按摺印摺成三角

②

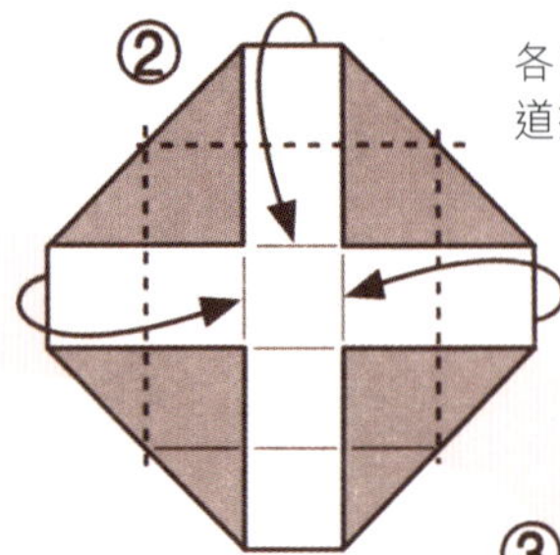

各自按第一道摺印摺疊

③

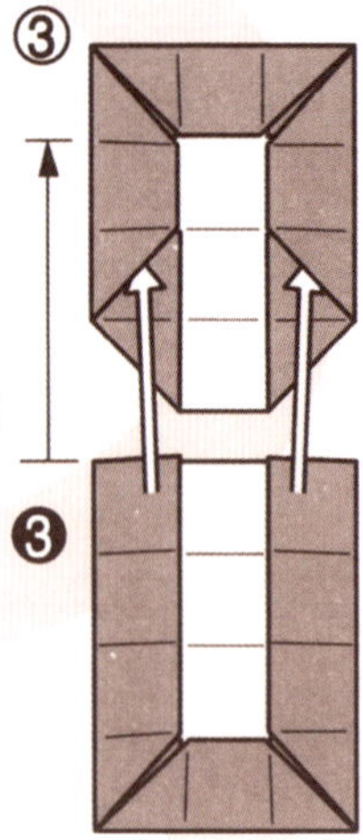

插入縫隙

④

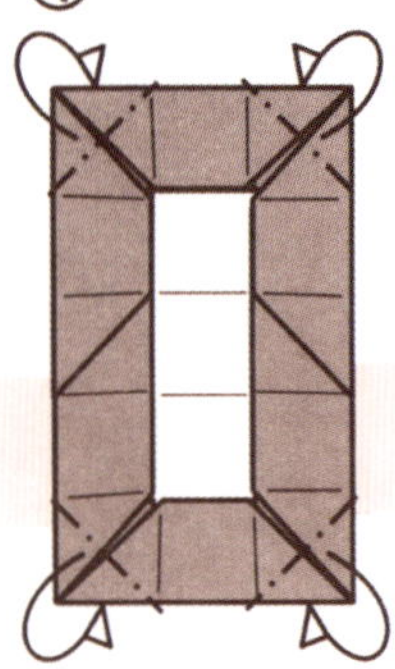

將各角分別後摺

⑤

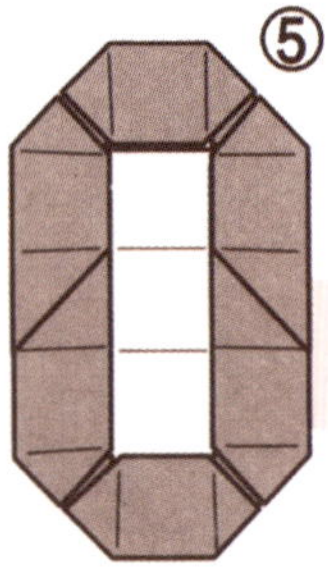

完成品

· O—2 ·
從基本摺法2開始

❶

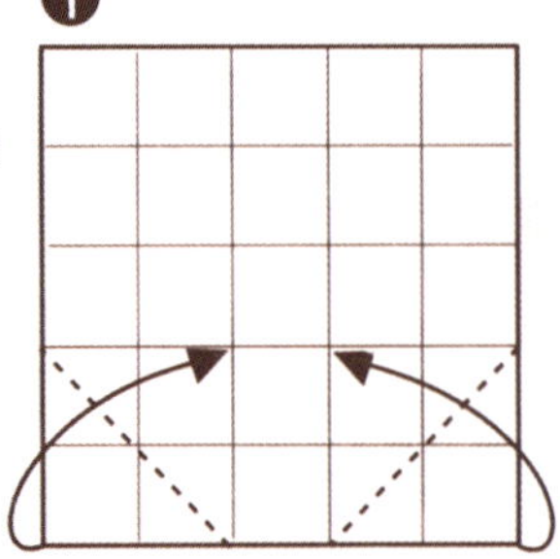

將各角按摺印摺成三角

❷

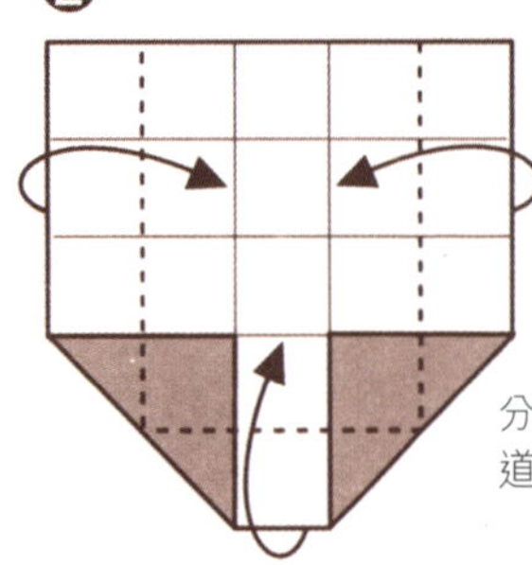

分別按第一道摺印摺疊

字母摺紙●P

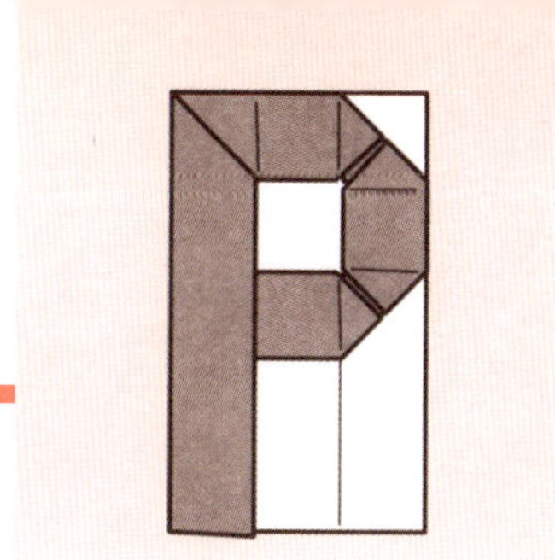

◆摺紙2張

·P—1·
從基本摺法2
開始

①

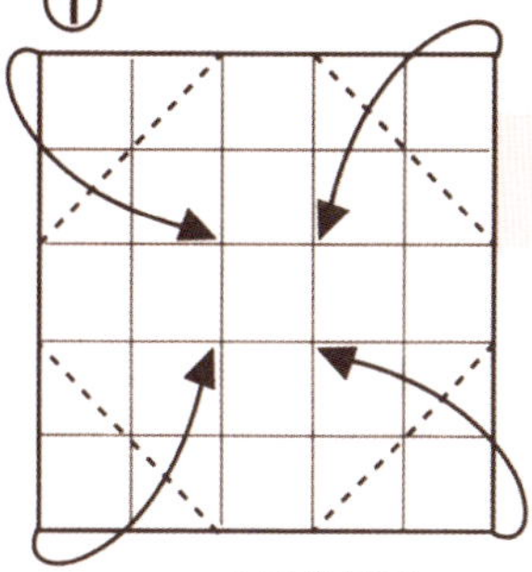

分別按摺印
摺成三角

②

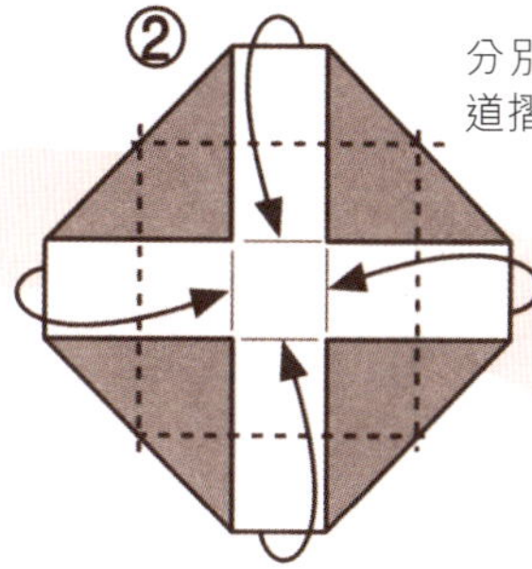

分別按第一
道摺印摺疊

③

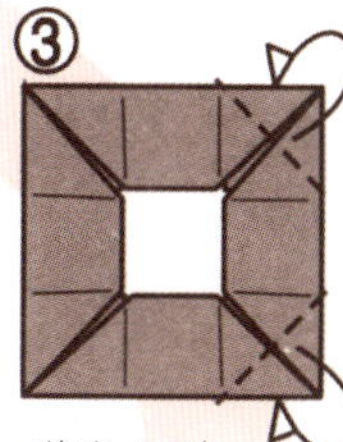

將角分別
後摺

④

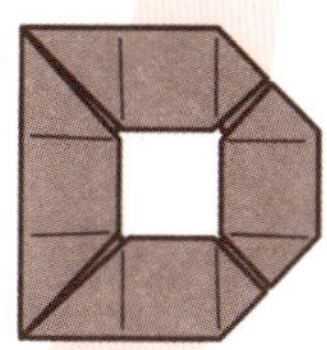

⑥

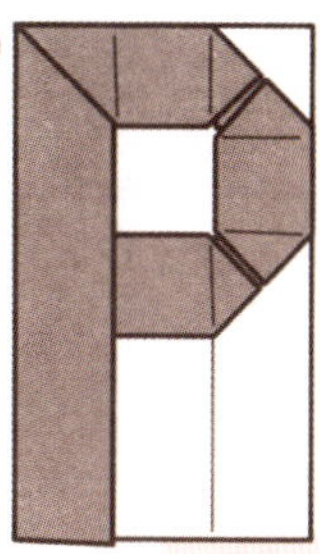

完成品

·P—2·
從基本摺法1
開始

按第一道摺印分
別向前摺向後摺

❶

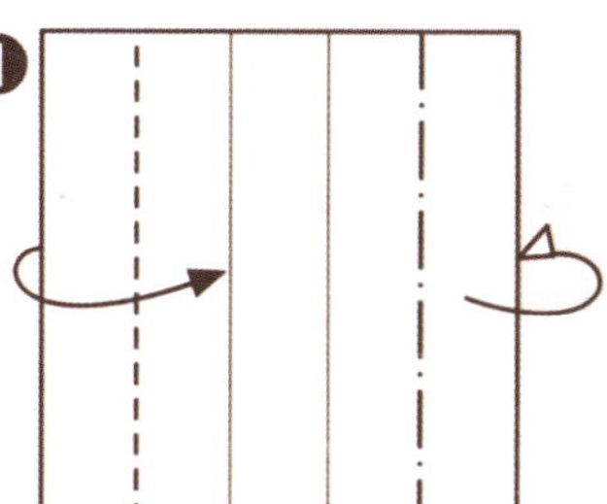

⑤

❷

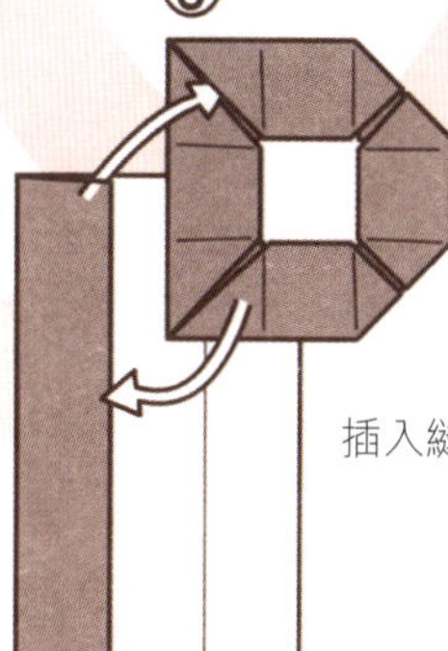

插入縫隙

字母摺紙・Q

◆摺紙2張

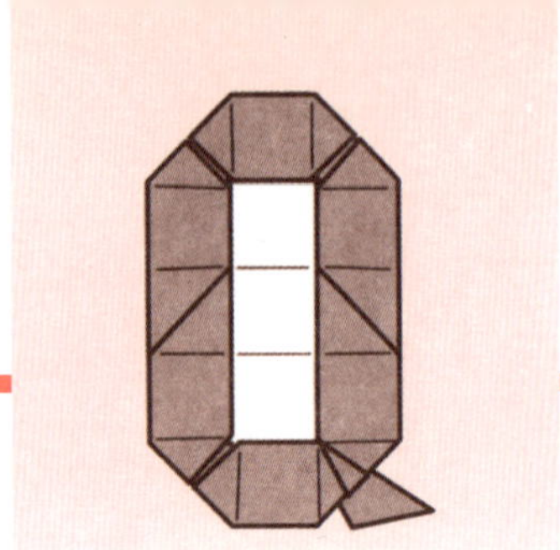

・Q—1・

從基本摺法2
開始

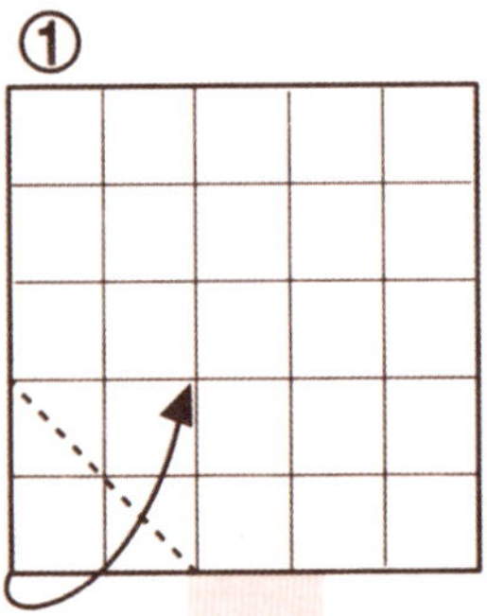

按摺印摺
成三角

・Q—2・

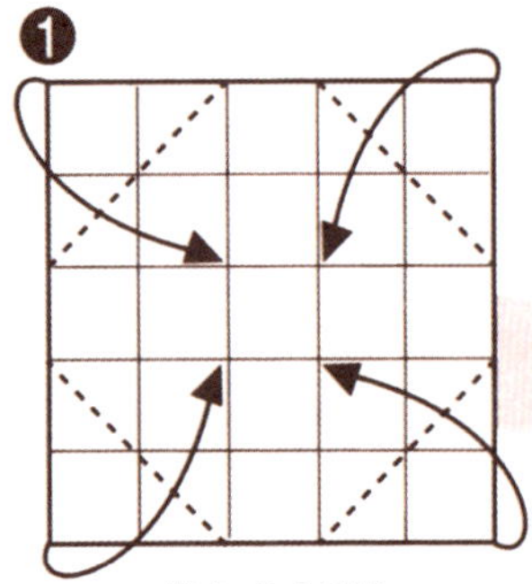

將各角分別按
摺印摺成三角

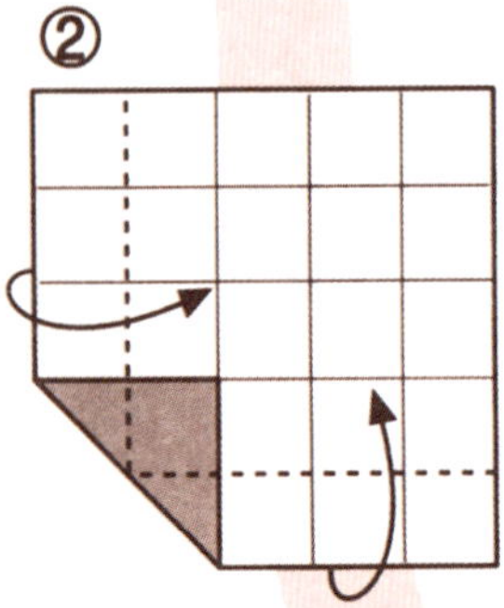

分別按第
一道摺印
摺疊

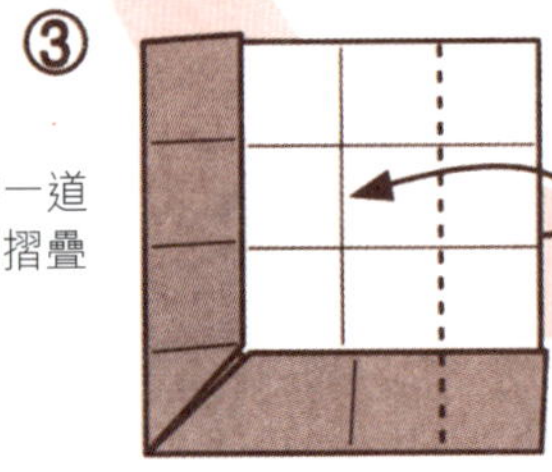

按第一道
摺印摺疊

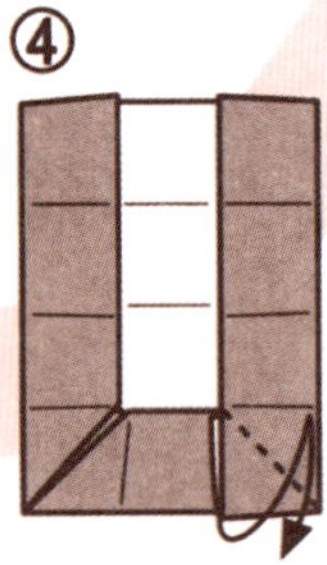

摺上三
角摺印

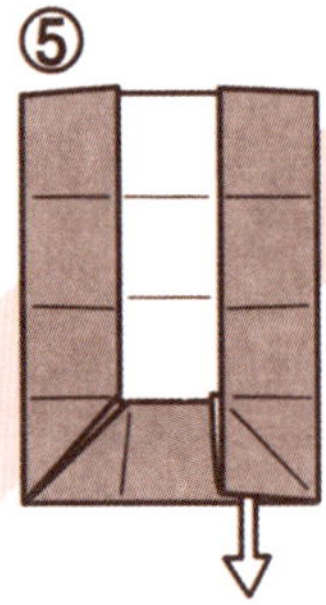

將角拉
出捏摺

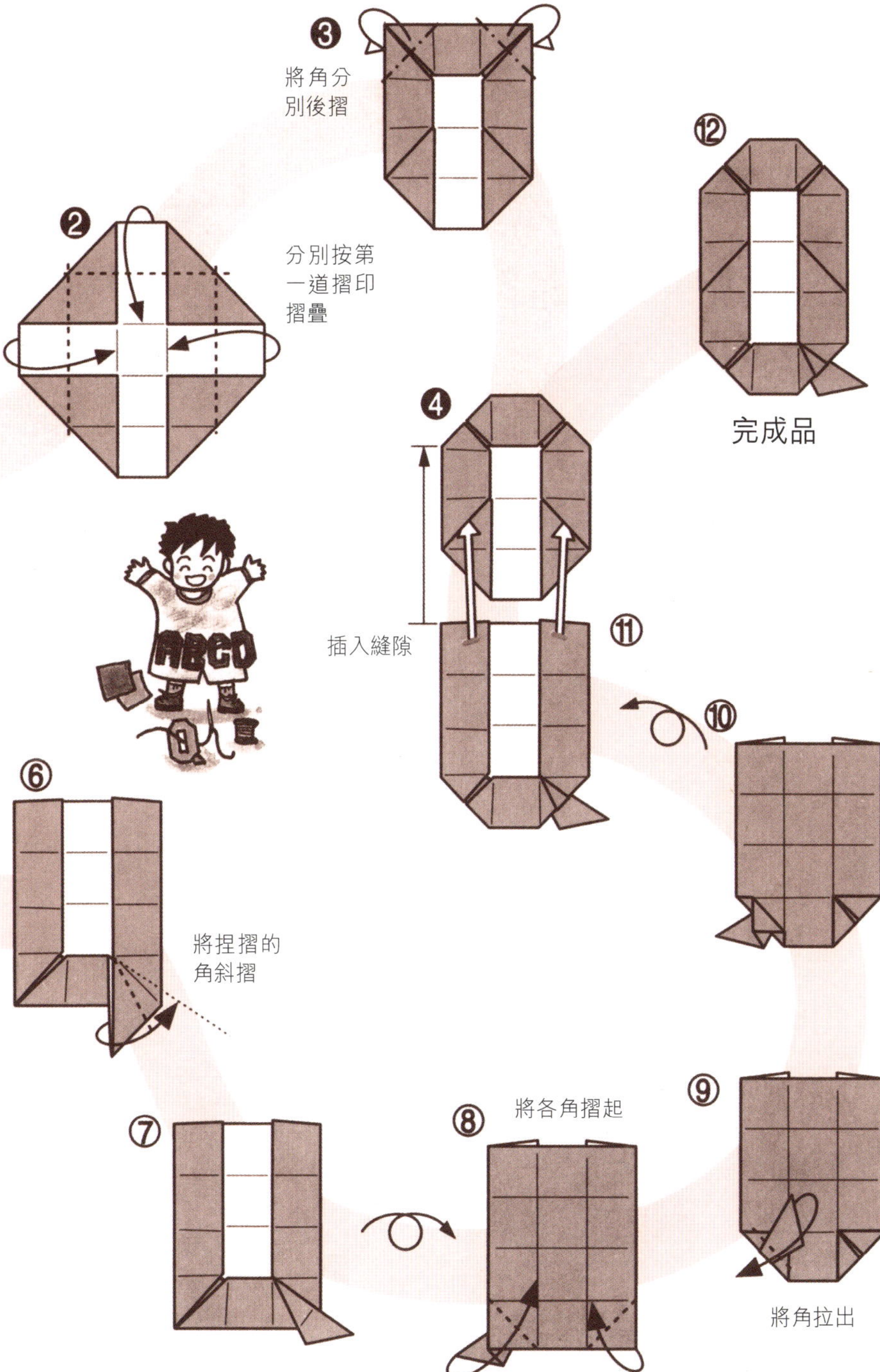

❷
分別按第
一道摺印
摺疊
❸
將角分
別後摺
❹
⑥
將捏摺的
角斜摺
⑦
⑧
將各角摺起
⑨
將角拉出
⑩
⑪
插入縫隙
⑫
完成品

字母摺紙 • R

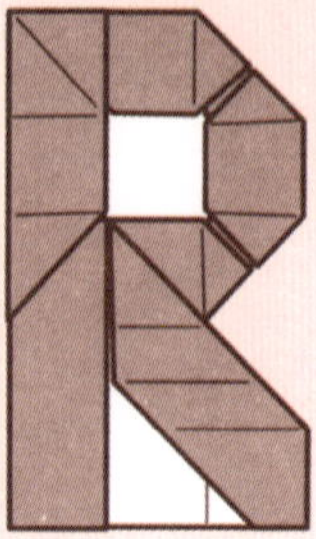

◆摺紙2張

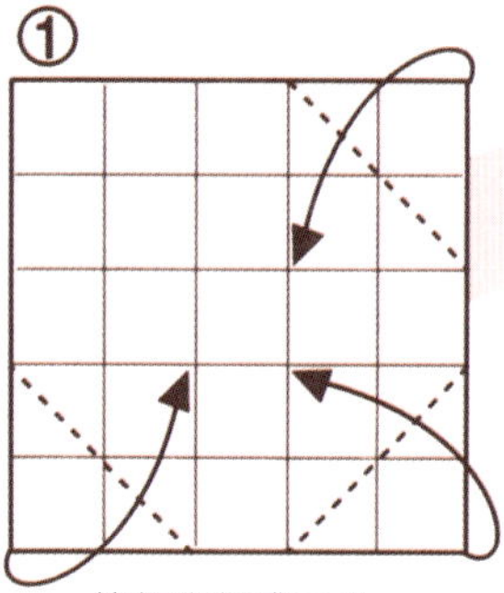

按摺印摺成三角

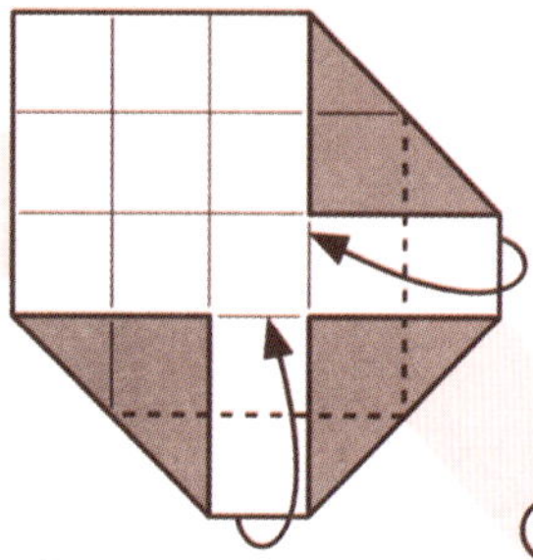

分別在第一道摺印摺

· R—1 ·

從基本摺法2開始

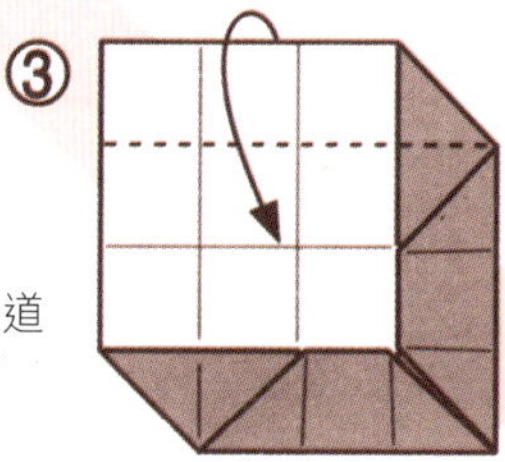

按第一道摺印摺

· R—2 ·

從基本摺法1開始

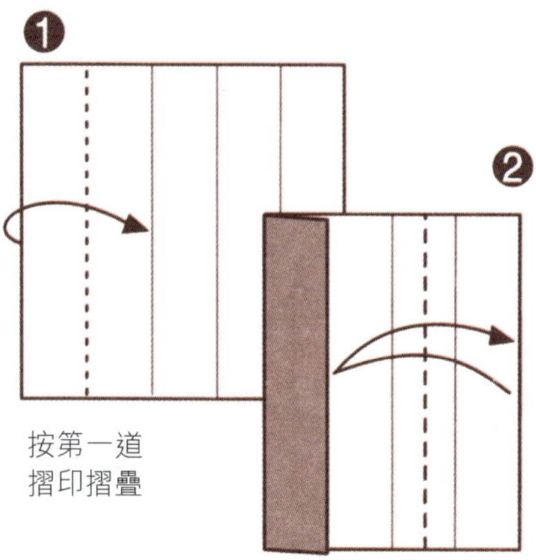

按第一道摺印摺疊

對齊邊緣摺上摺印

對齊邊緣摺上三角摺印

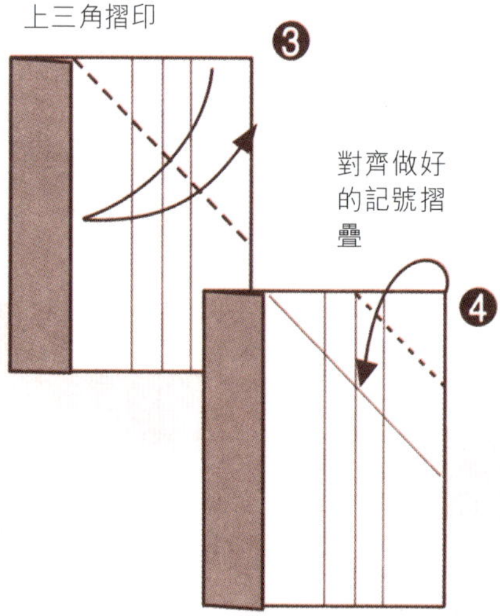

對齊做好的記號摺疊

⑥
將角拉出捏摺
⑦
將各角分別後摺
⑧
⑨
插入縫隙黏住
⑤
摺上三角摺印
④
按第一道摺印摺疊
⑩
完成品
ROBOT
❽
向後摺
❺
按圖❸的摺印摺疊
❻
按第一道摺印向後摺
❼
向後摺成三角

字母摺紙 • S

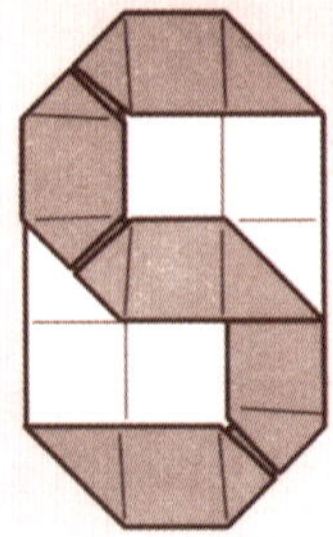

◆摺紙2張

① · S—1 ·

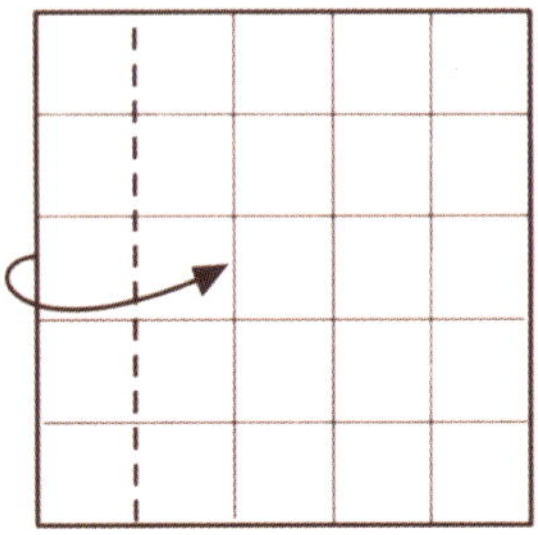

按第一道摺印摺疊

②

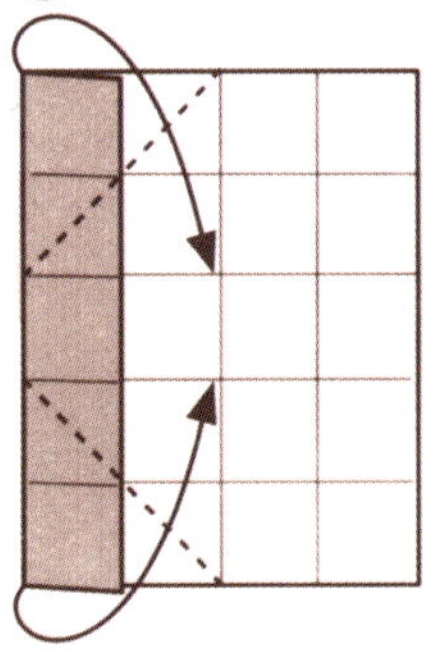

按摺印分別
摺成三角

③

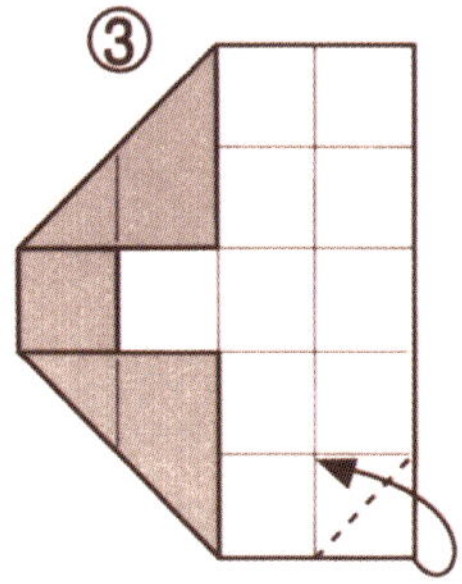

對齊摺印
摺成三角

從基本摺法2
開始

❶ · S—2 ·

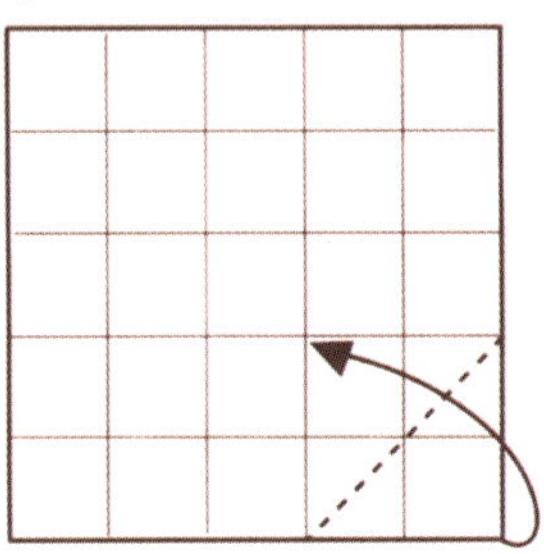

摺印摺成三角

❷

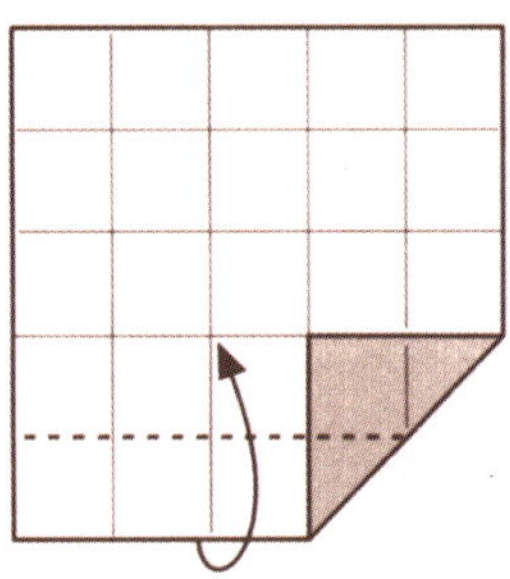

按第一道摺印

❸ 按第一道摺印

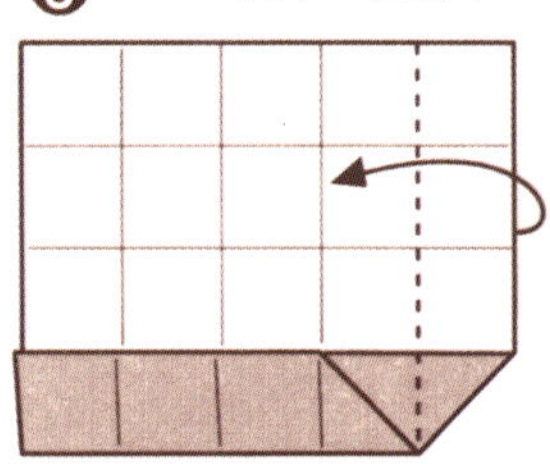

④

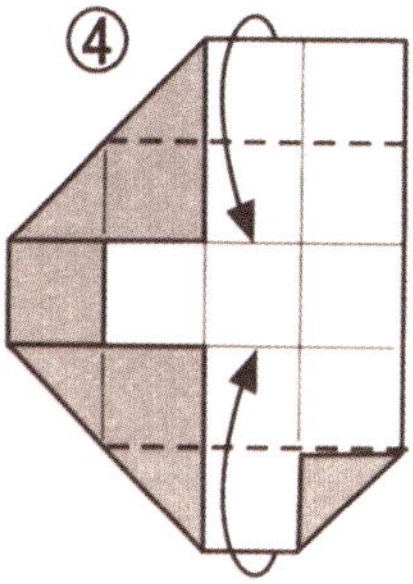

分別按第一
道摺印摺疊

自角處摺疊

⑤

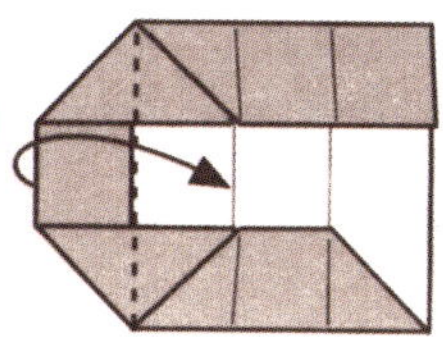

⑥ 將各角向後摺

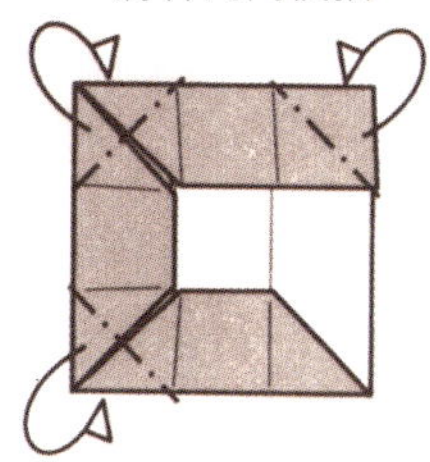

⑧

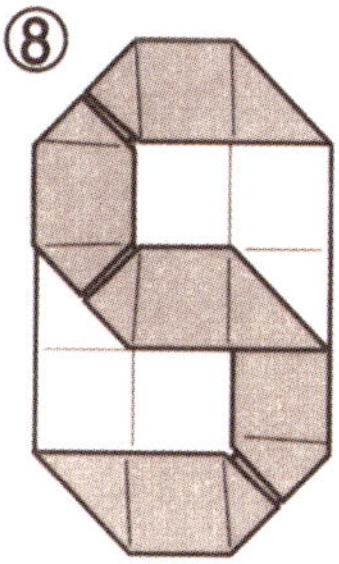

完成品

⑦

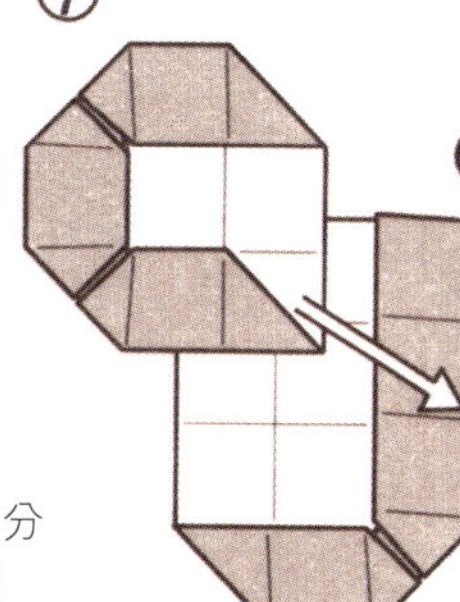

重合起來黏住

❹ 按第一道
摺印後摺

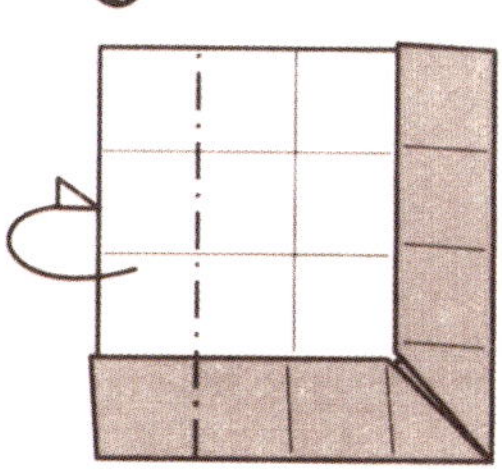

❺

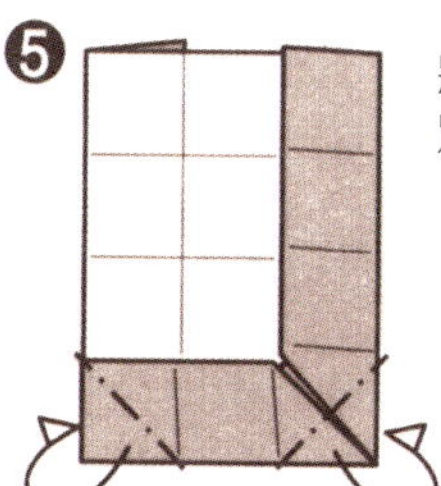

將各角分
別後摺

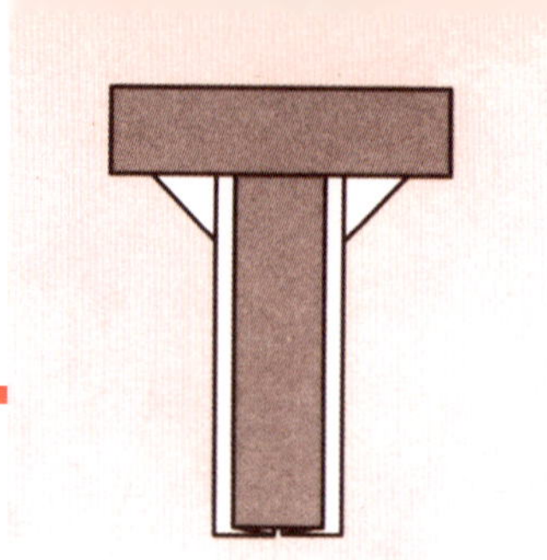

字母摺紙 • T

◆摺紙2張

· T-1 ·

①

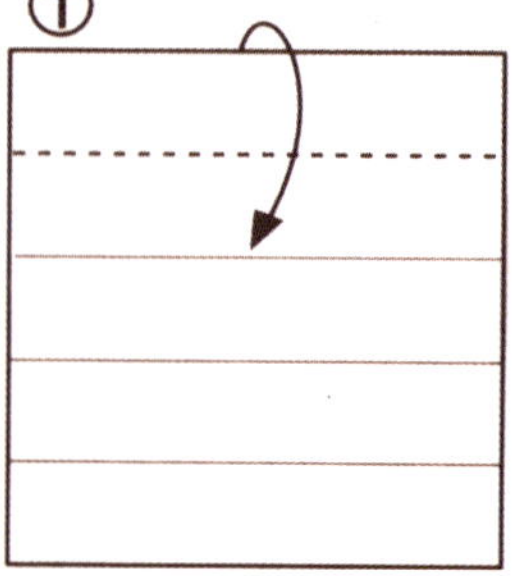

按第一道
摺印摺疊

②

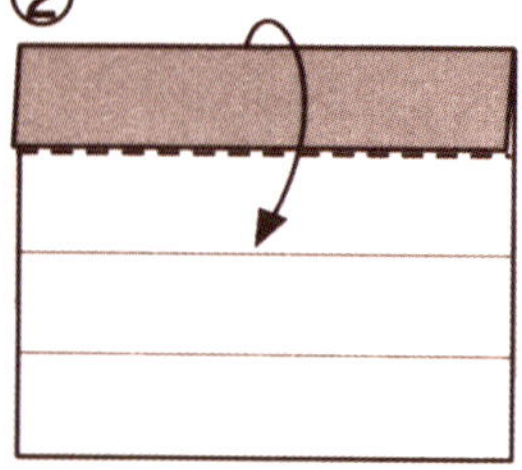

自邊緣處摺疊

③

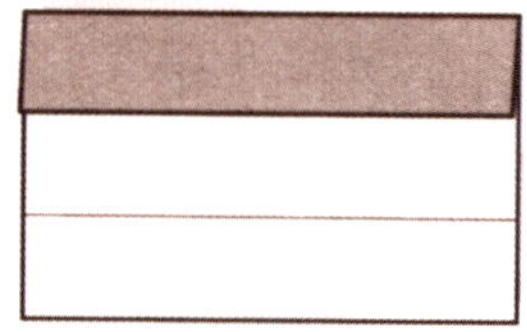

從基本摺法1
開始

❶

· T-2 ·

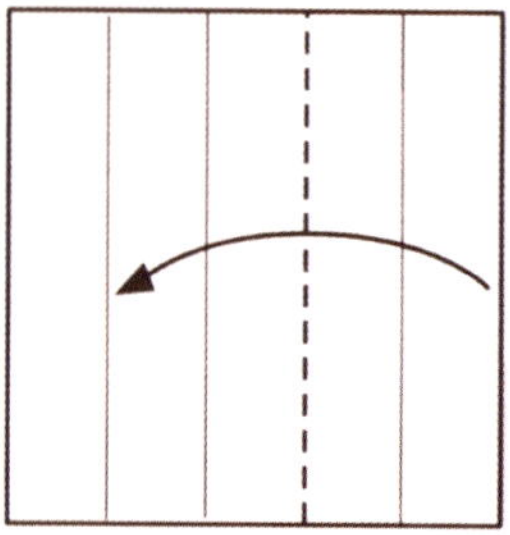

按第二道摺印摺疊

❷

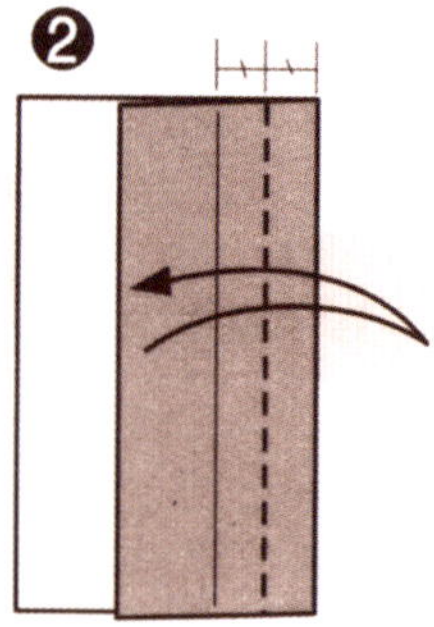

在一半處摺上摺印

❸

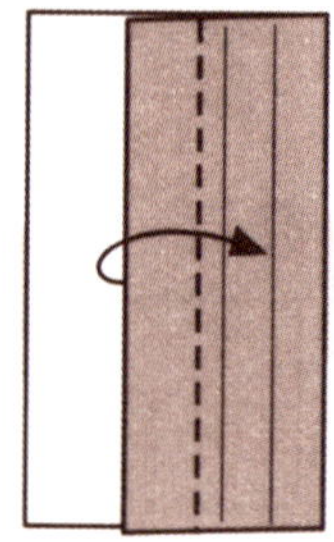

對齊摺好的
摺印摺疊

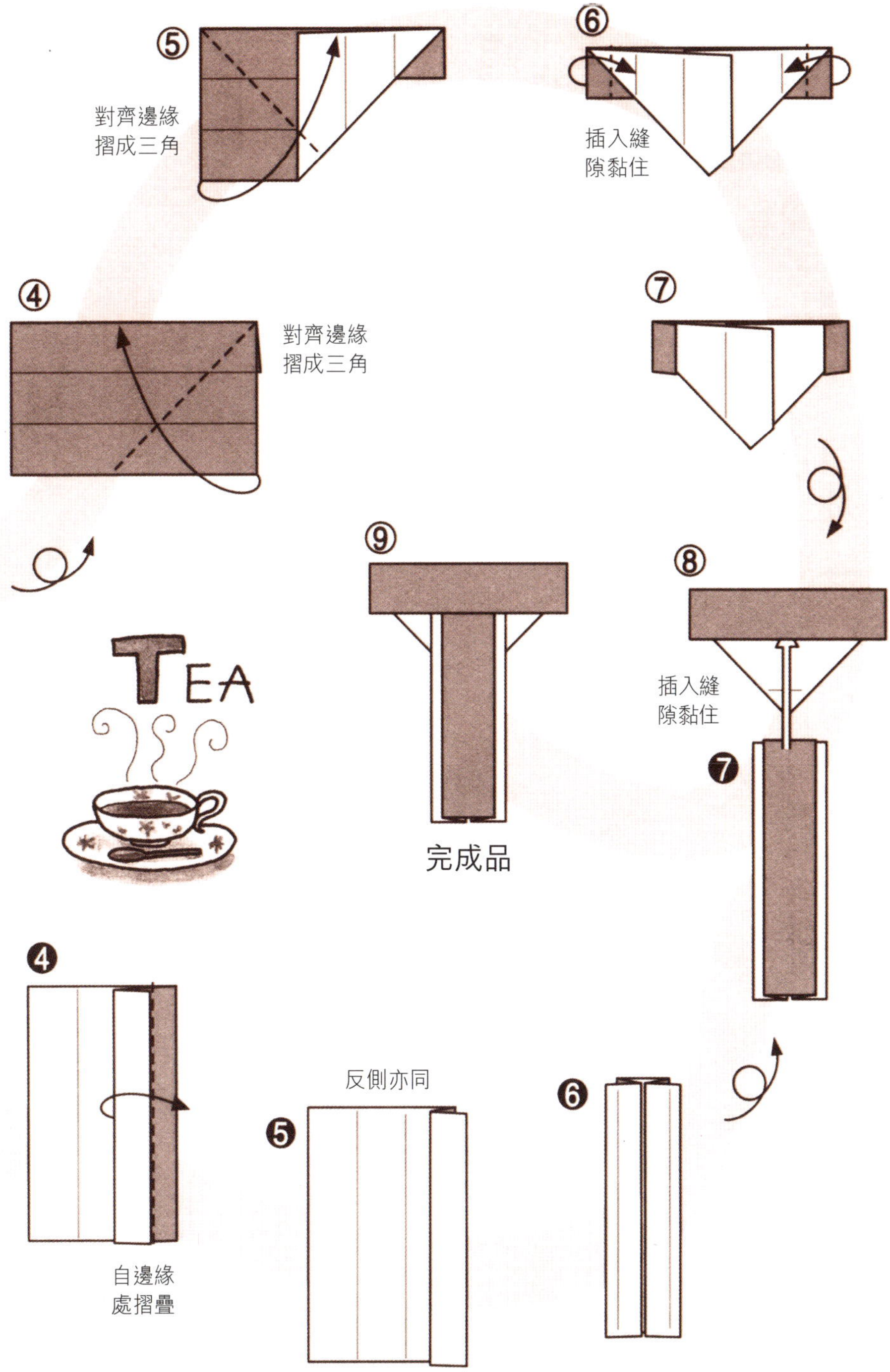
⑤
對齊邊緣
摺成三角
⑥
插入縫
隙黏住
④
對齊邊緣
摺成三角
⑦
⑨
⑧
插入縫
隙黏住
TEA
完成品
❼
❹
自邊緣
處摺疊
反側亦同
❺
❻

字母摺紙●U

◆摺紙2張

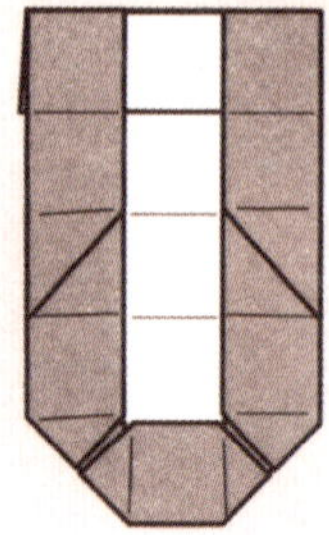

①

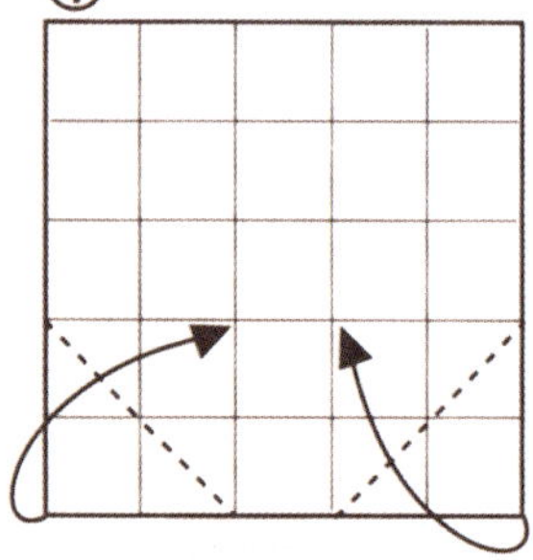

從基本摺法2
開始

對齊摺印
摺成三角

②

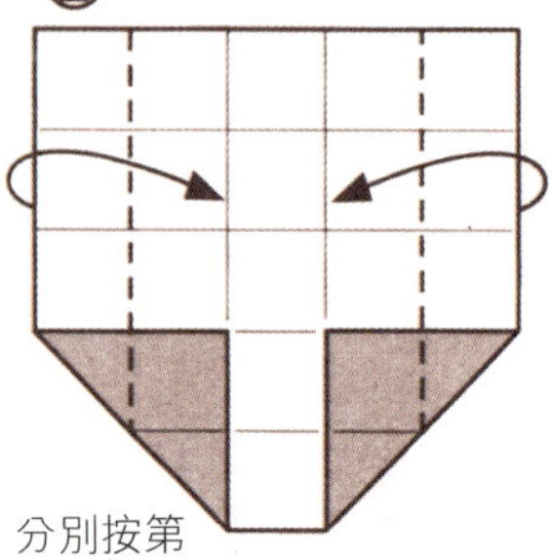

分別按第
一道摺印
摺疊

③ ·U-1·

按第一道
摺印後摺

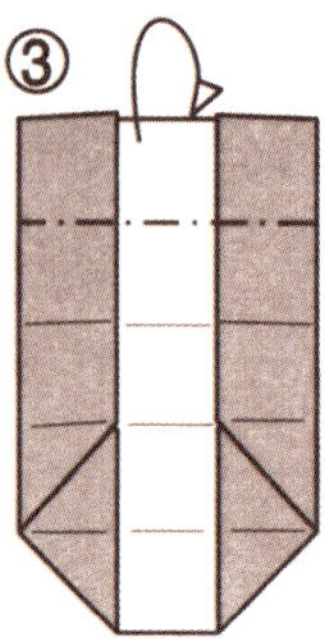

❸ ·U—2·

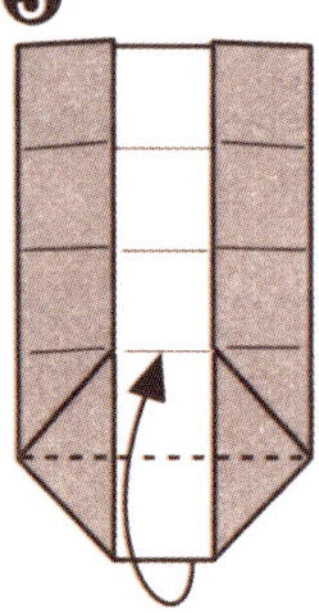

按第一道
摺印摺疊

④

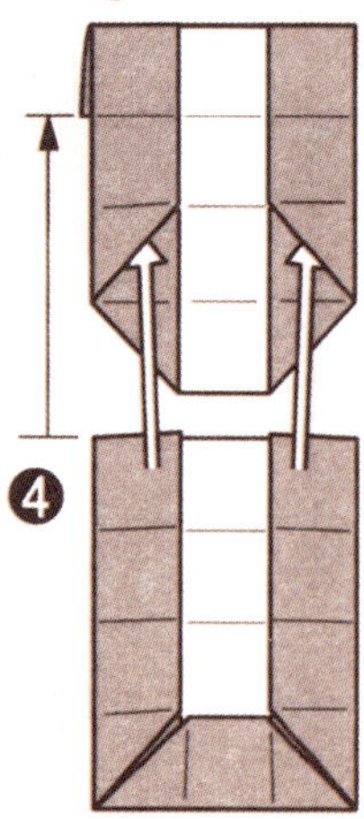

插入縫
隙黏住

⑤

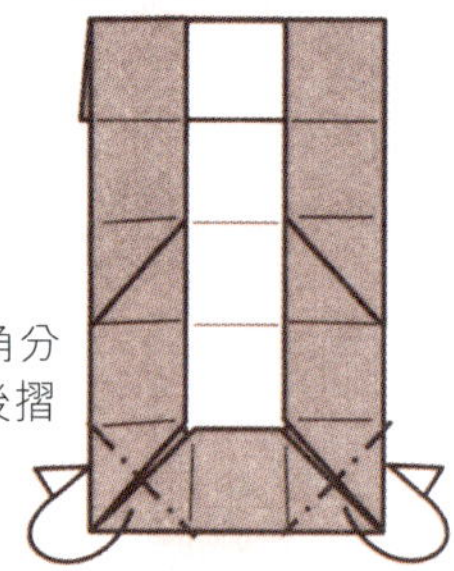

將角分
別後摺

⑥

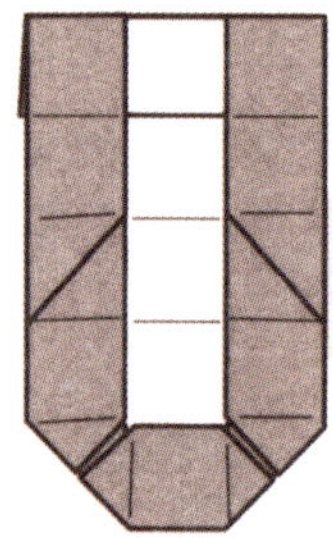

完成品

字母摺紙 • V

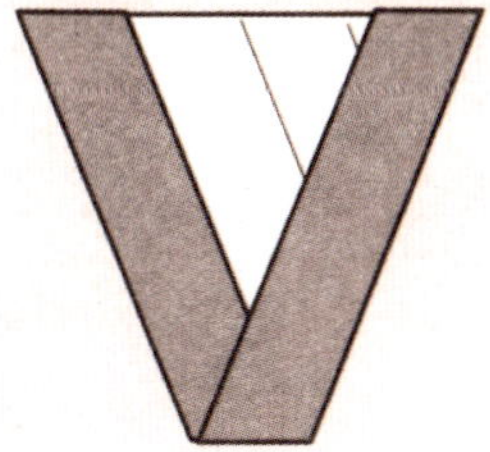

◆摺紙2張

從基本摺法1
開始

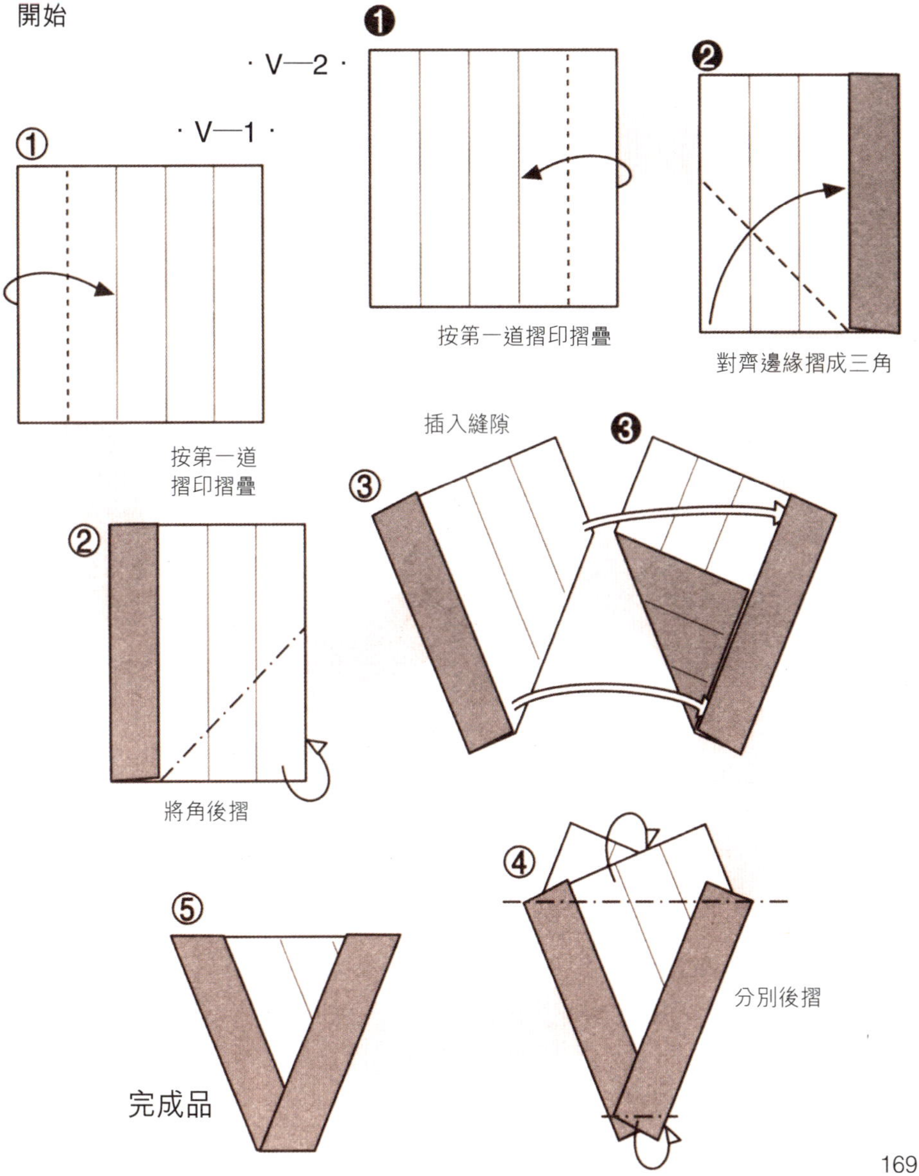

字母摺紙 • W

◆摺紙2張

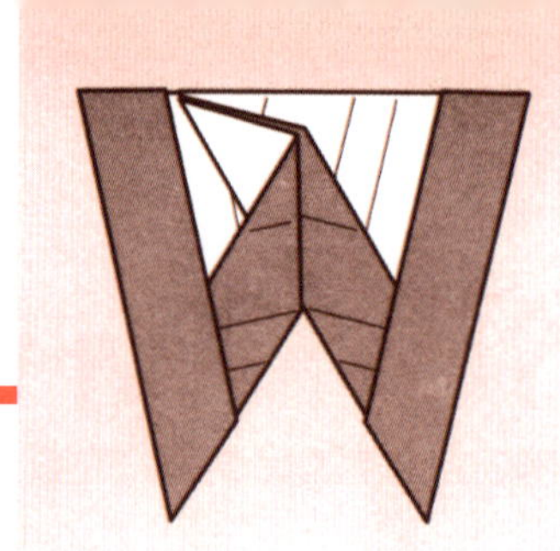

①

從基本摺法1
開始

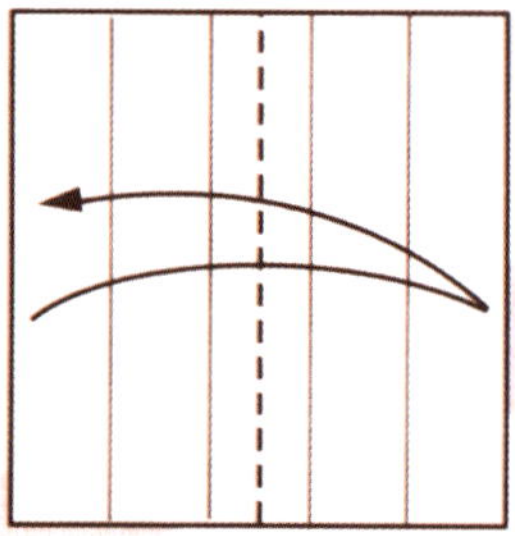

摺上對
摺摺印

· W—1 ·

②

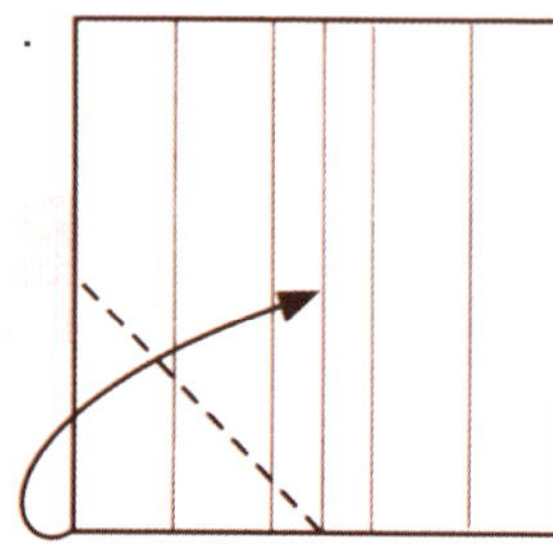

對齊摺印摺成三角

❷

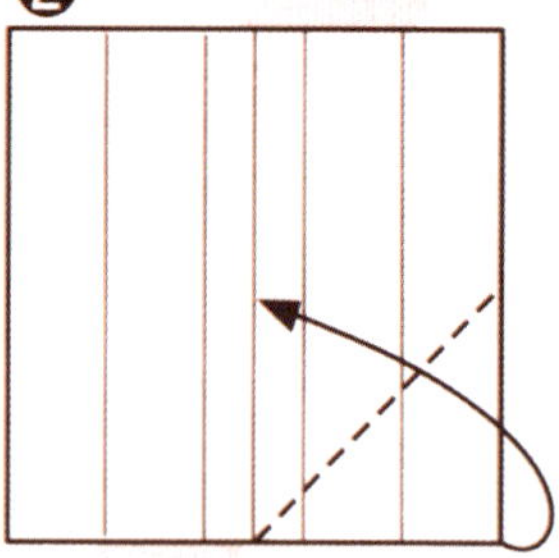

· W—2 ·

對齊摺印
摺成三角

❸

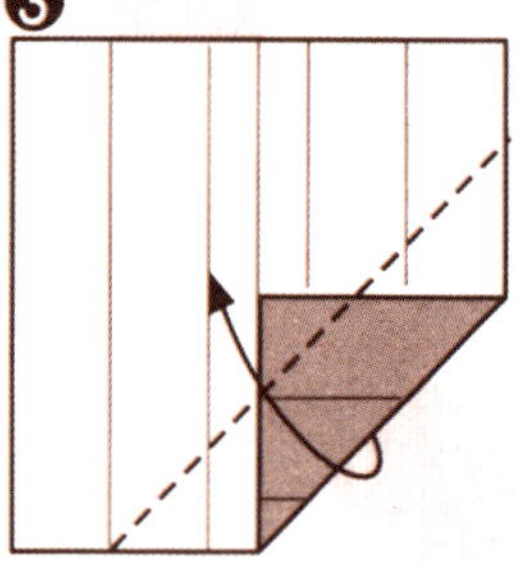

將邊緣對齊第
一道摺印摺疊

❹ 按第一道摺印摺疊

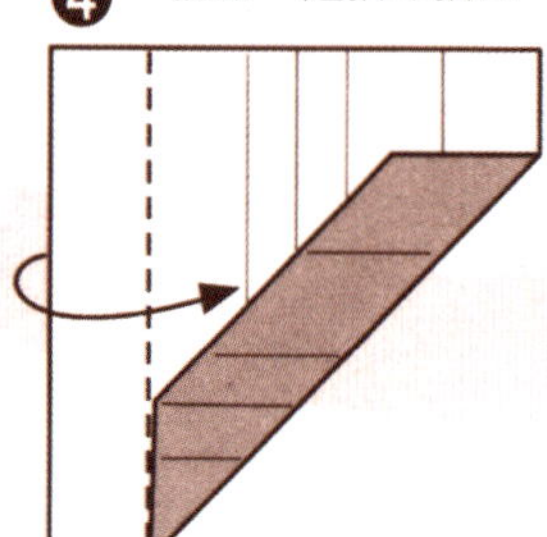

❺

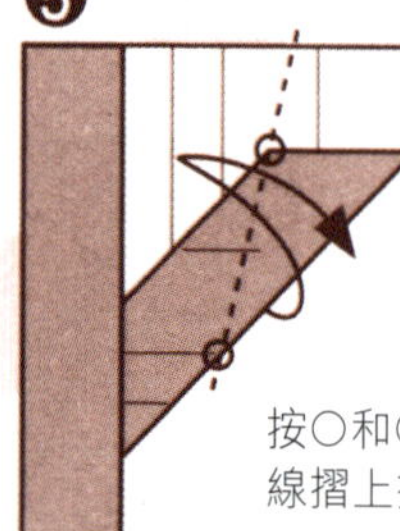

按○和○的連
線摺上摺印

❻

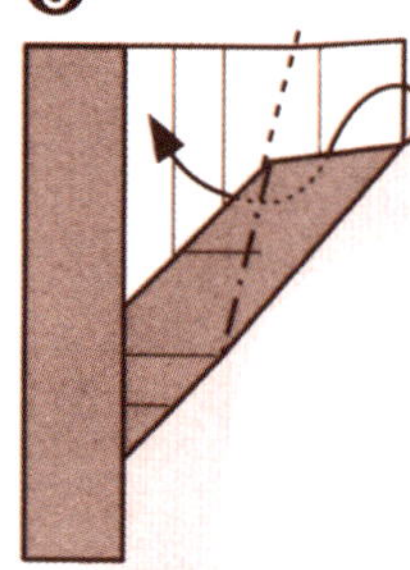

按摺印內摺

③ 將邊緣對齊第一道摺印摺疊

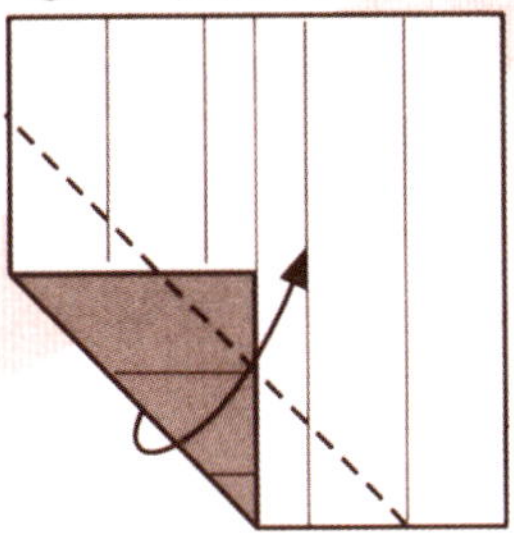

④

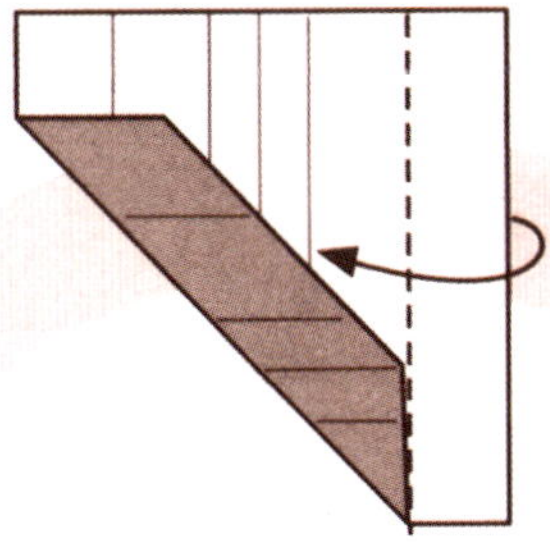

按第一道摺印摺疊

⑤

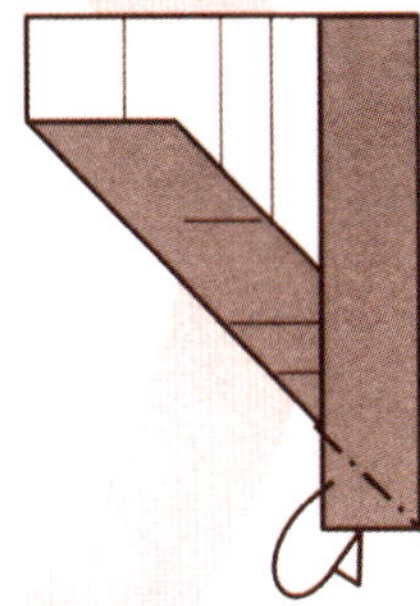

將角後摺

⑥ ❽

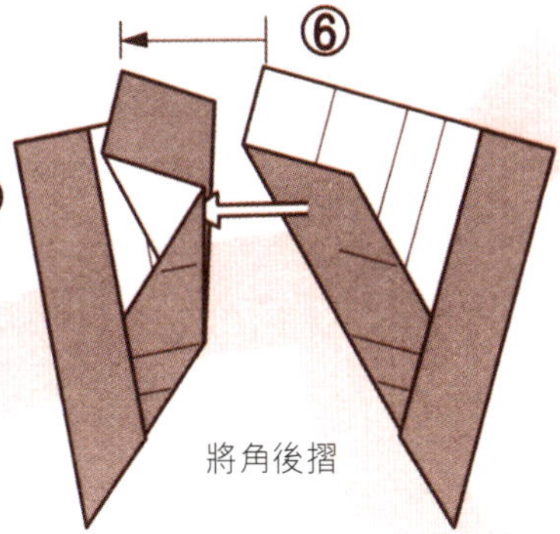

將角後摺

❼

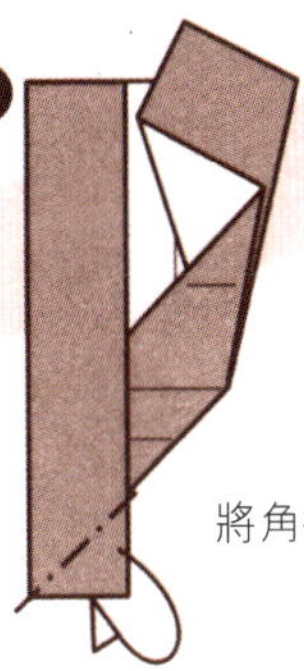

將角後摺

⑦

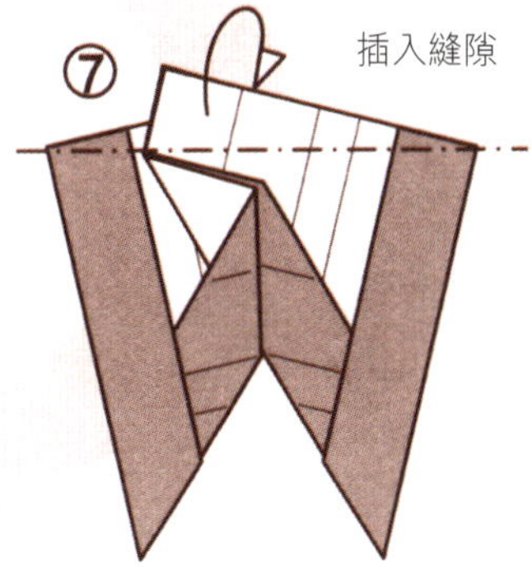

插入縫隙

⑧ 完成品

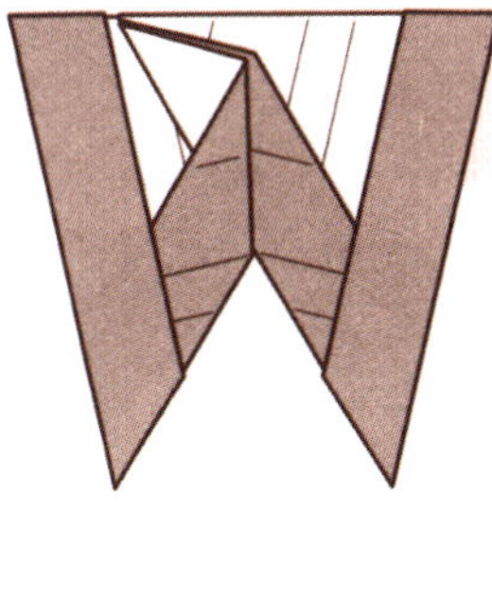

字母摺紙 • X

◆摺紙2張

從基本摺法2
開始

①

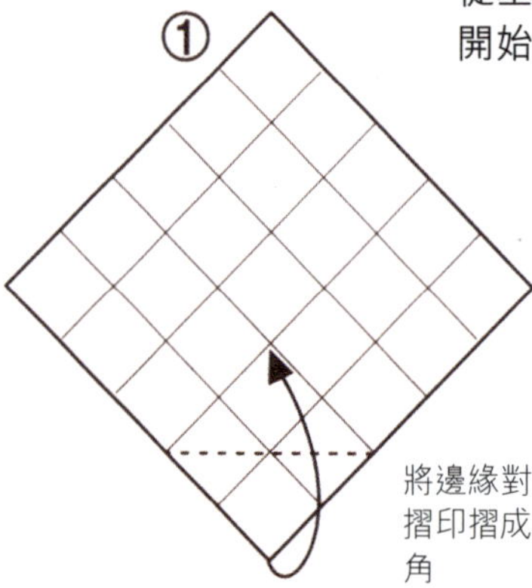

將邊緣對齊
摺印摺成三
角

②

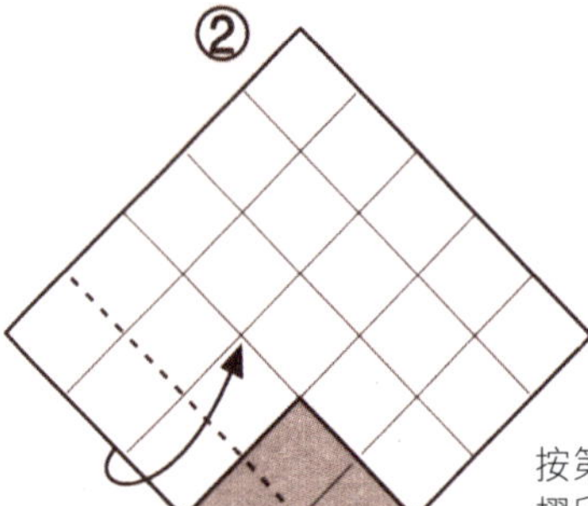

按第一道
摺印摺疊

③

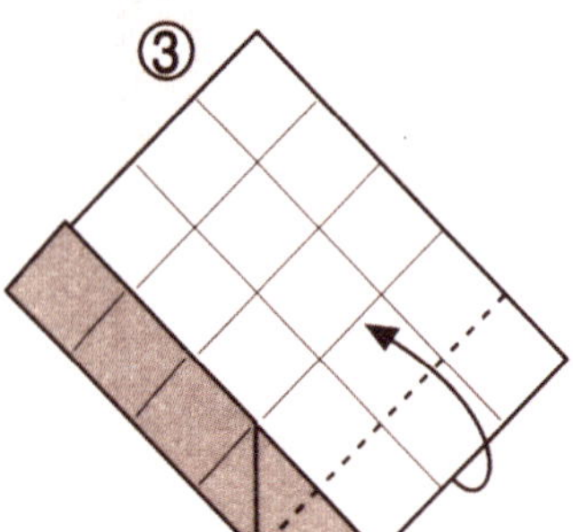

按第一道
摺印摺疊

④

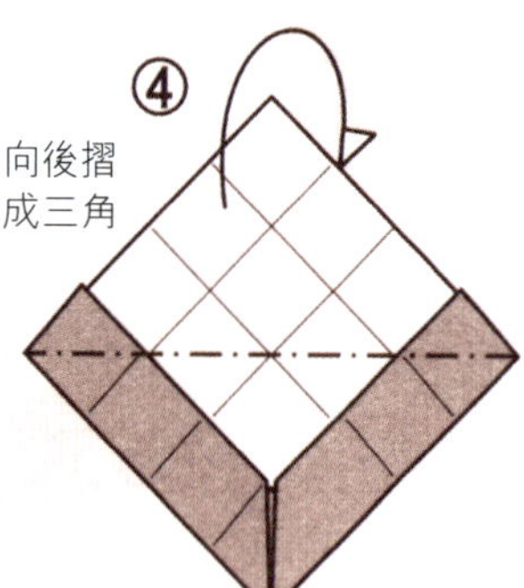

向後摺
成三角

⑤

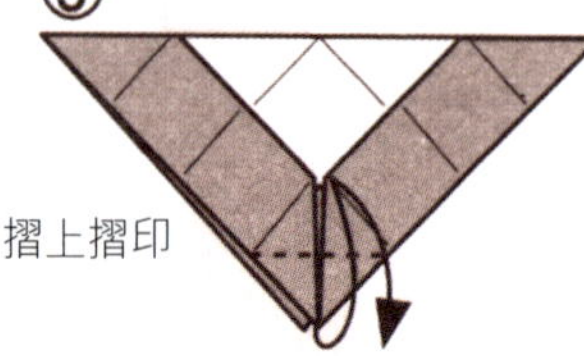

摺上摺印

⑥

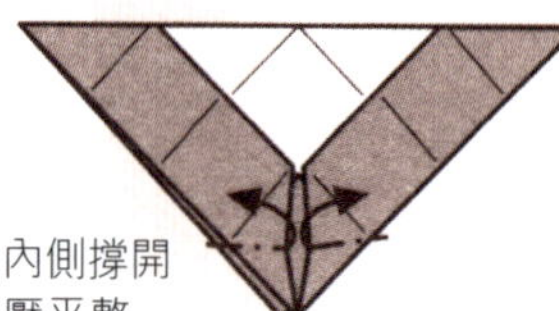

將內側撐開
摺壓平整

⑦

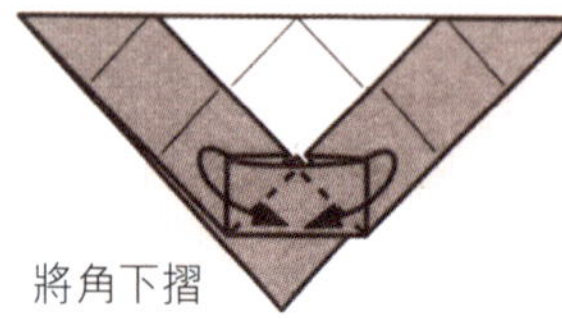

將角下摺

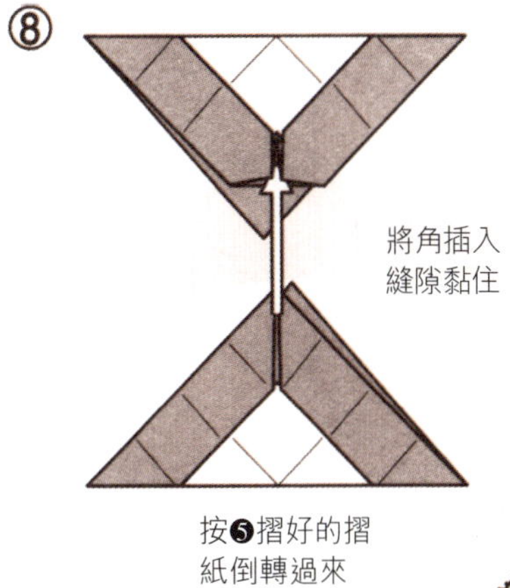
⑧
將角插入
縫隙黏住
按❺摺好的摺
紙倒轉過來

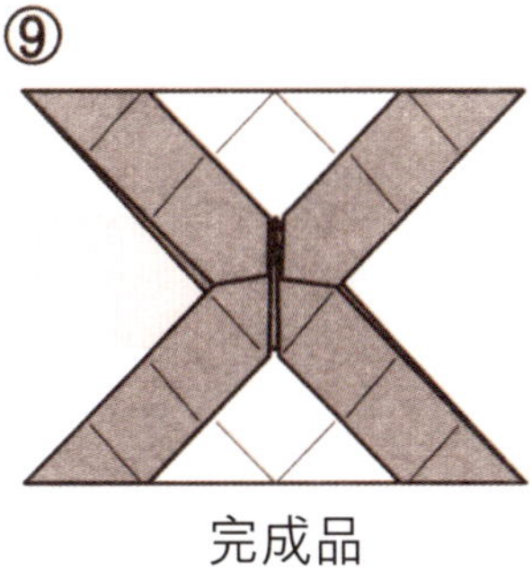
⑨
完成品

X'MAS

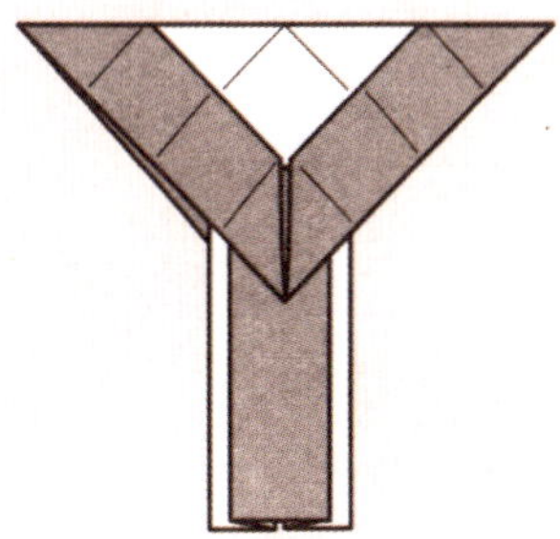

字母摺紙 • Y

◆摺紙2張

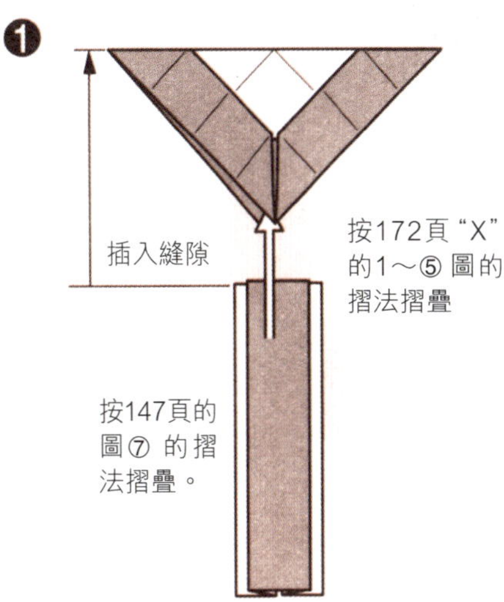
❶
插入縫隙
按172頁 "X"
的1～⑤ 圖的
摺法摺疊
按147頁的
圖⑦ 的摺
法摺疊。

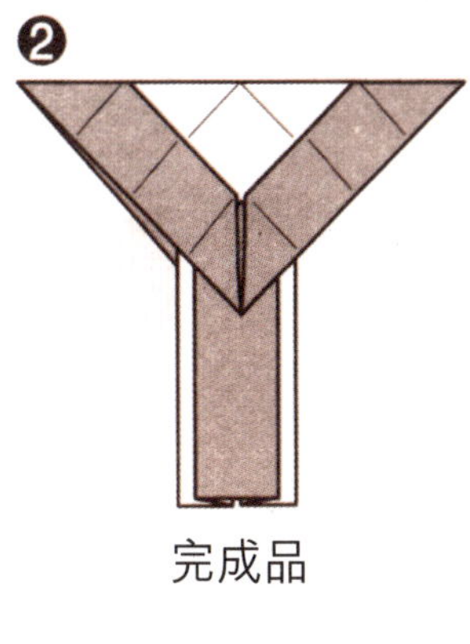
❷
完成品

字母摺紙 • Z

◆摺紙3張

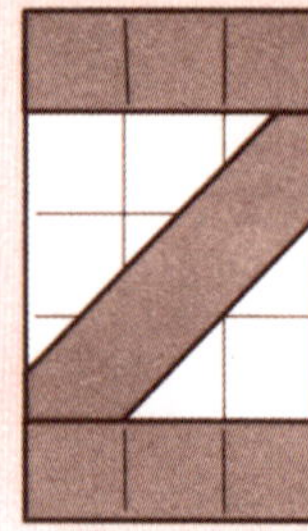

· Z—1 ·

從基本摺法1
開始

①

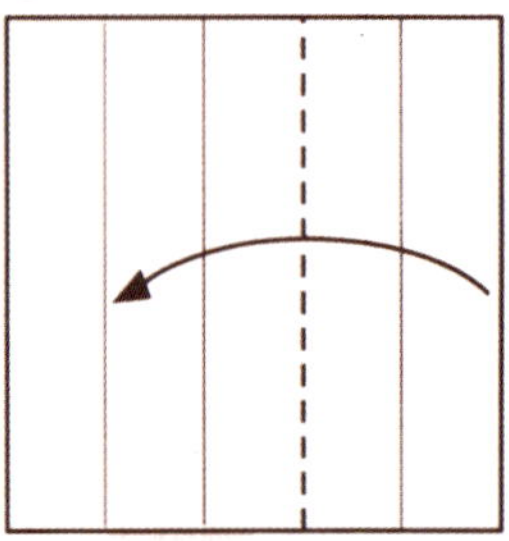

按第二道
摺印摺疊

②

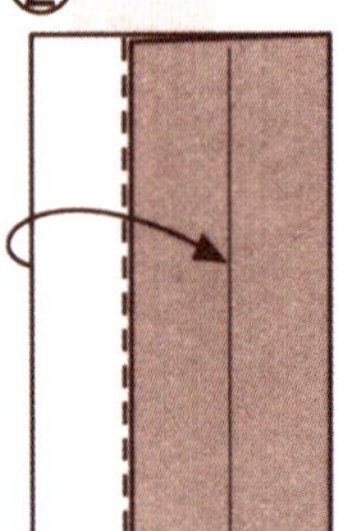

按第一道
摺印摺疊

③

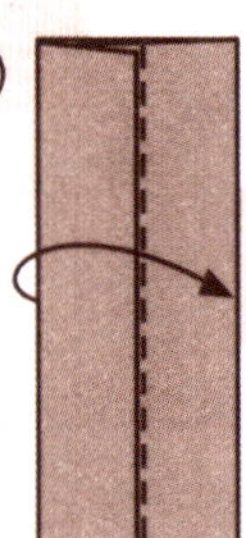

對摺

④

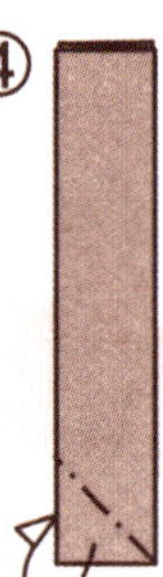

將角後摺

⑤

· Z—2 ·

從基本摺法2
開始

❶

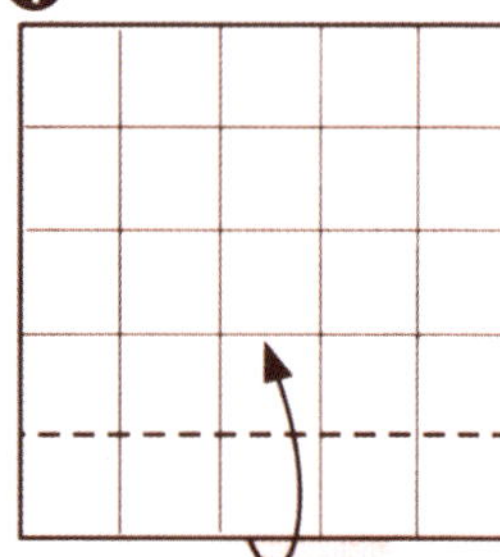

按第一道
摺印摺疊

❷ ⑥

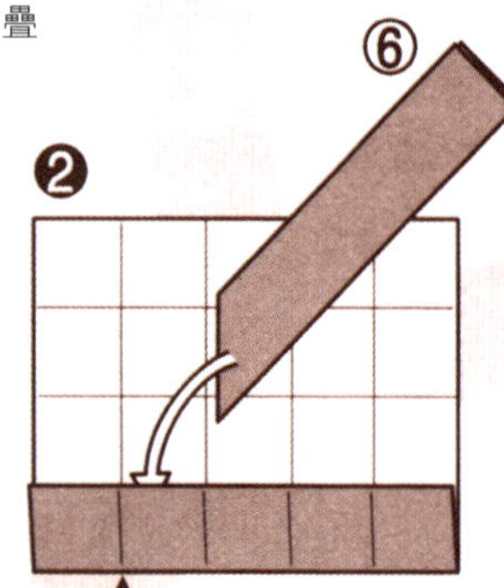

插入縫隙

· Z—3 ·

從基本摺法2
開始

❶

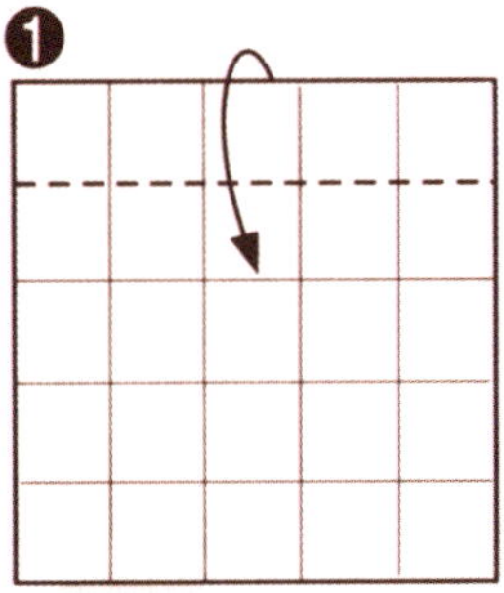

按第一道摺印摺疊

❷

⑦

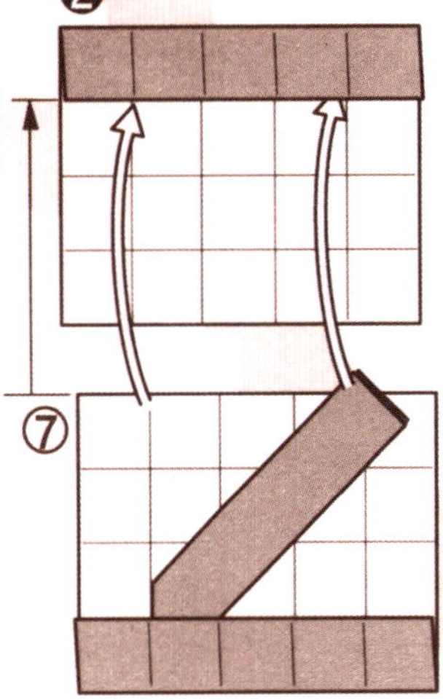

插入縫隙

⑧

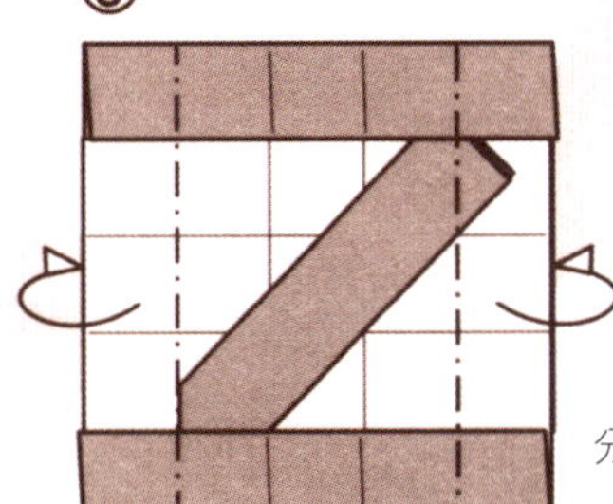

分別向後摺

完成品

⑨

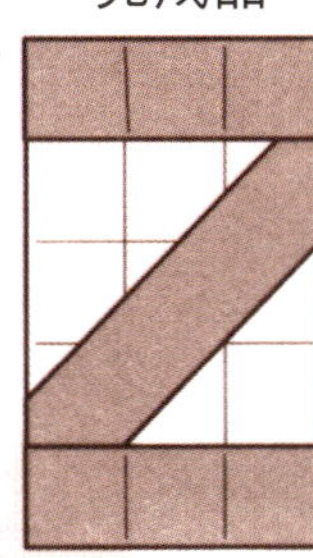